Friedrich Schulz

Die Hanse in der Zeit von Eduard III. bis Heinrich VIII.

Verlag
der
Wissenschaften

Friedrich Schulz

Die Hanse in der Zeit von Eduard III. bis Heinrich VIII.

ISBN/EAN: 9783957001092

Auflage: 1

Erscheinungsjahr: 2014

Erscheinungsort: Norderstedt, Deutschland

Hergestellt in Europa, USA, Kanada, Australien, Japan
Verlag der Wissenschaften in Hansebooks GmbH, Norderstedt

Verlag
der
Wissenschaften

Vorwort.

Die hansischen Kaufleute haben, gestützt auf weitgehende Privilegien, die einflußreiche Stellung, welche sie in der ersten Hälfte des 14. Jahrhunderts im englischen Handelsleben errungen hatten, bis ins 16. Jahrhundert innegehabt. Doch haben sie ihre Herrschaft auf den englischen Märkten nicht ohne Kampf behauptet. Die englischen Kaufleute machten immer wieder den Versuch, die Freiheiten der Hansen zu beseitigen und ihre Konkurrenten aus der Ein- und Ausfuhr Englands zu verdrängen. Anderthalb Jahrhunderte sind ihre Anstrengungen ergebnislos geblieben. Ebenso haben die Engländer in dieser Zeit in den östlichen Gebieten, welche dem europäischen Westen wichtige Rohstoffe lieferten, nicht festen Fuß fassen können. Es soll die Aufgabe der vorliegenden Arbeit sein, diese Kämpfe der Hansen um ihre Privilegien und Stellung in England und die Versuche der englischen Kaufleute, in die Gebiete der hansischen Handelsherrschaft einzudringen, zu schildern. Ich habe die Darstellung nur bis zu dem großen Ansturm, der um 1520 unter Wolseys Führung auf die hansischen Freiheiten stattfand, nicht bis zur Aufhebung der Privilegien unter Elisabeth geführt. Denn in dem letzten halben Jahrhundert dieses großen Ringens waren die Gegner nicht mehr dieselben wie früher. Die Hanse ging unaufhaltsam ihrer Auflösung entgegen, während sich England unter der Leitung seiner Könige zu einem festen und starken Nationalstaat konsolidierte, der seine Wirtschaftspolitik allein nach nationalen Gesichtspunkten einrichtete.

Diese hundertundfünfzigjährige Periode deutsch-englischer Beziehungen ist im Ganzen noch nicht behandelt worden. Daenell führt seine Darstellung nur bis zum Utrechter Frieden, dem Höhepunkt der hansischen Handelsherrschaft in England; Schanz behandelt in der Hauptsache nur die Zeit der beiden ersten Tudors.

Im 9. Kapitel habe ich versucht, ein Bild von den hansischen Niederlassungen in England zu geben. Da das Material hierüber sehr gering ist, habe ich mich auf einzelne Punkte und Institutionen beschränkt, die einigermaßen klarliegen.

Die Arbeit beruht zum größten Teil auf den Publikationen des hansischen Geschichtsvereins, den Hanserezessen, hansischen Urkundenbüchern und hansischen Geschichtsquellen. Andere Publikationen bieten daneben nur noch vereinzelte Nachrichten.

Meiner Schwester danke ich für die Hilfe, die sie mir beim Lesen des Manuskripts und der Korrekturen geleistet hat.

Berlin, im August 1911.

Friedrich Schulz.

Verzeichnis der mehrmals zitierten Werke und Abhandlungen.

Arup, E., Studier i engelsk og tysk handels historie. Kopenhagen 1907.

Ashley, W. J., Englische Wirtschaftsgeschichte, Übersetzung aus dem Englischen von R. Oppenheim. Leipzig 1896.

Baasch, E., Die Islandfahrt der Deutschen, namentlich der Hamburger vom 15. bis 17. Jahrhundert. Hamburg 1889.

Bugge, A., Handelen mellem England og Norge indtil begyndelsen af det 15 de aarhundrede. Historisk Tidsskrift 3. R. 4. Bd. Kristiania 1898.

Caspar Weinreich, Danziger Chronik. Scriptores rerum Prussicarum. Bd. IV. Leipzig 1870.

Christensen, W., Unionskongerne og Hansestaederne 1439-1466. Kopenhagen 1895.

Cunningham, W., The growth of English industry and commerce during the early and middle ages. Cambr. 1905.

Daenell, E., Die Blütezeit der Deutschen Hanse. Hansische Geschichte von der zweiten Hälfte des 14. bis zum letzten Viertel des 15. Jahrhunderts. 2 Bde. Berlin 1905-06.

— — Geschichte der Deutschen Hanse in der zweiten Hälfte des 14. Jahrhunderts. Leipzig 1897.

Ehrenberg, R., Hamburg und England im Zeitalter der Königin Elisabeth. Jena 1896.

Erslev, K., Dronning Margrethe og Kalmarunionens Grundlæggelse. Kopenhagen 1882.

Fisher, H. A. L., The history of England 1485-1547. London 1906.

Hamb. Chron.: Hamburgische Chroniken in niedersächsischer Sprache, hrsg. von J. M. Lappenberg. Hamburg 1861.

Hans. Gesch. Bll.: Hansische Geschichtsblätter. Jahrgang 1871-1910. Leipzig 1872-1910.

Hans. Gesch. Qu.: Hansische Geschichtsquellen. Bd. III: Frensdorff, Ferd., Dortmunder Statuten und Urtheile. Halle 1882. — Bd. IV: Schäfer, Dietr., Das Buch des Lübeckischen Vogtes auf Schonen. Halle 1887. – Bd. VI: Kunze, K., Hanseakten aus England. 1275-1412. Halle 1891. – N. F. Bd. II: Bruns, F., Die Lübecker Bergenfahrer und ihre Chronistik. Berlin 1900.

Hans. U. B.: Hansisches Urkundenbuch. Bd. 1-3 bearb. von K. Höhlbaum; Bd. 4-6 von K. Kunze; Bd. 8-10 von W. Stein. Halle, Leipzig 1876-1907.

HR.: I. Die Rezesse und andere Akten der Hansetage von 1256 bis 1430, bearb. von K. Koppmann. 8 Bde. Leipzig 1870-97. – II. Hanserezesse von 1431-1476, bearb. von G. von der Bopp. 7 Bde. Leipzig 1876-92. – III. Hanserezesse von 1477-1530, bearb. von Dietr. Schäfer. 8 Bde. Leipzig 1881-1910.

Hirsch, Th., Danzigs Handels- und Gewerbsgeschichte unter der Herrschaft des Deutschen Ordens. Leipzig 1858.

Jahrb. f. Nat. u. Stat. N. F. VII: Jahrbücher für Nationalökonomie und Statistik, hrsg. von Joh. Conrad. Neue Folge. 7. Bd. Jena 1883.

Journals of the House of Lords.

Keutgen, F., Die Beziehungen der Hanse zu England im letzten Drittel des 14. Jahrhunderts. Gießen 1890.

Koppmann, K., Die preußisch-englischen Beziehungen der Hanse 1375-1408. Hansische Geschichtsblätter. Jahrgang 1883.

Korner: Die Chronica novella des Hermann Körner, hrsg. von J. Schwalm. Göttingen 1895.

Kunze, K., Das erste Jahrhundert der Deutschen Hanse in England. Hansische Geschichtsblätter. Jahrgang 1889.

Lappenberg, J. M., Urkundliche Geschichte des Hansischen Stahlhofes zu London. Hamburg 1851.

Libell of Englishe Policye (1436), hrsg. von W. Hertzberg und R. Pauli. Leipzig 1878.

Lohmeyer, K., Geschichte von Ost- und Westpreußen. Gotha 1908.

Lüb. Chron.: Die lübeckischen Chroniken in niederdeutscher Sprache, hrsg. von F. H. Grautoff. Hamburg 1829-30.

Lüb. U. B.: Codex diplomaticus Lubecensis. Abteilung 1. Urkundenbuch der Stadt Lübek. 11 Bde. Lübeck 1843 ff.

Meckl. U. B.: Mecklenburgisches Urkundenbuch, hrsg. vom Verein für Mecklenburgische Geschichte und Altertumskunde. 22 Bde. Schwerin 1863 ff.

Oman, C., The history of England 1377-1485. London 1906.

Pauli, Reinh., Die Haltung der Hansestädte in den Rosenkriegen. Hansische Geschichtsblätter. Jahrgang 1874.

Pomm. U. B.: Pommersches Urkundenbuch, hrsg. vom Kgl. Staatsarchiv zu Stettin. 6 Bde. Stettin 1868 ff.

Reg. dipl. Dan. I: Regesta diplomatica historiae danicae. Tom. I. Havniae 1847.

Reibstein, Ed., Heinrich Vorrath, Bürgermeister von Danzig, als hansischer Diplomat. Zeitschrift des Westpreußischen Geschichtsvereins. Heft 42. Danzig 1900.

Rot. Parl.: Rotuli parliamentorum; ut et petitiones et placita in parliamento (1278-1503). 6 Bde.

Sattler, K., Handelsrechnungen des Deutschen Ordens. Leipzig 1887.

Schäfer, Dietr., Die Hansestädte und König Waldemar von Dänemark. Hansische Geschichte bis 1376. Jena 1879.

Schanz, Georg, Englische Handelspolitik gegen Ende des Mittelalters mit besonderer Berücksichtigung des Zeitalters der beiden ersten Tudors Heinrich VII. und Heinrich VIII. 2 Bde. Leipzig 1881.

Städtechron.: Die Chroniken der deutschen Städte vom 14. bis ins 16. Jahrhundert. Bd. XIX, XXX. Lübeck Bd. I, IV. Leipzig 1884 und 1910.

Statutes of the realm (1235-1713). 11 Bde. London 1810-28.

Stein, Walther, Beiträge zur Geschichte der deutschen Hanse bis um die Mitte des 15. Jahrhunderts. Gießen 1900.

— — Die Hanse und England. Ein hansisch-englischer Seekrieg im 15. Jahrhundert. Pfingstblätter des Hansischen Geschichtsvereins. Blatt 1. Leipzig 1905.

— — Die Hansebruderschaft der Kölner Englandfahrer und ihr Statut von 1324. Hansische Geschichtsblätter. Jahrgang 1908.

– – Die Merchant Adventurers in Utrecht (1464-1467). Hansische Geschichtsblätter. Jahrgang 1899.

Sundzollregister: Tabeller over Skibsfart og Varetransport gennem Öresund 1497-1660. I. Del. Bearbeitet von Nina Ellinger Bang. Kopenhagen 1906.

Voigt, Cod. dipl. Pruss.: Codex diplomaticus Prussicus. Ed. J. Voigt. 6 Bde. Königsberg 1836 ff.

Wirrer, Ludwig, Die selbständige Entstehung des deutschen Konsulates. Zeitschrift für die gesamte Staatswissenschaft. 50. Jahrgang. Tübingen 1894.

Inhalts-Übersicht.

Einleitung.

Unter den Hansestädten waren vornehmlich die rheinisch-westfälischen und die preußischen Städte am Handel mit England beteiligt. Köln im Westen und Danzig im Osten waren die Hauptträger dieses Verkehrs. Lübeck und die wendischen Städte, der eigentliche Kern der Hanse, standen zurück; ihre kommerziellen Beziehungen zu England waren verhältnismäßig gering. Die Westdeutschen besuchten England seit alters und haben dort dauernd eine Hauptrolle gespielt. Auf dem Londoner Kontor, das aus der alten Kölner Gildhalle hervorgegangen war, bildeten die Kölner und Westfalen wohl stets die Mehrzahl. Die Westdeutschen brachten die Produkte der Landwirtschaft, des Bergbaus und des städtischen Gewerbefleißes ihrer Heimat nach England und holten von dort vor allem Wolle und Tuch. Die Preußen erschienen erst seit dem 14. Jahrhundert in größerer Zahl in England. Die englischen Märkte boten ihnen gute Absatzgebiete für die zahlreichen Rohstoffe, welche das östliche Europa lieferte.

Alle hansischen Kaufleute verband das gemeinsame Interesse, die privilegierte Stellung, welche sie ihrem Handel in England errungen hatten, zu behaupten. Ein Angriff auf ihre Freiheiten traf alle in gleicher Weise und mußte sie zu gemeinsamer Abwehr zusammenführen. Aber es bestanden auch scharfe Interessengegensätze zwischen den einzelnen hansischen Gruppen, so daß das Band, welches alle Städte England gegenüber verknüpfte, oft nicht stark genug war, die widerstreitenden Interessen zusammenzuhalten. Köln und Danzig haben sich wiederholt um ihres Sondervorteils willen von ihren Genossen getrennt und die Sache der Hanse verraten. Die Verschiedenheit der städtischen Interessen beruhte nicht bloß auf der oben skizzierten verschiedenen Beteiligung an dem englischen Handel; es kam noch ein anderer wichtiger Unterschied zwischen dem Osten und dem Westen der Hanse hinzu, der englische Handel nach Preußen. Die englischen Kaufleute verkehrten im 14. und 15. Jahrhundert nur sehr wenig in den Hansestädten, dagegen unterhielten sie einen beträchtlichen Eigenhandel nach Preußen. Die preußischen Städte waren bestrebt, die englische Konkurrenz nicht zu mächtig werden zu lassen. Köln und seine Nachbarn zeigten aber wenig Lust, sich für diese preußischen Sonderinteressen einzusetzen und ihretwegen ihren gewinnreichen Handel mit England zu unterbrechen. Doch konnten sie es oft nicht verhindern, daß sie in den preußisch-englischen Gegensatz hineingezogen wurden. Hansisch-englische Konflikte waren oft nur preußisch-englische Konflikte.

Die hansischen Kaufleute verdankten ihre bevorzugte Stellung in England hauptsächlich zwei Gründen, ihrer Tätigkeit als Handelsvermittler zwischen dem östlichen und dem westlichen Europa und der dynastischen Politik der englischen Könige. Obwohl Englands Handelsstand an Unternehmungsgeist und Rührigkeit dem der anderen Nationen durchaus nicht nachstand, lag im 14. und 15. Jahrhundert die englische Ein- und Ausfuhr zu einem sehr großen Teil in den Händen auswärtiger Kaufleute. Die englischen Könige haben wohl zuweilen versucht, den Handel und die Schiffahrt ihres Landes gegen die Fremden zu heben; aber dieses Ziel konsequent zu verfolgen, lag ihnen fern. Ihre von dynastischen Gesichtspunkten geleitete Politik und finanzielle Rücksichten hinderten sie, die Forderungen ihrer Kaufleute zu erfüllen und das Übergewicht des fremden Handels zu beseitigen. Sie sahen in der Handelspolitik in erster Linie ein Mittel, ihre Finanzen zu vermehren. Eine Beschränkung des auswärtigen Handels hätte aber gerade das Gegenteil bewirkt, die Zolleinnahmen vermindert. Es ist ferner schon öfter darauf hingewiesen worden, welche nachteiligen Folgen die zahlreichen äußeren und inneren Kriege für den englischen Handel hatten. Der hundertjährige Krieg mit Frankreich und die jahrzehntelangen Kämpfe der beiden Rosen nahmen die Kräfte des Landes so völlig in Anspruch, daß die gesunde Entwicklung des Handels und der Schiffahrt gehemmt wurde.

Doch war es nicht bloß das eigene Interesse, welches die englischen Könige veranlaßte, den hansischen Handel zu begünstigen und zu fördern. Auch die große Mehrzahl des Landes wünschte eine Beschränkung des hansischen Verkehrs nicht. Die Hansen fanden wiederholt bei den weltlichen und geistlichen Großen Unterstützung gegen die Forderungen der englischen Kaufleute. Denn die Grundbesitzer und auch die Handwerker hofften einerseits durch die Konkurrenz der Fremden bessere

Preise für ihre Erzeugnisse zu erzielen; andrerseits konnten und wollten sie auf die notwendigen Rohstoffe des östlichen Europa nicht verzichten, welche ihnen fast allein durch die Hansen zugeführt wurden. Solange daher die Hansen imstande waren, die Fremden von dem ostwestlichen Verkehr fernzuhalten und auf den englischen Märkten als die einzigen oder doch weitaus wichtigsten Vermittler der zahlreichen Rohstoffe des Ostens aufzutreten, war ihr Handel in England unentbehrlich.

1. Kapitel.

Die Hansen in England und die Engländer in Norwegen, Schonen und den Ostseeländern bis in die zweite Hälfte des 14. Jahrhunderts.

Deutsche Kaufleute verkehrten seit alters auf den englischen Märkten und erfreuten sich schon früh gesetzlichen Schutzes. Bereits unter König Ethelred II. (978-1016) wurden sie als Untertanen des Kaisers guter Gesetze würdig befunden wie die Bürger Londons selbst[1]. Auf ihre Stellung waren auch später die engen politischen und dynastischen Beziehungen zwischen England und Deutschland von nicht geringem Einfluß[2]. Die Annäherung Heinrichs II. an Friedrich Barbarossa, die Verschwägerung der Plantagenets mit den Welfen und im 13. Jahrhundert die Wahl Richards von Cornwallis zum deutschen König haben den deutschen Handel nicht wenig gefördert und ihm neue Freiheiten und Vergünstigungen eingebracht[3].

Die Kölner hatten unter den Deutschen die Führung. Sie waren schon unter Heinrich II. im Besitze eines eignen Hauses in London, der sogenannten Gildhalle, und hatten das Recht, eine staatlich anerkannte Genossenschaft, eine Hanse, zu bilden[4]. Bis ins 13. Jahrhundert wurde England allein von westdeutschen Händlern aufgesucht. Erst seit dieser Zeit kamen auch Kaufleute von der Ostsee dorthin. Den Kölnern und ihren Genossen war die neue Konkurrenz äußerst unangenehm, und sie suchten den Verkehr der Ostseestädte zu unterbinden, indem sie den Angehörigen jener den Beitritt zu ihrer Genossenschaft versagten oder wenigstens sehr erschwerten. Gegen ihre Plackereien erwirkte Lübeck 1226 zu seinen Gunsten einen Spruch des Kaisers, der die lübischen Kaufleute den Westdeutschen gleichstellte und sie von den unrechtmäßigen Abgaben beim Eintritt in die Hanse befreite[5]. Ob die Entscheidung des Kaisers großen Erfolg gehabt hat, wissen wir nicht. Die Lübecker setzten aber ihren Verkehr nach England fort und erwarben einige Jahrzehnte später dieselbe Freiheit, welche die Kölner bis dahin allein von allen Deutschen besaßen. 1266 verlieh Heinrich III. den Hamburgern und zu Anfang des nächsten Jahres den Lübeckern das Recht, nach dem

Vorbilde der kölnischen im ganzen Reich eine Hanse zu haben[6]. Hierdurch wurde die Sonderstellung Kölns beseitigt. Das Nebeneinander der drei städtischen Genossenschaften ließ sich aber nicht lange aufrecht erhalten. Die Einzelhansen vereinigten sich bald zur Gesamthanse der Deutschen. Die näheren Umstände dieses Zusammenschlusses kennen wir nicht; wir sehen nur, daß seit dem Ende des 13. Jahrhunderts die neue Genossenschaft als die Hanse der Deutschen (hansa Alemannie) erscheint[7].

Der Beginn des 14. Jahrhunderts brachte den Deutschen wie allen anderen Fremden neue wertvolle Zugeständnisse. Mit dem bestehenden Fremdenrecht vollständig brechend, verlieh Eduard I. 1303 allen in England Handel treibenden Kaufleuten ohne Unterschied der Nationalität gegen weitgehende Zollerhöhungen[8] einen umfassenden Freibrief, die sogenannte carta mercatoria. Der König versprach den Kaufleuten, welche England besuchen würden, sicheres Geleit und Befreiung von allen Mauer-, Brücken- und Wegezöllen und gestattete ihnen, in allen Städten ihre Herberge selbst zu wählen und überall mit Einheimischen und mit Fremden Handel im großen zu treiben. Ihre in England gekauften Waren sollten die Kaufleute nach Belieben ausführen dürfen; ausgenommen waren nur die Länder, mit denen England im Kriege stand. Mehrere Bestimmungen des Statuts regelten ferner die rechtlichen Verhältnisse. Den Kaufleuten wurde zugesichert, daß ihre Klagen ohne Säumen erledigt und jede Lässigkeit der Beamten streng bestraft werden sollte. Außerdem sollte für sie in London ein Justiziar ernannt werden, vor dem sie ihre Schuldklagen erheben konnten, wenn sich die Sheriffs und Mayors in der Rechtspflege lässig zeigten. In allen Streitfällen zwischen einem Fremden und einem Engländer mit Ausnahme von Kapitalverbrechen sollte die Untersuchungskommission zur Hälfte aus Engländern, zur Hälfte aus Fremden bestehen[9].

Die Charte von 1303 hatte aber nicht lange Bestand[10]. Die weitgehende Begünstigung des fremden Handels erregte in dem englischen Kaufmannsstande große Erbitterung und rief nach Eduards I. Tode eine Reaktion hervor. Der schwächliche Eduard II. sah sich bald genötigt, die carta mercatoria aufzuheben und das alte Fremdenrecht wiederherzustellen. Der Haß der Engländer richtete sich vornehmlich gegen die Italiener, welche damals in England nicht bloß im Handel und im Geldgeschäft tätig waren, sondern auch in der Münz- und Zollverwaltung und als diplomatische Agenten Verwendung fanden. Nicht so sehr wurden die deutschen Kaufleute von dem Umschwung getroffen. Sie holten wieder ihre alten Freiheiten hervor und ließen sich noch 1311 vom König das Privileg Eduards I. von 1281 bestätigen[11]. Wenige Jahre später erlangten sie sogar, obwohl die Bewegung gegen die Fremden noch anhielt, neue wertvolle Freiheiten. Am 7. Dezember 1317 erneuerte Eduard II. den deutschen Kaufleuten von der Gildhalle zu London die ihnen von seinen Vorfahren verliehenen Rechte und bestimmte, daß sie von der Haftbarkeit für Schulden und Vergehen, an denen sie nicht persönlich beteiligt waren, frei sein sollten[12].

1327 bestieg der energische und tatendurstige Eduard III. den englischen Thron. Der neue König zeigte sich von Anfang an den fremden Kaufleuten, auf deren finanzielle Unterstützung er für seine hochfliegenden Pläne gegen Frankreich zu nicht geringem Teil angewiesen war, sehr gewogen und ließ ihrem Handel stets Schutz und Förderung zuteil werden. Er erneuerte den Fremden nicht bloß die carta mercatoria, sondern erweiterte auch ihre Rechte und Freiheiten[13].

Von besonderer Bedeutung wurde Eduards III. Regierung für die Stellung der hansischen Kaufleute. Der Ausbruch des englisch-französischen Krieges gab nämlich einigen rheinisch-westfälischen Kaufleuten Gelegenheit, sich auf dem Gebiet des internationalen Geldgeschäfts zu betätigen, von dem sich die norddeutschen Kaufleute sonst ferngehalten haben. Wir wollen hier nicht die Geldgeschäfte im Einzelnen verfolgen, die eine Anzahl westdeutscher Kaufleute in den vierziger und fünfziger Jahren mit Eduard III. von England gemacht hat. Einige Beispiele mögen genügen. Nachdem die Hansen Eduard III. schon wiederholt kleinere Summen vorgestreckt hatten[14] bildete sich 1339 aus Dortmunder, Kölner, Wipperfürther und anderen westdeutschen Kaufleuten ein Finanzkonsortium, das mehrere Jahre lang das Geldgeschäft im Großen betrieb. Im Mai 1340 schuldete der König dem Konsortium schon 18 100 £. Wenig später versprach dieses ihm weitere 8300 £ vorzustrecken[15]. In der Mitte der vierziger Jahre lösten rheinisch-westfälische Kaufleute die Kronen und Kleinodien des englischen Königs wieder ein, welche dieser dem Erzbischof von Trier und Kölner Bürgern hatte verpfänden müssen[16]. Diese Geldgeschäfte wickelten sich in derselben Form ab wie die früheren und gleichzeitigen mit italienischen und englischen Kaufleuten. Für ihre Darlehen erhielten die Kaufleute die Erlaubnis, ein bestimmtes Quantum Wolle zollfrei ausführen zu dürfen, oder der König überließ ihnen die Einnahmen aus den Zöllen und den königlichen Bergwerken, bis das Darlehen getilgt war[17].

Hansen hat neuerdings in seinem Aufsatz "Der englische Staatskredit unter König Eduard III. und die hansischen Kaufleute" gezeigt[18], daß bisher die Beteiligung der westdeutschen Kaufleute an den Geldgeschäften Eduards III. stark überschätzt worden ist, daß besonders nicht davon die Rede sein kann, daß die Hansen damals an die Stelle der Italiener getreten seien und den englischen Geldmarkt beherrscht hätten. Eduard III. fand vielmehr, als er den Krieg gegen Frankreich begann, bei den italienischen Firmen, die seit mehr als einem Jahrhundert die Bankiers der englischen Könige waren, und bei einigen englischen Kaufleuten die reichlichste Unterstützung. Die Summen, die ihm die hansischen Kaufleute vorstreckten, erreichten niemals die Höhe der Darlehen, welche die Bardi und Peruzzi und William de la Pole dem Könige gewährten[19].

Aber wenn auch die Ansicht falsch gewesen ist, daß um 1340 die Hansen die Beherrscher des englischen Markts waren, so bleibt doch die Tatsache bestehen, daß das erste und einzige Hervortreten hansischer Kaufleute im internationalen Geldgeschäft auf die Stellung der Hanse in England von größtem Einfluß geworden ist[20]. Eduard III. vergaß es den Hansen nicht, daß einige von ihnen ihm in einem Augenblick, wo sich seine Finanzen in einem Zustande höchster Zerrüttung befanden, mit ihrem Vermögen beigesprungen sind. Er bewahrte ihnen seine Gunst und sein Wohlwollen während seiner ganzen Regierung und schützte ihren Handel vor Bedrückungen und Gewalttaten[21]. Seiner freundlichen Haltung hatten es die hansischen Kaufleute vor allem zu danken, daß die Gültigkeit der carta mercatoria ihrer Genossenschaft allein von allen Fremden gesichert blieb. Eduard III. erkannte wiederholt die Berufung der Hansen auf die Fremdencharte an und befahl seinen Beamten, jene in den dort festgesetzten Freiheiten nicht zu beschränken[22]. Als 1347 der Zoll auf englische Tuche und Worsteds erhöht wurde, verweigerten die hansischen Kaufleute die Leistung der neuen Abgabe und baten den König, sie von dem ungewohnten Zoll, der den Abmachungen der carta mercatoria widersprach, zu befreien. Eduard erkannte ihre Forderung als zu Recht bestehend an und wies wiederholt die Zolleinnehmer an, von den Hansen bei der Ausfuhr englischer Tuche nur den alten, in ihren Privilegien festgesetzten Zoll zu erheben[23].

Daß die Charte von 1303 um die Mitte des Jahrhunderts ein hansisches Spezialprivileg geworden ist, läßt auch die Form erkennen, in der sie seit dieser Zeit den Hansen bestätigt wurde. Am 28. Juni 1354 erneuerte Eduard III. den hansischen Kaufleuten auf drei Jahre einige Bestimmungen der carta mercatoria und die ihnen von Eduard II. verliehenen Freiheiten in einem einzigen Privileg[24]. Diese Verbindung der carta mercatoria mit den hansischen Sonderprivilegien zu einer Privilegiumsurkunde ist seitdem dauernd geblieben[25].

Weitgehende Freiheiten waren den hansischen Kaufleuten durch ihre Privilegien eingeräumt. Sie waren seit der Mitte des 14. Jahrhunderts besser gestellt als alle anderen Fremden, in manchen Dingen sogar besser als die englischen Kaufleute selbst[26]. Diese Bevorzugung der Hansen entsprach aber nicht bloß den Interessen des Königs, sie wurde auch von der großen Mehrzahl des Landes gebilligt. Denn der hansische Handel hatte damals für England große Bedeutung, da er den englischen Markt mit unentbehrlichen Rohstoffen und wertvollen Erzeugnissen des ausländischen Gewerbefleißes versorgte. Leider reicht das statistische Material, das wir besitzen, nicht aus, um den hansischen Handel mit dem englischen und dem der ausländischen Kaufleute vergleichen zu können. Doch so viel sehen wir, daß die hansischen Kaufleute an dem Warenaustausch zwischen England und den anderen nordeuropäischen Ländern stark beteiligt waren.

Aus dem östlichen Europa, aus Preußen und Niederdeutschland brachten sie nach England Pelzwerk, Asche, Pech, Teer, Wachs, Terpentin, Harz, Osemund, Kupfer, ungarisches Eisen, die verschiedensten Arten von Holz wie Eibenholz, Klappholz, Knarrholz, Koggenborten, Wagenschoß, Ruder, Masten, Dielen, auch Erzeugnisse der Holzindustrie wie Schreibpulte, hölzerne Teller, Schüsseln, Fässer, ferner Roggen, Weizen, Gerste, Mehl, Hülsenfrüchte, Flachs, Garn, Leinwand, Kopftücher, Schuhe, Bier und Malz, aus Westdeutschland führten sie vor allem Wein ein, daneben kölnische Seide, westfälische Leinwand, Waid, Krapp, Drogen, Waren aus Stahl, Messing, Kupfer und Silber, darunter die bekannten Dinanter Metallwaren. Den Handel Englands mit Norwegen und den Heringsmärkten auf Schonen hatten, wie wir noch sehen werden, seit der Mitte des 14. Jahrhunderts die hansischen Kaufleute fast ganz in den Händen. Aus diesen beiden Ländern brachten sie nach England vor allem Heringe, Seefische, Tran, Pelzwerk[27]. Auch die wichtigen Erzeugnisse des südlichen Frankreichs, Wein, Salz und Waid, kamen in nicht geringer Menge durch hansische Kaufleute und Schiffer auf die englischen Märkte[28].

Über die Größe der hansischen Ausfuhr aus England können wir einige genauere Angaben machen. Der wichtigste Exportgegenstand war im 14. Jahrhundert noch die Wolle. Von dieser führten die Deutschen in den Jahren 1339-1342 aus den drei Häfen London, Boston und Kingston upon Hull durchschnittlich 3500 Sack aus, während ihre Wollausfuhr aus ganz England 1273 nur 1440 Sack und 1277 1655 Sack betragen hatte[29]. Auch an dem Tuchexport waren die Hansen stark beteiligt. 1359/60 führten sie aus London 263 Stück Tuch, 2709 Worsteds und 16150 Ellen schmales Tuch und 1360/61 586 Stück Tuch und 2709 Worsteds aus, während die Ausfuhr der englischen Kaufleute in diesem Jahr 432 Stück Tuch und 3852 Worsteds und die der anderen Fremden 528 Stück Tuch und 779 Worsteds betrug. Aus Kingston upon Hull führten die Hansen in den Jahren 1362 bis 1369 durchschnittlich jährlich 430 Stück Tuch, die Engländer 860 und die anderen Fremden 150 aus[30].

Gegenüber dem überlegenen hansischen Handel hatte ein selbständiger englischer Außenhandel einen schweren Stand und konnte sich oft nur mit Mühe behaupten. An einigen Stellen mußten die englischen Kaufleute sogar dem mächtigen Konkurrenten das Feld überlassen.

Dies war der Fall in Norwegen, wo in der ersten Hälfte des 14. Jahrhunderts die wirtschaftliche Vorherrschaft an die Deutschen überging[31]. Der englische Eigenhandel nach Norwegen verlor seit dieser Zeit jede Bedeutung und kam trotz mehrfacher Anstrengungen der englischen Kaufleute, das verlorene Gebiet wiederzugewinnen, nicht wieder in die Höhe. Nur wenn die norwegischen Könige mit der Hanse brachen, hob sich die Zahl der Engländer, die Bergen aufsuchten[32]. Als 1368 die hansischen Kaufleute wegen des Krieges ihrer Städte mit Hakon und Waldemar Atterdag Bergen räumen mußten, erschienen sofort wieder die englischen Kaufleute in größerer Zahl in Bergen[33]. Aber lange dauerte die englische Herrlichkeit nicht. Nachdem die deutschen Städte am 3. August 1369 mit Hakon einen Waffenstillstand geschlossen hatten, gaben sie am Ende des Jahres die Fahrt nach Norwegen wieder frei[34]. Die hansische Übermacht wurde nun so groß, daß in den nächsten Jahrzehnten der englische Eigenhandel nach Norwegen ganz geruht zu haben scheint. Wenigstens hören wir nichts davon, daß englische Kaufleute Bergen aufsuchten. Erst am Ende des Jahrhunderts wurden die Fahrten englischer Kaufleute nach Norwegen wieder zahlreicher[35].

Auf den Heringsmärkten Schonens hatten die Deutschen von Anfang an eine maßgebende Stellung inne; fremde Konkurrenz ist ihnen hier nie gefährlich geworden, wenn sich auch vlamische, normannische, englische und schottische Händler auf Schonen im 13. und 14. Jahrhundert nachweisen lassen[36]. Als dann Waldemar Atterdag im Stralsunder Frieden die schonenschen Schlösser den Städten zu fünfzehnjährigem Pfandbesitz überlassen mußte, machten die Städte, um ihr Übergewicht im Heringshandel für immer zu sichern, den Versuch, die fremden Kaufleute ganz aus Schonen zu verdrängen. Gleich nach der Besitzergreifung der Halbinsel durch die Städte wurde den Schotten, Engländern und Walen das Heringsalzen verboten und den Vögten bei einer Strafe von 50 Mark Silber untersagt, Fremde in ihre Fitten aufzunehmen[37]. Die englischen Kaufleute waren aber nicht gewillt, den hansischen Verordnungen, die eine Unterbindung jedes fremden Handels bedeuteten, Folge zu leisten. Sofort nach ihrem Inkrafttreten veranlaßten sie eine Petition des Parlaments an den König, daß dieser sich bei den Städten für seine bedrängten Untertanen auf Schonen verwenden möchte. Die hansischen Kaufleute in England sollten sich für deren Sicherheit und Freiheit verbürgen. König Eduard versuchte nun durch gütliche Vorstellungen bei den Städten, eine bessere Behandlung seiner Untertanen zu erwirken. Aber vergeblich[38]. Die Städte kehrten sich an solche Klagen und Bitten nicht. Sie fuhren in ihrer Politik fort. Da noch immer Engländer bei den Vögten auf Schonen lagen, erneuerte 1377 die Johannisversammlung zu Lübeck den Beschluß von 1369. Zwei Jahre später griffen die Städte zu noch schärferen Mitteln. Der Schutz, den bis dahin die städtischen Vögte den Engländern und den andern fremden Kaufleuten hatten angedeihen lassen, wurde aufgehoben. Die Vögte wurden angewiesen, keinen Fremden mehr vor Mord und Totschlag, Diebstahl und Raub zu schützen[39]. Die Hansen haben zwar durch diese Maßregeln die volle Beseitigung des fremden Handels auf Schonen nicht zu erreichen vermocht, aber dieser blieb so minimal, daß er neben dem ihrigen weiter keine Beachtung verdient. Die englischen Klagen aus den Jahren 1378 und 1388 zeigen deutlich, daß die wenigen englischen Kaufleute sich nur notdürftig neben der hansischen Übermacht auf Schonen halten konnten[40].

In den hansischen Ostseestädten lassen sich Engländer vor der Mitte des 13. Jahrhunderts nicht nachweisen. Im Jahre 1262 sehen wir in Rostock englische Kaufleute mit dortigen Bürgern einen Vertrag über einen Kornhandel abschließen[41]. Von nun an begegnen wir häufiger englischen Händlern in den wendischen Städten. Der Getreidereichtum der mecklenburgischen und pommerschen Lande zog sie herbei. Besonders wurde Stralsund von ihnen aufgesucht[42]. Aber einen großen Umfang hatte dieser englische Verkehr sicher nicht. Die Hansestädte hielten es nicht für nötig, gegen die Konkurrenz der englischen Kaufleute besondere Maßregeln zu ergreifen. Diese genossen dieselben Handelsfreiheiten wie die nichteingeborenen hansischen Kaufleute.

Bei weitem wichtiger als Bergen, Schonen und die wendischen Städte wurde im 14. Jahrhundert für den englischen Handel das Ordensland Preußen. Die Entwicklung enger Handelsbeziehungen zwischen beiden Ländern ist sicher durch die Fahrten englischer Ritter nach Preußen, die dort im Kampfe gegen die Ungläubigen Ruhm und Ehre erwerben wollten, nicht wenig beeinflußt und gefördert worden. Im 14. Jahrhundert finden wir auf den Kriegszügen gegen die Litauer, den sogenannten Reisen, besonders häufig den englischen Adel vertreten. Heinrich IV. z. B. hat als Prinz zweimal Preußen aufgesucht, um an solchen Reisen teilzunehmen[43].

Bis in die zweite Hälfte des 14. Jahrhunderts waren die englischen Kaufleute in den Städten des Ordenslandes gern gesehene Gäste. Ihre Stellung war im Allgemeinen eine sehr freie. Sie wohnten in den Häusern vornehmer Bürger und betrieben ihre Geschäfte unter deren Schutz. Die Bestimmungen des Gästerechts wurden scheinbar ihnen gegenüber sehr milde gehandhabt. Die englischen Kaufleute verkauften, soviel wir sehen können, ihr Tuch auch im Detail und trieben Handel, mit wem sie wollten[44]. Die Bewohner der an der Nordsee gelegenen Städte waren in erster Linie an dem Handel mit Preußen beteiligt; wir finden dort Kaufleute aus London, Lynn, York, Norwich, Hull, Bristol, Beverley, Colchester und Boston[45].

In der Mitte der siebziger Jahre trat in dem guten Verhältnis, das bis dahin die Beziehungen der englischen Kaufleute zu Preußen beherrscht hatte, eine Trübung ein. Wir dürfen die veränderte Haltung der Preußen nicht allein auf ihren Wunsch zurückführen, den steigenden Umfang des englischen Verkehrs in ihren Städten einzudämmen. Es ist sicher kein Zufall, daß wir von Beschränkungen des englischen Handels erst hören, als die englischen Kaufleute nach dem Tode Eduards III., wie wir im nächsten Kapitel sehen werden, mit weitgehenden Forderungen hervortraten und dadurch den Streit mit der Hanse herbeiführten. Als Antwort auf die 1378 aufgestellte Forderung, ihnen für immer zuzugestehen, daß sie alle Hansestädte mit ihren Waren frei und ungehindert aufsuchen und untereinander und mit allen fremden Kaufleuten Handel treiben dürften[46], mögen die Preußen wohl die strenge Beobachtung des Gästerechts von ihnen verlangt und es für nötig gehalten haben, ihnen die Freiheiten, die sie früher ohne jede Hinderung gebraucht hatten, zu nehmen. Vor allem schritten die städtischen Behörden gegen den Gewandschnitt der englischen Kaufleute ein. 1379 wurden einige von ihnen, die in Danzig gegen die Willkür der Stadt Tuch im Detail verkauft hatten, in Strafe genommen[47]. Noch drückender und lästiger war aber für den englischen Handel, daß der Hochmeister Konrad Zöllner von Rotenstein das Stapelrecht Elbings wieder zur Geltung brachte. Die englischen Kaufleute, die seit Jahren das bequemer gelegene Danzig bevorzugten, wurden gezwungen, ihr Tuch auf den Elbinger Stapel zu bringen. Vergeblich bat 1385 Richard II. den Hochmeister, diese Bestimmung, die den Seinen nur Nachteil bringe, aufzuheben[48]. Bis 1388 bestand der Stapelzwang Elbings. Dann wurde er, wie wir unten sehen werden, auf Betreiben der andern Städte, die sich durch ihn benachteiligt fühlten, beseitigt und der freie Verkehr wiederhergestellt[49].

FUSSNOTEN ZU KAPITEL 1

1 Hans. U. B. I n. 2. Über die hansisch-englischen Beziehungen bis ins 14. Jahrhundert vgl. Schäfer S. 60 ff. und den Aufsatz von Kunze in Hans. Gesch. Bll. Jg. 1889 S. 129-152.

2 Die auch für die Handelsgeschichte wichtigen politischen Beziehungen zwischen England und Deutschland behandelt F. Wissowa, Politische Beziehungen zwischen England und Deutschland bis zum Untergange der Staufer. Diss. Breslau 1889.

3 Hierfür einige Beispiele: Hans. U. B. I n. 13, 14, 63, 187, 237, 506, 552 u. a.

4 Hans. U. B. I n. 13, 14.

5 Hans. U. B. I n. 205.

6 Hans. U. B. I n. 633, 636.

7 Hans. U. B. I n. 902, 1315.

8 Für Wolle und Häute, die Hauptausfuhrartikel Englands, betrug die Erhöhung der Zölle 50 %, vgl. Hans. Gesch. Qu. VI Einleitung S. XXXVIII.

9 Hans. U. B. II n. 31.

10 Hans. Gesch. Qu. VI Einleitung S. IV ff.

11 Hans. U. B. II n. 194.

12 Hans. U. B. II n. 313.

13 Vgl. Hans. Gesch. Qu. VI Einleitung S. XIV f.

14 Hans. Gesch. Qu. VI n. 95, 104, 107-109, Hans. U. B. II n. 477, 499, 506, Anhang I.

15 Hans. Gesch. Qu. VI n. 114.

16 Hans. Gesch. Qu. VI n. 122, 123, 131.

17 Hans U. B. II Anhang 1, III n. 100, 657, Hans. Gesch. Qu. VI n. 108-117, 121, 125.

18 Hans. Gesch. Bll. Jg. 1910 S. 323-415.

19 Hierfür einige Beispiele. Im September 1337 erklärte Eduard III., den Peruzzi 35 000 £ schuldig zu sein. Wenig später erhielt er von ihnen weitere 2000 £, dann 4500 £. 1339 soll er den Bardi und Peruzzi zusammen 210 000 £ geschuldet haben. Dem englischen Großkaufmann William de la Pole schuldete der König damals 76 180 £. Die Stellen in dem Anm. 3 genannten Aufsatz von Hansen.

20 Vgl. Kunze S. 150 ff. Auch Hansen hebt in seinem Aufsatz S. 395 die Bedeutung des hansischen Geldhandels für die Stellung der hansischen Kaufleute in England hervor.

21 Seine dankbare Gesinnung gegen die hansischen Kaufleute betont der König in einer Urkunde vom Jahre 1361: nos attendentes utilia obsequia nobis tam in guerris nostris quam alibi per prefatos mercatores impensa et subsidia non modica nobis in necessitatibus nostris per ipsos multipliciter facta, ac proinde et ob maximam gratitudinem, quam in eis pre ceteris omnibus mercatoribus alienigenis in nostris agendis invenimus,... Hans. U. B. IV n. 2.

22 Hans. Gesch. Qu. VI n. 103, 105, 133-135, 139, 166, 168, Hans. U. B. III n. 42, 189.

23 Hans. U. B. III n. 120, 397, IV n. 1-3, 5, 7. Die Haltung der Hansen scheint in dieser Frage nicht immer dieselbe gewesen zu sein. Vorübergehend scheinen sie dem König den höheren Satz von 21 d zugestanden zu haben. Aber sie weigerten sich dann, daneben noch die alte Abgabe von 12 d zu entrichten. So wies Eduard III. 1358 und 1361 die Zolleinnehmer an, von den Hansen nur den neuen Zoll von 21 d zu erheben. Hans. U. B. III n. 417, IV n. 1.

24 Hans. U. B. III n. 298.

25 Hans. U. B. IV n. 603.

26 So z. B. seit 1347 im Tuchzoll. Die Engländer bezahlten bei der Ausfuhr ungefärbter Tuche 14 d, die Hansen nur 12 d. Hans. Gesch. Qu. VI Einleitung S. XXXIX.

27 Über die Gegenstände der norwegischen Ausfuhr vgl. Bugge S. 117 ff.

28 Über die Größe der hansischen Einfuhr läßt sich nichts sagen. Kunze hat mehrere Tabellen veröffentlicht, welche die hansische Einfuhr in die Häfen von London, Lynn und Yarmouth in den Jahren 1308/09 betreffen. Hans. Gesch. Qu. VI n. 370, 371.

29 Hans. Gesch. Qu. VI n. 365, 366, 375. Schaube, Die Wollausfuhr Englands vom Jahre 1273. Vierteljahrsschrift für Sozial- und Wirtschaftsgeschichte Bd. VI, 1908 S. 68.

30 Hans. U. B. IV n. 7, Hans. Gesch. Qu. VI Einleitung S. XLIII Anm. Die Woll-, Häute- und Warenausfuhr der Deutschen und der anderen Fremden aus Lynn, Newcastle, Kingston upon Hull, Boston am Ende des 13. und am Anfang des 14. Jahrhunderts zeigen die Tabellen bei Kunze, Hans. Gesch. Qu. VI n. 367-369, 372-374.

31 Bugge S. 56 f.

32 Bugge S. 84 f.

33 HR, I 3 n. 318 § 1, Hans. U. B. IV n. 257.

34 HR. I 1 n. 503, 510 § 6.

35 Bugge S. 85 ff.

36 Hans. U. B. I n. 1154, 1155, vgl. Hans. Gesch. Qu. IV Einleitung S. LXVI f.

37 HR. I 1 n. 510 § 11,_11, 522 § 7.

38 Hans. U. B. IV n. 378, 387, 393, 421.

39 HR. I 2 n. 147 § 10, 150 § 10, 158 § 10, 190 § 7.

40 HR. I 2 n. 210 § 8,_2, 212 § 2, 3 n. 102, 404 A § 8, Hans. U. B. IV n. 686. Vgl. Hans. Gesch. Qu. IV Einleitung S. XXXVIII.

41 Meckl. U. B. II n. 953.

42 Hans. U. B. II n. 206, III n. 7-11, Meckl. U. B. V n. 3414, Pomm. U. B. III n. 1745, VI n. 4100, Städtechron. XIX S. 410.

43 Vgl. Prutz, Rechnungen über Heinrich Derbys Preußenfahrten. 1390/91 und 1392. Leipzig 1893, Einleitung, besonders Abschnitt 3 und 4.

44 Vgl. Hirsch S. 98 f. Englische Kaufleute als Danziger Bürger, Sattler, Handelsrechnungen S. 165 f.

45 HR. I 3 n. 404A §§ 1, 9 ff.

46 HR. I 2 n. 212 § 1.

47 Vgl. Hirsch S. 99. Damals soll den Engländern auch der Handel außerhalb der Städte und der Handelsverkehr mit Nichtbürgern verboten worden sein. Daenell I S. 62 und Hirsch S. 99. Ich kann unter dem gedruckten Material keine Urkunde finden, die ein solches Verbot erwähnt. Auch beklagen sich, soweit ich sehe, bis 1388 die Engländer nicht über eine derartige Beschränkung ihres Handelsverkehrs. Erst 1402 wurde den Engländern der Handel mit andern Gästen verboten. Aber auch damals war ihnen der mit den eingeborenen Preußen noch gestattet. HR. I 5 n. 101 § 2, Hans. Gesch. Qu. VI n. 322 § 3.

48 HR. I 3 n. 192.

49 Siehe S. Kap. 3.

2. Kapitel.

Die ersten Kämpfe um die hansischen Privilegien. 1371-1380.

Seit den vierziger Jahren ließ sich Eduard III., da durch die unaufhörlichen Kriege die Ausgaben der Krone eine bedeutende Steigerung erfahren hatten und durch die ordentlichen Einnahmen nicht mehr gedeckt werden konnten, wiederholt vom Parlament und den Kaufleuten außerordentliche Abgaben, sogenannte Subsidien, bewilligen, die je nach dem Bedürfnis längere oder kürzere Zeit von den verschiedenen Waren erhoben wurden. Dem Könige mußte daran liegen, zu diesen Abgaben alle in England verkehrenden Kaufleute heranzuziehen. Mit den Hansen scheint er sich anfangs über diesen Punkt immer friedlich geeinigt zu haben. Soweit wir sehen können, haben sie bis 1370 die Subsidien, wenn auch oft auf einem anderen Wege, bezahlt[1]. Im Jahre 1371 verweigerten die hansischen Kaufleute zum erstenmal die Leistung der Subsidien. Das Parlament hatte damals dem Könige wieder ein Pfundgeld von 6 d und ein Tonnengeld von 2 s bewilligt, deren Erträge dazu bestimmt waren, Schiffe und Waren vor räuberischen Überfällen von Seiten der Feinde zu schützen[2]. Was die Hansen bewog, ihre Privilegien geltend zu machen, wissen wir nicht. Vielleicht wurde ihre veränderte Haltung durch die seit einiger Zeit wieder stärker hervortretenden fremdenfeindlichen Bestrebungen der englischen Kaufleute veranlaßt. Es ließe sich wohl denken, daß die Hansen glaubten, im Gegensatz zu jenen ihre Privilegien energisch betonen zu müssen, und aus diesem Grunde diesmal die Subsidien dem Könige nicht bezahlen wollten. Ihre Weigerung traf aber Eduard III. an seiner empfindlichsten Stelle. Auf diese wichtige Einnahmequelle konnte und wollte er nicht verzichten.

Es zeigte sich bald, daß die hansischen Kaufleute allein nicht imstande waren, gegen den König, dem auch das Parlament und die englischen Kaufleute zustimmten, ihre Zollprivilegien aufrecht zu erhalten. Sie wandten sich deshalb an Lübeck mit der Bitte, für sie einzutreten. Zum erstenmal griff nun der Bund der norddeutschen Städte in die Beziehungen seiner Kaufleute zu

England ein und trat als Vorkämpfer für die hansischen Privilegien auf. Der Städtetag, der am 1. Mai 1373 zu Lübeck versammelt war, richtete an Eduard III. und seinen Rat das Gesuch, die Verletzungen der Privilegien abzustellen[3]. Als dieses die erhoffte Wirkung nicht hatte, ja sogar ohne Antwort blieb, bat das Londoner Kontor die Seestädte nochmals, sich seiner anzunehmen und auch den Hochmeister des deutschen Ordens zu einem Schreiben an den König zu veranlassen. Bei den guten Beziehungen zwischen den beiden Fürsten versprach es sich hiervon den besten Erfolg[4]. Als sich auch dieser Schritt als vergeblich erwies, beschloß die am 24. Juni 1375 in Lübeck tagende Versammlung der Städte, daß die Gesandtschaft, welche nach Flandern geschickt wurde, um die dortigen Verhältnisse zu regeln, auch nach London gehen sollte, wenn es das Kontor verlangte und sich bereit erklärte, die Kosten der Reise zu tragen[5]. Die Gesandtschaft, die aus Simon Swerting aus Lübeck und Hartwig Beteke aus Elbing bestand, begab sich zunächst nach Brügge, wo sie sich den ganzen Herbst über aufhielt. Erst Ende November brachen die beiden Ratsherren nach England auf und trafen kurz vor dem 30. November in London ein[6].

Inzwischen war hier eine Veränderung eingetreten, durch welche ihre Gesandtschaft, wenigstens in ihrem Hauptpunkte, gegenstandslos wurde. Der König hatte nämlich kurz vor ihrem Eintreffen am 23. November den hansischen Kaufleuten ihre Privilegien bestätigt[7]. Zugleich war auch der Anlaß des Streits fortgefallen. Die am 29. September abgelaufene Subsidie war, da im Juni mit Frankreich ein Waffenstillstand abgeschlossen war, nicht wieder erneuert worden.

Die beiden Ratsherren mußten, da das Parlament zurzeit nicht tagte, mit dem königlichen Rat verhandeln. Wir besitzen von den Verhandlungen nur die Eingabe der Gesandten an den König, welche dreizehn Beschwerdepunkte aufzählt, mit den Antworten, die ihnen darauf vom Rat erteilt wurden[8]. Die erste und wichtigste Klage der Hansen betraf die Erhebung des Pfundgeldes von 6 d. Unter Berufung auf ihre Privilegien erklärten sie diese für gesetzwidrig. Die Antwort des Rats zeigt aber, daß der König nicht gewillt war, den Anspruch der Hansen anzuerkennen. Er betonte, daß in der Not des Krieges die Rechte einzelner schweigen müßten. Auch die großen Freiheiten, welche der König seinen eignen Untertanen bewilligt habe, seien jetzt, wo allen Gefahr drohe, nicht beachtet worden. Ferner gab der Rat zu bedenken, daß der Zoll auch den Hansen zugute gekommen sei; denn sein Ertrag sei zum Schutze der Schiffahrt vor feindlichen Überfällen verwendet worden. Deshalb sei es nur gerecht, daß alle, Einheimische wie Fremde, zu diesen Abgaben herangezogen würden.

Es war klar, daß die Hansen sich mit dieser Antwort, die ihre Privilegien in einem wichtigen Punkt beiseite schob, nicht zufrieden geben konnten. Da aber die Subsidie damals aufgehört hatte und unter Eduard III. nicht mehr erhoben wurde, so ruhte der Streit zunächst. Die Zukunft mußte zeigen, ob die Hansen stark genug sein würden, gegen die Ansprüche der englischen Könige ihre Abgabenfreiheiten aufrecht zu erhalten.

Auf die Klageartikel der Hansen erwiderten die englischen Kaufleute mit zwei Gegenschriften, welche die Bedrückungen englischer Kaufleute durch die Hansen in Schonen, Norwegen und in den Hansestädten aufzählten[9]. Die hansischen Gesandten lehnten aber ab, sich hier auf Verhandlungen über die englischen Klagen einzulassen, da sie mit ihrer Forderung nichts zu tun hätten. Die Engländer, die sich ungerecht behandelt fühlten, sollten zum nächsten Städtetag nach Lübeck kommen und dort ihre Klagen vorbringen[10].

Damit hatten die Verhandlungen ihren Abschluß erreicht. Eduard III. schenkte den Gesandten beim Abschied einige Reliquien des heiligen Thomas von Canterbury für die zu dessen Ehren vor den Toren Lübecks erbaute Kapelle[11].

Wenn auch König Eduard in der Zollfrage, die seine eignen Interessen so stark berührte, den hansischen Ansprüchen nicht nachgegeben hatte, so zeigte er doch noch am Ende seiner Regierung in vielen Fällen, daß er eine unbillige Beschränkung der Freiheiten seiner hansischen Freunde nicht wünschte. Auf die wiederholten Bitten der Städte untersagte er am 4. Dezember 1376 mit Zustimmung des Parlaments allen Fremden, in London

Kleinhandel zu treiben, eigne Herbergen zu halten und Waren zum Wiederverkauf zu kaufen; nur die hansischen Kaufleute nahm er von diesen Verboten aus[12].

Mit dem Tode Eduards III. wurde aber die Lage der Hansen schwieriger. Der vormundschaftlichen Regierung seines Enkels Richard, die sich sofort in schwere innere und äußere Kämpfe verwickelt sah, fehlte die Macht und die Unabhängigkeit, die Fremdenpolitik in den Bahnen ihres Vorgängers fortzusetzen. Sie mußte den Städten in der Fremdenfrage Konzessionen machen, um ihre Unterstützung zu gewinnen. Als diese im ersten Parlament das Gesuch einreichten, ihnen ihre alten Freiheiten wieder zu verleihen, bewilligte Richard ihre Petition und ebenso die Bitte Londons, seine Rechte ungeachtet aller entgegenstehenden Statuten und Privilegien anzuerkennen. Er befahl, alle der Londoner Freiheit widersprechenden Privilegien dem Rat zurückzugeben; er werde beschließen, was ihm gut scheine[13].

Zu gleicher Zeit reichten die englischen Kaufleute eine Petition gegen die Neubestätigung der hansischen Privilegien ein, die durch den Tod Eduards III. nötig geworden war[14]. Sie führten aus, daß die Verteurung aller Waren nur auf den Zwischenhandel der Hansen zurückzuführen sei. Früher, als sie selbst noch nach Norwegen und Schonen zu fahren pflegten, seien alle Waren besser und billiger gewesen. Die Hansen betrögen den Käufer, wo sie nur könnten. Den König suchten sie gegen die Hansen einzunehmen, indem sie ihnen unterschoben, daß sie widerrechtlich die Kaufleute aus drei oder vier großen Königreichen mit ihren Privilegien beschützten und dadurch dem Könige einen großen Teil seiner Zolleinnahmen entzögen. Ihr Schluß war natürlich, daß die Hansen durch solche Betrügereien ihre Privilegien verwirkt hätten. Ferner erhoben sie gegen jene die Anklage, daß sie den englischen Kaufleuten in den Gebieten ihrer Handelsherrschaft keine Lebensmittel verkaufen wollten, ihren Schiffern verböten, die Waren von Engländern zu fahren und ihnen auf Schonen gute Hilfe schlecht lohnten[15].

Auf Grund der Petitionen beschloß das Parlament, die hansischen Freiheiten zurückzubehalten, bis die Berechtigung der vorgebrachten Beschwerden geprüft sei. Daraufhin mußten die Hansen die ihnen eben erst bestätigten Privilegien wiederherausgeben. Umsonst war, daß das Londoner Kontor dem königlichen Rat eine Erwiderung auf die Klagen einreichte. Sie wurde keiner Antwort gewürdigt. Ein Zustand der Unsicherheit trat ein. Die Kaufleute wußten nicht, ob sie sich beim Handel noch auf ihre Privilegien berufen konnten, oder ob diese für immer aufgehoben sein sollten[16].

Die Londoner, auf deren Betreiben hauptsächlich die Zurückforderung der Privilegien erfolgt war[17], waren nicht müßig, die Gunst des Augenblicks für sich auszunutzen. Sie wandten die Bestimmungen des Fremdenrechts, welches ihnen neu bestätigt war, auch auf die Kaufleute von der Gildhalle an. Sie verboten allen Fremden einen mehr als vierzigtägigen Aufenthalt im Lande, untersagten jeden Handel mit Nichtbürgern und das Halten eigner Herbergen. Auch die königlichen Zollbeamten glaubten nun, den Deutschen höhere Abgaben abnehmen zu können. Doch kam die Regierung bald den Hansen in diesem wichtigen Punkt etwas entgegen. König Richard wies die Zolleinnehmer an, von jenen nur die bisherigen Zölle zu erheben, wenn sie sich verbürgt hätten, für den Fall der Aufhebung ihrer Privilegien die höheren Sätze nachzuzahlen[18].

Im April 1378 übergaben die hansischen Kaufleute, da ihre Bemühungen, die Herausgabe ihrer Privilegien zu erlangen, erfolglos geblieben waren, ihre Sache dem Bunde ihrer Städte und baten ihn, sich dieser wichtigen Angelegenheit mit aller Energie anzunehmen[19]. Die Versammlung zu Stralsund am 30. Mai 1378, auf der die wendischen, preußischen und süderseeischen Städte vertreten waren, beschäftigte sich angelegentlich mit dem Gesuch des Londoner Kontors. Nur mit Mühe wurde hier ein gemeinsamer Beschluß der Städte erzielt, da die Preußen und besonders der Hochmeister für energisches Vorgehen gegen die Engländer eintraten und die Beschlagnahme alles englischen Guts in den hansischen Ländern beantragten, die wendischen und süderseeischen Städte dagegen den Streit durch diplomatische Verhandlungen beizulegen wünschten. Die vorsichtige Politik der Städte trug diesmal den Sieg davon. Auf ihr Drängen erklärten sich die preußischen Vertreter bereit, beim Hochmeister für die städtische

Politik eintreten und ihn bitten zu wollen, daß er Gewaltmaßregeln gegen die Engländer bis zum nächsten Martinstage hinausschiebe[20].

Die Schreiben der Städte und des Hochmeisters, der den vereinten Bitten jener nachgegeben hatte, waren ohne Erfolg. Der König versprach zwar, seinen Rat anzuweisen, daß er den Deutschen eine gute Antwort gebe, dieser erklärte aber, keine Entscheidung treffen zu können, weil dies Sache des Parlaments sei. Die Hansen sollten sich deshalb bis zum nächsten Parlament gedulden[21].

London beantwortete unter dem 13. August die Schreiben der Städte und Winrichs von Kniprode. Auf die Bitte, den König zur Zurückgabe der Privilegien zu veranlassen, hatten die Londoner nur die höhnische Antwort, daß sie Bedenken trügen, die furchtbare Majestät des Königs zu einem solchen Schritt zu verleiten. Kurz und bündig eröffneten sie den Städten, daß die Privilegienbestätigung so lange suspendiert bleiben werde, bis jene sich wegen der Bedrückungen der englischen Kaufleute und wegen der Privilegienmißbräuche, deren sie vielfach angeklagt und beschuldigt seien, ordentlich verantwortet hätten[22].

Während nun die Städte wegen der zweimaligen Weigerung der Preußen, die von Lübeck angesetzten Tagfahrten zu besenden, zu keinem Beschluß kamen[23], gelang es den hansischen Kaufleuten, dank der günstigen Umstände ihre Sache einen bedeutenden Schritt vorwärts zu bringen. In dem einen Jahre war nämlich die Stimmung der englischen Bevölkerung erheblich zugunsten der fremden Kaufleute umgeschlagen. Es hatte sich gezeigt, daß in der Fremdenfrage das Interesse der Städte nicht mit dem der Mehrzahl des Landes identisch war, und daß der englische Handelsstand mit der Beschränkung der Fremden nur seinen eignen Nutzen und Vorteil verfolgte. Denn da die englischen Kaufleute noch nicht imstande waren, den Export und Import des Landes allein zu regeln, wie sie oft behauptet hatten, war eine Preissteigerung aller Waren eingetreten, die allen die Unentbehrlichkeit der fremden Kaufleute deutlich vor Augen stellte. Ferner hatten die Städte durch rigorose Anwendung ihrer Privilegien und durch den obligatorischen Zwischenhandel die übrigen

Stände noch mehr gegen sich erbittert. Im Herbst 1378 wurde deshalb dem König vom Parlament eine allgemeine Petition überreicht, den fremden Kaufleuten wieder freien Verkehr, unbeschränkten Aufenthalt im Lande und Handel mit jedermann zu gestatten. Der König sagte die Gewährung des Wunsches zu, indem er in seiner Antwort nachdrücklich auf den Vorteil hinwies, den das ganze Land von dem fremden Handel hatte[24].

Die Hansen benutzten die fremdenfreundliche Stimmung des Parlaments zu einem erneuten Gesuch um Herausgabe ihrer Privilegien. Ihre Bitte wurde aber nicht unbedingt erfüllt. Mit der englischen Kaufmannschaft waren König und Parlament darin einig, daß die Hansestädte den Engländern in ihren Gebieten die gleiche Behandlung zuteil werden lassen müßten, welche ihre Kaufleute in England erführen. Die Hansen sollten deshalb ihre Freiheiten nur dann wiedererhalten, wenn sie bis zum 29. September 1379 von ihren Städten und Herren Briefe vorgelegt hätten, in denen sich diese unter ihrem Siegel verpflichteten, die englischen Kaufleute freundlich zu behandeln und vier Forderungen jener zu bewilligen. Könnten sie dies nicht, so sollten sie ihrer Privilegien verlustig gehen. Die englischen Kaufleute verlangten in ihren Artikeln erstens in den preußischen und allen hansischen Städten völlig freien Handel untereinander und mit allen anderen Kaufleuten. Im zweiten Artikel forderten sie die Zurücknahme aller gegen ihren Handel auf Schonen gerichteten Verordnungen. Sie wollten das Recht haben, wie die Deutschen in Skanör und Falsterbo Fitten zu mieten, Heringe zu kaufen, zu salzen und auszuführen. Ferner wünschten sie, von der Haftbarkeit für Schulden und Vergehen befreit zu werden, an denen sie nicht persönlich beteiligt waren, und die Namen aller Hansestädte zu erfahren[25].

Welche Stellung das Londoner Kontor zu den englischen Forderungen einnahm, läßt sich nicht erkennen. Die Briefe, durch die es Lübeck und den preußischen Städten von ihnen Mitteilung machte, sind nicht erhalten[26]. Aus späteren Zeugnissen wissen wir aber, daß die Kaufleute für schwächliche Unterwerfung unter die weitgehenden Ansprüche der englischen Kaufmannschaft nicht waren, sondern lieber England zeitweilig räumen wollten.

Denn sie waren überzeugt, daß sie dem Lande unentbehrlich seien, und daß die Verteuerung aller Waren, welche die unausbleibliche Folge der Einstellung des hansischen Verkehrs sei, England bald zum Nachgeben zwingen werde[27].

Am 17. April 1379 versammelten sich die preußischen Städte zur Beratung der englischen Angelegenheit in Marienburg. Ein Brief des Brügger Kontors, welcher neue englische Ausschreitungen gegen hansische Schiffe meldete[28], trug sicher nicht dazu bei, sie den englischen Forderungen günstig zu stimmen. Sie lehnten deren Erfüllung ab und beschlossen, ihre Boten auf dem nächsten Hansetag dahin wirken zu lassen, daß sofort jeder Verkehr mit den Engländern abgebrochen werde, bis dem gemeinen Kaufmann Genugtuung für das angetane Unrecht zuteil geworden sei[29].

Auf der sehr zahlreich besuchten Johannisversammlung dieses Jahres zu Lübeck kam es aber noch nicht so weit. Die Städte beschlossen, zunächst noch einmal den Weg der Verhandlungen einzuschlagen. Erst wenn diese keinen Erfolg hätten, sollte Fastnacht 1380 diesseits des Sundes jeder Verkehr mit den Engländern aufhören und nach Ostern nirgends mehr mit ihnen Handel getrieben werden. Ausgenommen wurde nur Flandern oder "wo sonst der Stapel des Kaufmanns war," wo der Verkauf an Engländer gestattet bleiben sollte. Ferner wurde bestimmt, daß bis Ostern 1380 alle Hansen England räumen sollten. Eine Übertretung dieser Gebote sollte mit einer Buße von 10 Mark Gold bestraft werden. Außerdem befahlen die Städte ihren Vögten zu Helsingborg, auf Schonen die Engländer nicht mehr vor Mord und Plünderung zu schützen[30]. Mit diesen Beschlüssen hat die abwartende Politik der wendischen Städte den Preußen so weit nachgegeben, daß sie energische Maßnahmen für das Jahr 1380 in Aussicht stellte.

Obwohl uns die Briefe, welche der Hansetag an den englischen König und dessen Rat sandte, nicht erhalten sind, so steht doch fest, daß sich die Städte in ihnen nicht zu den vier Forderungen der Engländer geäußert haben[31]. Sie waren für sie unannehmbar; ihre Erfüllung kam einer Aufgabe der bisherigen hansischen Handelspolitik fast gleich. Die Städte wollten wohl durch

Schweigen Zeit gewinnen, weil die völlige Ablehnung der Forderungen leicht den sofortigen Bruch mit England herbeiführen konnte.

Da der festgesetzte Termin verstrich, ohne daß die Hansen sich für die Annahme der Artikel erklärten, wurde nach den Parlamentsbeschlüssen die Privilegienbestätigung am 29. September dem Kontor nicht ausgeliefert. Der Brief des Erzbischofs Simon von Canterbury zeigt aber, daß die englische Regierung den Ausbruch eines Streits mit den Hansestädten nicht wünschte und bereit war, ihnen entgegenzukommen[32].

Das freundliche Schreiben des Erzbischofs und die Vorstellungen des Kontors veranlaßten die städtische Gesandtschaft, die im Herbst in Brügge weilte, den Versuch neuer Verhandlungen mit dem englischen Könige zu wagen. Am 21. November ritten Jakob Pleskow aus Lübeck und Johann Kordelitz aus Thorn als Vertreter der Städte, begleitet von den deutschen Kaufleuten, in London ein. Wenige Tage später trugen sie dem in Westminster tagenden Parlament ihr Gesuch vor, welches einen Ausschuß von vier Mitgliedern zur Führung der Verhandlungen bestimmte. Diese drehten sich vor allem um die vier Forderungen der englischen Kaufleute. Die hansischen Gesandten lehnten sie ab, indem sie ihre Erfüllung als unmöglich hinzustellen suchten. Sie schützten ihre Fürsten und Landesherren, sogar den Friedensvertrag mit Waldemar von Dänemark vor. Die Londoner verfaßten hierauf eine Erwiderung, welche nicht erhalten ist. Außerdem erhoben sie noch sechs neue Klagen und Forderungen, darunter die, ihre Kaufleute in die hansischen Rechte aufzunehmen. Die Gesandten erwiderten, es stände nicht in ihrer Macht, jede beliebige fremde Nation in ihren Bund und ihre Freiheiten aufzunehmen. Gleich wie die Engländer ihnen nicht gestatten würden, Fremde mit den hansischen Privilegien zu verteidigen, so würden auch die andern Länder ihnen die Aufnahme von Nichthansen verbieten[33].

Am vierten Tage der Verhandlungen schlugen die Gesandten, da ein Ende noch nicht abzusehen war, einen schärferen Ton an und forderten die schnelle Erledigung ihres Gesuchs. Sie erklärten, sie seien nicht gekommen, um mit den Londonern zu prozessieren; wenn die englischen Kaufleute über irgend etwas zu klagen hätten, so sollten sie das vor die Städte bringen. Das Parlament solle sich an das Gerede von zehn oder zwölf Leuten nicht kehren, sondern vielmehr den wahren Vorteil des Landes erwägen. Denn wenn den Hansen der Besuch Englands unmöglich gemacht werde, so würden auch die englischen Kaufleute nicht mehr in den hansischen Gebieten gelitten werden. Darauf erwiderte das Parlament, daß es das Gesuch der Deutschen gern erledigen wolle; da es aber mit Arbeiten überhäuft sei, so wünsche es, die Sache bis zum nächsten Parlament zu verschieben. Als hiervon die Gesandten nichts wissen wollten, machte das Parlament den Vorschlag, es sollte den Privilegien ein Zusatz beigefügt werden, der den englischen Kaufleuten in allen hansischen Gebieten, in Schonen und in Norwegen freundliche Behandlung und das Recht, nach alter Gewohnheit frei und ohne Beschwerung und ohne neue und ungewohnte Abgaben dort Handel zu treiben, zusicherte. Die Gesandten lehnten die Annahme eines solchen Zusatzes unbedingt ab. Sie hätten keine Vollmacht, die Privilegien irgendwie verändern zu lassen, zu vermindern oder zu vermehren[34].

Da auch ein weiterer Einigungsversuch, den die Hansen machten, um die Verhandlungen jetzt noch zum Abschluß zu bringen, scheiterte, so mußte die Entscheidung vertagt werden. Das Parlament versprach, im nächsten Frühjahr dem Kaufmann eine freundliche Antwort zu geben und seine Klagen zu untersuchen. In aller Freundschaft und unter gegenseitigen Versprechungen trennten sich darauf beide Parteien[35]. Wenn auch trotz der langen Verhandlungen nichts Positives erreicht war, so war die Gesandtschaft dennoch nicht ganz erfolglos. Die Hansen hatten durch die Hartnäckigkeit, mit der sie auf der bedingungslosen Herausgabe ihrer Privilegien bestanden, erreicht, daß die englischen Kaufleute ihre vier Artikel fallen ließen und sich mit einem Zusatz, der ihnen ganz allgemein freien Verkehr und Schutz in den hansischen Landen zusicherte, begnügen wollten. Zugleich hatten die Verhandlungen gezeigt, daß das Parlament und die Regierung den Wert des hansischen Handels für England wohl erkannten und eine Störung der Beziehungen nicht wünschten.

Aus diesem Grunde ließ sich hoffen, daß die neuen Verhandlungen ein gutes Resultat für die Hansen haben würden. Als am 16. Januar 1380 das Parlament wieder zusammentrat[36], reichten die deutschen Kaufleute im Namen der schon abgereisten Gesandten eine Petition ein und baten um die Auslieferung ihrer Privilegien. Zugleich übergaben sie ein Verzeichnis der Beschwerden, deren Entscheidung auf dieses Parlament vertagt war. Über den Gang der damaligen Verhandlungen sind wir nicht unterrichtet; wir können aus den wenigen erhaltenen Urkunden nur die Hauptpunkte erkennen. Man kam wieder auf den oben erwähnten Zusatzartikel zu sprechen, scheinbar forderte das Parlament seine Annahme. Wir besitzen nämlich eine Eingabe des Londoner Kontors, in der es ausführte, es habe keine Macht und Autorität, den genannten Artikel zu besiegeln. Seine Hinzufügung scheine überhaupt unnötig, da die Engländer in den hansischen Gebieten frei und ungehindert seien[37].

Wie lange die Verhandlungen hierüber noch hin und her gingen, was endlich zum Fallenlassen dieses Artikels und zum Aufstellen eines neuen führte, wissen wir nicht. Aus einer Petition der englischen Kaufleute erfahren wir, daß sich die Hansen mit folgendem Zusatzartikel einverstanden erklärt hatten: Die englischen Kaufleute sollten, wenn sie mit ihren Waren in die hansischen Gebiete kämen, freundlich behandelt werden und frei Handel treiben können wie die Deutschen in England. Geschehe dies nicht, so sollten alle hansischen Privilegien für immer aufgehoben werden[38]. Vergleichen wir die beiden Zusatzartikel, so zeigt sich ein merkliches Zurückweichen der Engländer. Schonens und Norwegens wird nicht mehr Erwähnung getan, nur ganz allgemein wird für die englischen Kaufleute gute Behandlung und freier Verkehr in den Gebieten der deutschen Kaufleute gefordert. Das erklärt uns den Widerstand der Hansen gegen die erste Formulierung des Zusatzes. Die namentliche Erwähnung Schonens und Norwegens war es, an der sie sich stießen. Die Forderung des freien Verkehrs in diesen Gebieten mußten die Engländer fallen lassen; sie erkannten damit gleichsam den dort bestehenden Zustand an.

Obwohl die Hansen die Hinzufügung des Artikels zugestanden hatten, kam es jetzt noch nicht zur Auslieferung der Privilegien. Es ist nicht zu ermitteln, was die neue Verzögerung veranlaßt hat. Vielleicht war die oben erwähnte Petition der englischen Kaufleute der Grund. Diese erklärten, daß die Hansen die Forderung des Artikels nicht erfüllt hätten, und baten deshalb den König, die Privilegien jener aufzuheben oder zu veranlassen, daß sie sich genügend wegen der von ihnen verübten Plünderungen und Gewalttaten verantworteten. Es wäre möglich, daß diese Petition den Anlaß gab, die Privilegien noch zurückzuhalten[39].

Auf welche Weise die Angelegenheit endlich zur Erledigung kam, ob die Deutschen sich ausreichend wegen der vorgebrachten Klagen verantwortet haben, ob im Sommer noch irgendwelche Verhandlungen geführt worden sind, wissen wir nicht[40]. Bekannt ist nur, daß am 23. September 1380 die Herausgabe der Privilegien erfolgte. Der Erzbischof Simon von Canterbury lieferte sie an diesem Tage dem Londoner Kontor feierlich in Gegenwart mehrerer englischer Großen im Palast zu Westminster aus[41]. Obwohl die Hansen in die Hinzufügung der zuletzt genannten Bedingung hatten willigen müssen, war der Sieg in diesem Streit durchaus auf ihrer Seite. Schritt für Schritt hatten die englischen Kaufleute zurückweichen müssen. Sie hatten nicht einmal die Zurücknahme der gegen ihren Handel auf Schonen gerichteten Bestimmungen erreicht.

Wenige Tage nach der Herausgabe der Privilegien setzte Richard II. die alten Zollfreiheiten der Hansen wieder in Kraft. Er befahl seinen Zolleinnehmern, die Bürgschaften der Kaufleute aufzuheben und sie für gezahlte höhere Abgaben zu entschädigen. Außerdem erneuerte er die Verordnungen Eduards III. vom Jahre 1361, welche die Hansen von den neuen Tuchzöllen befreiten[42].

Damit waren die hansischen Privilegien in ihrem ganzen Umfange wiederhergestellt. Als Anfang 1381 der Londoner Mayor die Stelle eines Ältermanns der hansischen Kaufleute annahm[43], konnte es scheinen, als ob die Zeiten Eduards III. mit ihrem guten Verhältnis zwischen der Hanse und England wiedergekehrt seien. Aber daran fehlte viel. Die Gegensätze, die den Streit verursacht hatten, bestanden fort. Die englischen Kaufleute gaben ihre Forderungen, deren Durchsetzung sie diesmal nicht erreicht hatten, nicht auf. Eine viel größere Gefahr erwuchs aber den Hansen aus der zunehmenden Schwäche des Königtums und seiner steigenden Abhängigkeit von den großen Parteien des Landes. Da die Macht fehlte, die wie unter Eduard III. die verschiedenen Interessen auszugleichen imstande war, erlangten die Städte mit ihren fremdenfeindlichen Bestrebungen immer mehr Einfluß.

Doch auch auf hansischer Seite gab es viele, die der Ausgang des Streits nicht befriedigte. In Preußen wollte die Mißstimmung gegen die Engländer nicht weichen, weil jene für die zahlreichen Plünderungen preußischer Schiffe keinen Schadenersatz leisteten, ja sogar die Überfälle auf hansische Kauffahrer fortsetzten. In den Briefen, in denen sich der Hochmeister und Danzig für die Wiederherstellung der hansischen Freiheiten bedankten, forderten sie dringend die schleunige Abstellung der Übergriffe und Mißbräuche und beschwerten sich bitter über das geringe Entgegenkommen, welches ihnen Richard und sein Rat gezeigt hatten[44]. Die Preußen fanden jetzt aber noch weniger als vorher die Unterstützung der andern Hansestädte. Diese stellten auf der Johannisversammlung von 1381 den Antrag, die 1379 gegen die Engländer gefaßten Beschlüsse aufzuheben, und teilten dem Hochmeister mit, daß sie eine Gewaltpolitik gegen die Engländer nicht mehr mitmachen würden; jetzt, wo die Privilegien ausgehändigt, der ungewöhnliche Zoll abgeschafft und den Geschädigten Genugtuung versprochen sei, würden sie es nicht verantworten können, wenn die Engländer in ihren Ländern gemieden und gehindert würden. Sie baten den Hochmeister, ihnen zu folgen, da sonst der gemeine Kaufmann großen Schaden erleiden könne[45]. In demselben Sinne beschlossen sie später, nur die Schädigung der Engländer, die sich an den Plünderungen hansischer Schiffe beteiligt hatten, zu gestatten. Die wendischen und die westlichen Städte, die eine englische Konkurrenz nicht zu fürchten hatten, waren zufrieden, ihrem Handel in England wieder die gesetzmäßige Grundlage verschafft zu haben, und verspürten keine Lust, sich für die weitergehenden Forderungen der Preußen einzusetzen. Die Konflikte, die in den nächsten Jahrzehnten entstanden, hatten immer den preußisch-englischen Gegensatz zum Anlaß. Die andern Hansestädte traten in den Kampf nur ein, wenn der Bestand ihrer Privilegien in England bedroht war, oder wenn die Klagen ihrer Bürger über englische Gewalttaten überhandnahmen[46]. Mit vollem Recht sagte daher 1387 ein Thorner Ratsherr, daß von dem Verhältnis Preußens zu England die Beobachtung der hansischen Privilegien abhinge[47].

FUSSNOTEN ZU KAPITEL 2

1 Daß die Hansen in der Zeit Eduards III. die hohen Wollsubsidien bezahlt haben, haben schon Keutgen S. 9 und Kunze in Hans. Gesch. Qu. VI Einleitung S. XLI dargelegt. Vgl. Hans. Gesch. Qu. VI n. 107-113, 162, 164, 170, 172, Hans. U. B. II n. 608, 609, Anhang 1. Wie verhält es sich aber mit dem sogenannten Pfund- und Tonnengeld? Kunze hat an der eben genannten Stelle gemeint, die hansischen Kaufleute seien 1351 von der Leistung der Subsidie befreit worden. Dies ist jedoch nur teilweise richtig. Sehen wir uns die erhaltenen Urkunden an, z. B. Hans. U. B. III n. 197. Dort heißt es: nos pro eo, quod dilecti nobis Hildebrandus Suderman, Johannes Longe et Lubbertus de Losinge mercatores de hansa predicta manuceperant videlicet quilibet eorum in solidum coram consilio nostro de respondendo nobis de sex denariis de libra pisces et alia bona et mercimonia predicta ultra custumam trium denariorum de libra ab antiquo debitam pro dicto navigio inveniendo contingentibus, vobis mandamus,... Dieser Passus lautet in anderen Urkunden — Hans. U. B. III n. 112, 195, 198 — ähnlich. Wir sehen, die hansischen Kaufleute mußten sich erst verpflichten, den König für den Ausfall voll zu entschädigen, ehe sie von der direkten Zahlung der Subsidie befreit wurden. Auffällig ist auch, daß in den Urkunden jeder Hinweis auf die carta mercatoria fehlt. Es wurde scheinbar für ganz selbstverständlich gehalten, daß die hansischen Kaufleute die Subsidien bezahlen müßten; nur aus besonderer Gnade gestattete ihnen der König einen anderen Weg der Bezahlung. In dieser Hinsicht ist zu beachten, daß Eduard III. den Hansen 1354 ihre Privilegien unter der Bedingung bestätigte, quod

custumas et subsidia nobis in regno nostro Anglie debita inde solvant, ut debebunt. Hans. U. B. III n. 298.

2 Zum Jahre 1371 ist zwar eine solche Bewilligung in den Parlamentsakten nicht erwähnt, aber in dem Beschlusse von 1372 heißt es: Coment l'an passe estoit grante par un certein terme pur le sauf et seure conduement des niefs et merchandises... un subside, c'est assavoir, de chescun tonell de vyn... deus soldz et de chescun livre de quelconqe merchandie qe ce feust venant ou passant VI d, quel terme est ja passe,... Rot. Parl. II S. 310 § 15. – Keutgen S. 11 sagt: "und wenn das Faßgeld dem immer für die hansischen Kaufleute gültigen entsprach, so betrug das Pfundgeld das Doppelte." Diese Annahme ist nicht richtig. Denn es wurden Kustume und Subsidie nebeneinander erhoben. Durch die Bewilligung einer außerordentlichen Abgabe wurde für diese Zeit der gültige Zolltarif nicht aufgehoben. Dies bestätigen zahlreiche Urkunden aus den verschiedensten Jahren. Hans. U. B. II n. 608, III n. 195, 197, 198, Hans. Gesch. Qu. VI n. 110, 113, 117, 162, 170, 172, Rot. Parl. III S. 124 § 15. Ferner dürften sich, wenn Keutgen recht hätte, die Hansen nur über die widerrechtliche Erhebung von 3 d, nicht aber von 6 d beschweren; denn ein Pfundgeld von 3 d mußten sie ja immer bezahlen. Demnach betrug das Pfundgeld, das den Hansen damals abverlangt wurde, 9 d und das Tonnengeld 4 s.

3 Dieser Beschluß wird nur in dem Briefe des Londoner Kontors von 1374 Juni 20 erwähnt. HR. I 2 n. 99.

4 Im Herbst 1373 bewilligte das Parlament dem Könige das Pfund- und Tonnengeld auf weitere zwei Jahre. Rot. Parl. II S. 317 § 12, HR. I 2 n. 99.

5 HR. I 2 n. 77 §§ 3, 8, 86 §§ 17, 18, auch 100.

6 Es ist nicht richtig, daß die Gesandten zwischen Okt. 13 und Nov. 23 in London gewesen sind, wie Keutgen S. 12 Anm. 2 meint. Die Gesandten lassen sich Nov. 25 noch in Brügge nachweisen – HR. I 2 n. 98 –, in London aber nicht vor Nov. 30 – HR. I 3 n. 68 –. Nun hat zwar Koppmann HR. I 2 S. 110 gemeint, daß der Beschluß von 1375 Nov. 25, wie sich aus dem Datum ergebe, nicht in Gegenwart der hansischen Rats-

sendeboten gefaßt sein könne. Aus der Fassung der Urkunde folgt aber, daß dies dennoch der Fall war. Die Urkunde beginnt: Vort int selve jaer vorscreven up sunte Katherinen dach do wart over een ghedraghen ende gheordinert bi den selven vorscreven, dat.... Welches ist nun das vorhergenannte Jahr, und welches sind die Vorhergenannten, die auch diesen Beschluß faßten? Im Kopialbuch des Stadtarchivs zu Köln folgt diese Urkunde unmittelbar auf den Rezeß zu Brügge von 1375 Sept. 8 – HR. I 2 n. 97 –. Auf das Jahr und die Abfasser des Rezesses muß sich demnach die Urkunde beziehen. Jahr und Abfasser sind in beiden Schriftstücken dieselben. Unsere Annahme, daß die Gesandten nicht vor Nov. 30 in London gewesen sind, findet eine Stütze durch eine Reihe von Urkunden, in denen englische Bischöfe den hansischen Ratsherren die Echtheit der von Eduard III. geschenkten Reliquien des heiligen Thomas von Canterbury bescheinigten. Lüb. U. B. IV n. 275, 276, S. 298 Anm. 1. Sie sind Dez. 6 und 7 in London ausgestellt und setzen natürlich die Anwesenheit Swertings und Betekes in London für diese Zeit voraus. Zwei andere ähnliche Urkunden sind in Brügge Dez. 18 und 21 ausgestellt. Lüb. U. B. IV S. 298 Anm. 1. Zu dieser Zeit waren also die Gesandten schon wieder in Brügge. Ein Londoner Aufenthalt der Gesandten vor diesem von Nov. 30–Dez. 7 läßt sich durch nichts nachweisen. Auch die Privilegienbestätigung von Nov. 23 kann nicht zum Beweise dafür ins Feld geführt werden, denn es deutet nichts darauf hin, daß sie eine Folge der Verhandlungen zwischen den Gesandten und dem Rate war.

7 Hans. U. B. IV n. 516.

8 HR. I 3 n. 317.

9 Unter den englischen Klagen nahmen die über Thomas Hustede, von dem viele englische Kaufleute auf Schonen schwer geschädigt sein wollten, einen breiten Raum ein. HR. I 3 n. 319 §§ 3-5. Schon im Jahre 1372 beklagte sich Eduard III. im Auftrage seiner Kaufleute bei Lübeck über diesen Thomas Hustede, der im Sommer zuvor englische Kaufleute um gekauften Hering betrogen haben sollte. Hans. U. B. IV n. 421. Nach den englischen Klagen war Hustede "vout de Falster-

buthe" oder "seigneur du chastel de Falsterbothe". Die beiden Schlösser Skanör und Falsterbo befanden sich seit dem 24. Mai 1370 im Pfandbesitz der deutschen Städte, welche am 27. Okt. 1371 die Verwaltung der Schlösser dem dänischen Reichshauptmann Ritter Henning von Putbus übertrugen. HR. I 1 n. 524, 2 n. 20; vgl. Schäfer S. 524 f. Henning von Putbus hatte aber nach seiner eigenen Aussage auf dem Hansetage zu Stralsund, 1374 Mai 21, schon vor dem Okt. 1371 Schloß Falsterbo in Besitz. HR. I 2 n. 73 § 2. Er war demnach im August 1371 der einzige, der als Herr von Falsterbo bezeichnet werden konnte. Was war nun Thomas Hustede? Schloßvogt von Falsterbo auf keinen Fall. Ein Mann dieses Namens kommt sonst nirgends vor. Es liegt der Verdacht nahe, daß es sich hier um erlogene englische Klagen handelt. Wie dem auch sei, auf keinen Fall dürfen wir diese Klagen verwenden, um zu schildern, welche Bedrückungen englische Kaufleute durch die Hansen auf Schonen auszustehen hatten. Wenn diese Klagen fortfallen, was bleibt da von den 1375 von den Engländern vorgebrachten Beschwerden übrig? Wir sehen daraus, daß wir englische Klagen sehr skeptisch aufnehmen müssen. Die englischen Kaufleute nahmen es oft mit der Wahrheit nicht sehr genau und neigten zu maßlosen Übertreibungen, ja sie scheuten selbst vor Lügen nicht zurück. Ihre Klagen über hansische Bedrückungen und Gewalttaten hatten oft nur den Zweck, den König und die anderen Stände gegen die Hansen aufzureizen und sie ihren Forderungen geneigt zu machen, oder die englischen Kaufleute wollten den meist berechtigten hansischen Beschwerden möglichst viele von ihrer Seite entgegenstellen können. Bei dem geringen Material werden wir die englischen Klagen nur selten als direkt falsch und erlogen nachweisen können. Aber so viel sehen wir, daß wir englische Klagen nie gutgläubig als richtig hinnehmen dürfen. Ich habe noch an einigen anderen Beispielen die Unrichtigkeit oder wenigstens starke Übertreibung englischer Klagen gezeigt. Siehe Kap. 1 Anm. 15, Kap. 3 Anm. 21

10 HR. I 3 n. 318 § 5.

11 Lüb. U. B. IV n. 275, 276, S. 298 Anm. 1, Hans. U. B. IV n. 520, 521.

12 Hans. U. B. IV n. 569, 571. Vgl. Schanz I S. 398.

13 Rot. Parl. III S. 16 § 52, 27 §§ 126, 127.

14 Hans. U. B. IV n. 600.

15 HR. I 3 n. 102. In den siebziger und achtziger Jahren begegnet mit steter Regelmäßigkeit auf englischer Seite die Klage, daß die Hansen ihren Schiffern verböten, englische Güter zu führen, oder nicht dulden wollten, daß englische und hansische Waren zusammen in hansischen Schiffen befördert würden. HR. I 2 n. 210 § 8,1, 3 n. 102, 318 § 3. Die hansischen Gesandten erklärten 1379 diese Klage für durchaus unbegründet und wiesen ihr gegenüber auf die in der Themse liegenden Schiffe hin, welche aus Schonen und Preußen die Waren englischer und hansischer Kaufleute zusammen hergeführt hatten. HR. I 2 n. 210 § 8,1. Neben andern Zeugnissen (Hans. U. B. IV n. 666, 1085, Hans. Gesch. Qu. VI n. 260) zeigen auch die 1388 überreichten englischen Klageartikel, daß zu jener Beschwerde kein berechtigter Grund vorhanden war. Die englischen Kaufleute zählten nämlich damals eine ganze Reihe von Fällen auf, in denen sie hansische Schiffe befrachtet hatten. HR. I 3 n. 404A §§ 25 ff., auch 202 § 9.

16 Hans. U. B. IV n. 603, HR. I 3 n. 103.

17 Ein gutes Bild von dem Anteil der Londoner an dem Vorstoß gegen die Hansen gibt der Brief des Kontors an Lübeck. HR. I 3 n. 103, vgl. auch 2 n. 159, 160.

18 Hans. U. B. IV n. 626, 643, 646, 663, 667, 677.

19 HR. I 3 n. 103.

20 HR. I 2 n. 156 §§ 1, 14. Vgl. Keutgen S. 29 ff., auch Koppmann S. 117.

21 Hans. U. B. IV n. 631, HR. I 2 n. 159-161, 164.

22 HR. I 2 n. 162, 163.

23 HR. I 2 n. 170 § 1, 3 n. 113, 116, 118, 8 n. 896.

24 Rot. Parl. III S. 47 § 74.

25 Hans. U. B. IV n. 645, 647, HR. I 2 n. 212. Daß die englischen Kaufleute damals diese vier Forderungen aufgestellt und der König ihre Annahme durch die Hansen zur Bedingung der Herausgabe der Privilegien gemacht hat, geht klar hervor aus einer Stelle des Berichts der hansischen Gesandten: Der Bote des Kontors meldete ihnen, dat de koning van Enghelant unde sin eddele rad nicht noghaften en weren an der stede breven, de en ghesant weren, men se wolden tovoren en antworde hebben van den steden uppe de 4 punte, de en over screven weren..., er deme copmanne sin confirmacie wedder werden mochte. HR. I 2 n. 210 § 1. Auch der Brief des Erzbischofs von Canterbury spricht von "gravamina", auf welche die Hansestädte antworten sollten. HR. I 2 n. 211. Keutgen legt in seiner Darstellung S. 31 ff. nicht den gebührenden Nachdruck darauf, daß die englischen Kaufleute im Herbst 1378 vier bestimmte Forderungen aufstellten.

26 Die Briefe werden in dem Schreiben Lübecks an die preußischen Städte erwähnt. HR. I 3 n. 120.

27 HR. I 2 n. 214.

28 HR. I 3 n. 122, auch 2 n. 174 §§ 15, 16.

29 HR. I 2 n. 174 §§ 6, 7. Vortmer also von den articlen, deme copmanne in Engheland lighende von dem koninghe unde syme rode bescreven ghegebin in eynem brive: uns dunket ratsam syn, dat em der sulven articlen nyn volgin solle noch overgeven von den mynsten bet an dat groteste, wen is nicht wol moghelich is, in alsodanner begheringhe im to volgin. Es ist ganz klar, daß hier nicht von den hansischen Privilegien, wie Keutgen S. 28 meint, sondern von den vier englischen Forderungen die Rede ist.

30 HR. I 2 n. 190 §§ 7, 12.

31 Im Rezeß ist ihr Inhalt skizziert angegeben. HR. I 2 n. 190 § 12. Daß die Städte von den englischen Forderungen schwiegen, zeigt die S. 27 Anm. 2 zitierte Stelle aus dem Bericht der hansischen Gesandten, wie auch der Brief des Erzbischofs. HR. I 2 n. 211.

32 HR. I 2 n. 210 § 1, 211.

33 HR. I 2 n. 210 §§ 1-10, 213.

34 HR. I 2 n. 210 §§ 11-13.

35 HR. I 2 n. 210 §§ 14, 15. Am 23. Dezember trafen die beiden Gesandten wieder in Brügge ein. HR. I 2 n. 192 § 9.

36 Rot. Parl. III S. 71 § 1.

37 Hans. U. B. IV n. 671-673.

38 Hans. U. B. IV n. 674. Über die Datierung der beiden Petitionen, der hansischen und englischen, vgl. Hans. U. B. IV S. 276 Anm. 1.

39 Vgl. Daenell, Geschichte der Hanse S. 39.

40 Vielleicht stehen hiermit die drei Schreiben Richards an die hansischen Kaufleute in Bergen und auf Schonen und an den Rat von Lübeck in Zusammenhang, in denen er um freundliche Behandlung der Bergen und Schonen besuchenden englischen Kaufleute bat. Hans. U. B. IV n. 685-687.

41 HR. I 2 n. 225. Über die Datierung der Aufzeichnung vgl. Keutgen S. 37 Anm. 5.

42 Hans. U. B. IV n. 697, 711, 712, 718, Hans. Gesch. Qu. VI n. 210, 211.

43 Hans. U. B. IV n. 709.

44 HR. I 3 n. 142, 143.

45 HR. I 2 n. 232 § 4, 236, 248 § 3, 266 § 14, 276 § 2.

46 Vgl. Sattler, Die Hanse und der deutsche Orden in Preußen bis zu dessen Verfall. Hans. Gesch. Bll. Jg. 1882 S. 82 ff.

47 Hans. U. B. IV n. 888.

3. Kapitel.

Die englische Zoll- und Fremdenpolitik unter Richard II. Der preußisch-englische Konflikt von 1385 bis 1388.

Die hansischen Kaufleute erfreuten sich nach 1380 nur kurze Zeit des ungestörten Genusses ihrer Privilegien. Ihre Klagen über die Verletzung ihrer Rechte begannen bald wieder. Der König und die Städte nahmen auf sie keine Rücksicht mehr und schoben sie wiederholt, ohne auf die Beschwerden der Kaufleute zu achten, beiseite. Da die englische Regierung sich unter Richard II. in ständiger Geldnot befand, erhöhte sie die Zölle und wollte auch die Hansen zu den neuen Abgaben, welche von allen Kaufleuten getragen wurden, heranziehen. Ihre Haltung fand durchaus die Billigung des gesamten Landes; das Parlament fügte seinen Bewilligungen häufig hinzu, daß die Zölle von den einheimischen und fremden Kaufleuten in gleicher Weise ungeachtet aller entgegenstehenden Privilegien erhoben werden sollten[1].

Während die Hansen die hohen Wollsubsidien scheinbar widerspruchslos bezahlten, verweigerten sie wie unter Eduard III. die Leistung des Pfund- und Tonnengeldes. Im Jahre 1382 bewilligte das Parlament nach längerer Unterbrechung die beiden Subsidien wieder auf zwei Jahre[2]. Als die Kaufleute von der Gildhalle unter Berufung auf ihre Privilegien die neuen Abgaben ablehnten, ließ der König durch seinen Rat die Berechtigung des hansischen Anspruchs untersuchen. Die Entscheidung fiel, wie nicht anders zu erwarten war, zu Ungunsten der Hansen aus. Richard II. befahl nun den Zolleinnehmern, sich an die hansischen Proteste nicht weiter zu kehren und in Zukunft die Subsidien von jenen wie von allen andern Kaufleuten einzuziehen. Als die Hansen dann noch Widerstand zu leisten suchten, ließ er drei von ihnen ins Gefängnis werfen und einen Teil ihrer Güter mit Beschlag belegen. Diesem energischen Vorgehen des Königs mußten sich die Hansen fügen. Später schwangen sie sich wohl noch ein paarmal zu Beschwerden und Protesten auf, gelegentlich erhoben auch die Städte und der Hochmeister Vorstellungen beim König und seinem Rat. Aber es half nichts. Solange Richard II. regierte, mußten die hansischen Kaufleute das Pfund- und Tonnengeld bezahlen[3].

Auch zu den andern neuen Steuern wurden die Hansen wie die Einheimischen und die anderen Fremden herangezogen. Im Jahre 1397 bewilligte das Parlament eine Kopfsteuer, welche auch den fremden Kaufleuten abverlangt werden sollte[4]. Aus verschiedenen Klagen erfahren wir ferner, daß die Hansen die Zehnten und Fünfzehnten bezahlen mußten[5].

Bei der Ausfuhr von Tuch war es den hansischen Kaufleuten bisher gelungen, eine über die in der carta mercatoria festgesetzten Zölle hinausgehende Belastung fernzuhalten, obwohl schon unter Eduard III. mehrmals der Versuch gemacht worden war, sie zu den 1347 eingeführten höheren Tuchzöllen heranzuziehen[6]. In der Mitte der achtziger Jahre wurden auch in diesem Punkte die hansischen Privilegien beiseite geschoben. Während die englische Regierung beim Export ungefärbter Tuche, wie es scheint, die alten niedrigen Zollsätze bestehen ließ[7], forderte sie den Hansen bei der Ausfuhr von schmalen Tuchen und Stücken von Tuch neben dem alten Wertzoll von 3 d vom £ auch noch den unter Eduard III. eingeführten Stückzoll ab, und außerdem erhob sie von den ausgeführten Kerseys einen Zoll von 12 d von je drei Stück. Das Vorgehen der englischen Regierung rief große Erregung unter den Hansen hervor. Wiederholt reichten sie beim Parlament Petitionen ein und baten um die Aufhebung der unrechtmäßigen Zölle. Die neue Abgabe auf Kerseys erklärten sie nicht tragen zu können. Würde sie nicht abgeschafft, so sähen sie sich genötigt, die Ausfuhr von Kerseys einzustellen[8]. Die Hansen fanden in diesem Punkte die Unterstützung der englischen Kaufleute, welche gleichfalls den neuen Zoll sehr drückend empfanden. Auf Bitten der Gemeinen hob ihn der König im Januar 1390 bis zum nächsten Parlament auf. Dann gab er den Gemeinen auf ihr erneutes Drängen die Antwort, daß bei der Ausfuhr von Tuch die bestehenden Verordnungen und Statuten beobachtet werden sollten[9]. Ob dieser Bescheid des Königs als eine Zusage zu deuten ist, und ob der Zoll aufgehoben wurde, können wir nicht entscheiden. Die Klagen der englischen Kaufleute hörten damals auf. Die Hansen beschwerten sich aber noch 1407, daß die Zolleinnehmer sie zwängen, beim Export von schmalen Tuchen, Stücken von Tuch und Kerseys ungewohnte Abgaben zu zahlen[10].

Unter der schwachen Regierung Richards II., die ein steter Kampf zwischen dem König und den Großen um die Macht im Reiche war, erlangten die aufblühenden Städte einen nicht zu unterschätzenden Einfluß auf die Leitung der öffentlichen Angelegenheiten. Die Handelspolitik wurde in Übereinstimmung mit den Wünschen Londons geführt, mit dessen wohlhabenden Bürgern die Krone ihre Geldgeschäfte machte[11]. Den Städten wurden ihre alten Vorrechte wieder verliehen. 1393 verbot der König den auswärtigen Kaufleuten den Handel untereinander und im Detail. Die Fremden verloren damals diese beiden Haupterrungenschaften aus der Zeit Eduards III. für immer. Die Städte hatten in der Fremdenfrage gesiegt. Ein Jahrzehnt später wurde auch der Grundsatz, daß die fremden Kaufleute in England ebenso behandelt werden sollten wie die Engländer in den Ländern jener, vom König und Parlament als Gesetz anerkannt[12].

Sobald London wieder in den Besitz seiner Freiheiten gekommen war, wandte es diese auch auf die Hansen an, ohne sich um die Privilegien jener zu kümmern. Wiederholt begegnet uns in den achtziger und neunziger Jahren die Klage, daß die Londoner den Handel der Hansen mit Nichtbürgern zu verhindern suchten, ihnen das Halten eigner Herbergen verboten und den städtischen Schoß abforderten. Das Londoner Kontor klagte, daß die Stadt den Kaufmann hart verfolge und seine Privilegien beseitigen wolle[13]. Wie sehr man in London damals bestrebt war, den Geltungsbereich der hansischen Freiheiten einzuschränken, zeigt eine Petition zweier Londoner Sheriffs, welche forderte, daß die hansischen Kaufleute bei dem Import von Produkten, welche nicht aus ihrer Heimat stammten, zu den städtischen Zöllen herangezogen werden sollten, da sie nach ihren Privilegien nur für eigne Waren Zollvergünstigungen genießen dürften[14]. Wäre der Grundsatz anerkannt worden, so wäre ein großer Teil der hansischen Einfuhr, wie Wein aus Rochelle und Bordeaux und Baiensalz, erheblich höher belastet worden. Der Petition wurde aber damals nicht stattgegeben.

Wie es scheint, trugen in der Mitte der achtziger Jahre die Umtriebe eines einzelnen dazu bei, die Beziehungen zwischen den Londonern und den Hansen noch mehr zu verwirren. Der ehemalige hansische Āltermann Christian Kelmar aus Dortmund, der 1383 wegen Verletzung der Rechtssatzungen des Kontors aus dem hansischen Recht ausgestoßen worden war, suchte sich durch Aufhetzung der Londoner Behörden an seinen Gegnern im Kontor zu rächen. Durch ungeheuerliche Lügen, die er in der Stadt verbreitete, nahm er den Rat und die öffentliche Meinung gegen die Kaufleute von der Gildhalle ein. Er allein sei schuld, daß die Stadt den Deutschen nicht wohlgesinnt sei und die Privilegien beschränken wolle, schrieb das Kontor wiederholt an die Hansestädte[15].

Die eben geschilderten Verletzungen ihrer alten Handelsgewohnheiten erregten bei den Städten großen Unwillen. Sie versuchten auf Betreiben ihrer Kaufleute mehrmals, vom König und Parlament die Zurücknahme der gegen ihre Privilegien gerichteten Maßnahmen zu erlangen, erhielten aber immer ablehnende Antworten. Im Sommer 1385 erklärten deshalb die Kaufleute, sie wollten das Kontor lieber räumen als in ihrer Lage noch länger aushalten[16].

Durch eine neue schwere Gewalttat der Engländer wurde zur selben Zeit der Bruch unvermeidlich. Im Mai plünderte eine englische Flotte im Swin hansische Kauffahrer, darunter sechs preußische Schiffe, und nicht genug damit wurde in England den geschädigten Kaufleuten jede Genugtuung für ihre Verluste versagt. Man wies sie mit den höhnischen Worten ab: "Was klagt ihr? In Preußen habt ihr englische Kaufleute und Waren genug. Haltet euch an diesen schadlos!"[17].

Erbittert über die schmachvolle Behandlung, die sie von den Engländern erfahren hatten, forderten die preußischen Kaufleute vom Hochmeister dringend die Beschlagnahme alles englischen Guts in Preußen. Konrad Zöllner wird wohl hierauf bereitwilliger eingegangen sein, als er es später Richard gegenüber darstellte, da auch der Orden durch den Überfall große Verluste erlitten hatte[18]. Der preußische Städtetag beschloß am 18. Juli, in Danzig und Elbing englisches Gut in der Höhe des Schadens zu beschlagnahmen und zwei Boten nach England zu senden, welche Ersatz für den neuen und alten Schaden fordern sollten. Um diesem

Verlangen größeren Nachdruck zu geben, wurde den preußischen Schiffern verboten, englisches Gut zu fahren[19].

Als man in England von der Beschlagnahme erfuhr, ließ die Regierung allen hansischen Kaufleuten das Versprechen abnehmen, daß sie sich und ihre Güter nicht aus dem Lande entfernen würden[20]. Bald liefen aber die ungeheuerlichsten Gerüchte von schweren Unbilden, welche die in Danzig gefangen gesetzten englischen Kaufleute ertragen müßten, im Lande um[21]. Diese Lügenmeldungen und das Drängen der Kaufleute bewogen den königlichen Rat, zur Vergeltung hansische Waren mit Beschlag zu belegen und hansische Kaufleute ins Gefängnis zu werfen. Im Oktober reichten die nach Preußen handelnden Kaufleute dem Könige eine Petition ein, ihnen zu gestatten, daß sie sich für ihren Verlust in Preußen an dem beschlagnahmten hansischen Gut schadlos halten könnten, und auf Grund des Vorbehalts, unter dem 1380 die Privilegien ausgeliefert worden waren, diese aufzuheben. Der König bewilligte weder das eine noch das andere. Vielmehr gelang es den nichtpreußischen Hansen, ihre Unschuld in dieser Sache darzutun. Noch vor Schluß des Jahres ließ Richard II. die Beschlagnahme ihrer Güter aufheben; nur die preußischen blieben im Gewahrsam[22].

Inzwischen hatte sich aus Preußen die auf der Marienburger Tagung beschlossene Gesandtschaft aufgemacht und war bis Holland gekommen. Hier sollte sie ihr Ende finden. Heinrich von Alen, der Bote des Ordens, starb in Holland, und Hartwig Beteke, der städtische Vertreter, lag dort längere Zeit krank[23]. Im Frühjahr 1386 entschloß man sich deshalb in Preußen, eine neue Gesandtschaft, bestehend aus zwei Ordensrittern und einem Thorner Ratsherrn, nach England zu senden. Zu gleicher Zeit verbot der Hochmeister jeden Verkehr seiner Untertanen mit England[24]. Am 15. April wurde die preußische Gesandtschaft von König Richard in Eltham feierlich empfangen und übergab ihm die Briefe und Geschenke des Hochmeisters. Beinahe ein Vierteljahr lang hielten sich die Gesandten in England auf. Über ihre Tätigkeit sind wir durch einen ausführlichen Bericht vorzüglich unterrichtet. Es wurde nur über die Vorfälle im Swin verhandelt. Eine Einigung wurde aber nicht erzielt, da jede Partei bei ihrer Ansicht blieb. Die Engländer erklärten, sie sähen alles, was sie in Feindesland vorfänden, als Feind an und glaubten ehrbaren Rittern und Knechten mehr als Schiffern und anderen gewöhnlichen Leuten. Vergeblich machten die Preußen dagegen geltend, daß es ungerecht wäre, wenn sie durch den Krieg zwischen England und Frankreich Schaden leiden sollten. Sie seien doch nicht, wenn sie nach England segelten, des französischen Königs Feinde oder, wenn sie Frankreich besuchten, die Englands. Als dann der englische Rat den Vorschlag machte, auch die englischen Klagen mitzuverhandeln, mußten die Gesandten dies aus Mangel an Vollmacht ablehnen. Nun wünschten die Engländer, da die Preußen, wie sie sagten, nur bevollmächtigt seien zu nehmen, aber nicht zu geben, die Ansetzung eines neuen Tages zur Verhandlung der beiderseitigen Klagen. Es blieb den Preußen weiter nichts übrig, als den Vorschlag anzunehmen. Die Bitte des Rats, in der Zwischenzeit den Verkehr zwischen beiden Ländern freizugeben und die Beschlagnahme aufzuheben, erfüllten sie aber nicht, da dann die Engländer das Ihrige wieder hätten, während den preußischen Kaufleuten noch keine Genugtuung zuteil geworden sei[25].

Die Ergebnislosigkeit der Verhandlungen und die Unnachgiebigkeit der Engländer veranlaßten Konrad Zöllner, sofort schärfere Maßnahmen zu ergreifen. Um jeden Verkehr mit England, auch den, welchen die Hansestädte vermittelten, zu verhindern, verbot er die Einfuhr des englischen Tuchs und jeder andern englischen Ware von der See und vom Lande her und die Ausfuhr von Asche, Pech, Teer und Holz jeder Art[26]. Die englischen Kaufleute verließen daraufhin in großer Zahl das ungastliche Preußen und wandten sich nach Stralsund. Doch waren dort ihre Geschäfte infolge der übermächtigen Konkurrenz des flandrischen Tuchs nur gering, und sie sehnten sich nach Preußen zurück, zumal auch die Stralsunder Flandernfahrer ihren Aufenthalt nicht gern sahen[27].

Trotz der versöhnlichen Stimmung, die bei den nach Preußen handelnden englischen Kaufleuten herrschte, kam ein Ausgleich vorläufig noch nicht zustande. Richard hatte zwar, wie er London am 23. März 1387 mitteilte, Gesandte nach Preußen abgeschickt, aber über deren weiteres Schicksal erfahren wir nichts[28]. Keutgen hat wohl recht, in den damaligen inneren Wirren Englands den Grund zu vermuten, der die Abfertigung der versprochenen Gesandtschaft immer wieder verzögerte[29].

Unter den preußisch-englischen Zwistigkeiten hatten auch die nichtpreußischen Hansen in England viel zu leiden. Ihre beschlagnahmten Güter wurden ihnen trotz des Versprechens nur teilweise herausgegeben, und oft kam es vor, daß ihre Waren wegen angeblich preußischer Herkunft angehalten wurden[30]. Außerdem mehrten sich ihre Klagen, daß weder der König noch die Städte ihre Freiheiten anerkennen wollten[31]. Dies alles bewog die wendischen Städte, im Sommer 1388 zum Schutze ihrer Kaufleute und ihrer Privilegien alles englische Gut in Stralsund beschlagnahmen zu lassen.

Die beiden hansischen Gruppen versuchten, wie es scheint, damals nicht, sich zu einem einheitlichen Vorgehen gegen England zusammenzuschließen. Waren es etwa die Preußen, die ein Zusammenwirken nicht wünschten? Befürchteten sie, daß die wendischen Städte wie früher ihre speziellen Interessen nicht eifrig genug wahrnehmen würden?

Das Vorgehen der Städte beantwortete Richard sofort mit der Beschlagnahme des hansischen Guts; zugleich verbot er seinen Kaufleuten, Schonen und die andern Ostseeländer aufzusuchen[32]. Doch machte sich jetzt das Friedensbedürfnis in England noch dringender geltend als früher. England konnte den Handelskrieg mit den beiden hansischen Gruppen nicht lange aushalten. Es mußte an Unterhandlungen denken. Die längst verheißene Gesandtschaft ging nach Preußen ab[33]. Am 28. Juli wurde sie in der Marienburg vom Hochmeister Konrad Zöllner empfangen. Nach längeren Verhandlungen kam drei Wochen später am 21. August ein Vertrag zustande[34]. Er verfügte die Aufhebung der Beschlagnahme in Preußen und England. In diesem Punkt mußten die Preußen nachgeben; sofortige Entschädigung ihrer Kaufleute konnten sie nicht erlangen. Ferner bestimmte der Vertrag, daß alle Kaufleute, die Schaden erlitten zu haben glaubten, ihre Klagen an vier festgesetzten Terminen vor den König und den Hochmeister bringen sollten.

Der Schluß des Vertrages enthielt Bestimmungen über den englischen Handel in Preußen. Die englischen Kaufleute sollten nach ihren alten Gewohnheiten mit ihren Waren in allen preußischen Häfen landen, alle Märkte aufsuchen und mit jedermann Handel treiben dürfen. Daenell hat gemeint, daß durch dieses Abkommen die preußischen Städte auf eine Politik Verzicht leisteten, die auf eine Einschränkung des englischen Handels nach und in den Ostseestädten ausgegangen war[35]. Ich kann in dem Vertrage eine Aufgabe der bisherigen hansischen Handelspolitik nicht sehen und glaube, daß Daenell diesen Bestimmungen des Vertrags zu große Bedeutung beimißt. Dieselbe Freiheit war schon 1380 den englischen Kaufleuten in dem Zusatz zu den Privilegien verliehen worden. An dem bestehenden Zustande hatte dies aber nichts geändert. Die Preußen gewährten den Engländern durch den Vertrag nicht nach dem Vorbilde der hansischen Privilegien bestimmte Rechte, die ihrem Verkehr eine feste Grundlage hätten geben können[36]. Dieser sollte sich vielmehr nach wie vor nach den "alten Gewohnheiten" regeln. Welche Freiheiten aber darunter zu verstehen waren, war ungewiß, und jeden Augenblick konnte hierüber Streit ausbrechen. Die unklare Fassung der Übereinkunft barg den Keim zu neuen Konflikten in sich.

Eine Beschränkung, die dem englischen Handel sehr lästig war, fiel allerdings damals. Der Stapelzwang wurde aufgehoben. Doch war dies weniger eine Folge der englischen Forderung und des Vertrages als des Widerstandes, den diese Maßregel in Preußen selbst gefunden hatte. Aus dem Gutachten der preußischen Städte auf die Werbung der englischen Gesandten geht hervor, daß der Stapelzwang im Lande selbst viele Gegner hatte. Danzig vor allem wird sich wohl durch ihn benachteiligt gefühlt haben. Nur Elbing und Braunsberg sprachen sich 1388 für die Beibehaltung des Stapels aus. Den Gästen wurde damals wieder der unbeschränkte Handel in Preußen gestattet, es wurde ihnen nur verboten, die preußischen Hinterländer aufzusuchen[37].

Nach dem glücklichen Abschluß in Preußen begannen die englischen Gesandten auf Befehl Richards auch mit den wendischen Städten Verhandlungen über die Beilegung der gegenseitigen Beschwerden und den Abschluß eines Vertrages. Wie es scheint, führten die Verhandlungen, über die wir nicht unterrichtet sind, zu einem guten Ergebnis. Richard hob Ende September die Beschlagnahme der hansischen Güter auf und nahm das Verbot der Fahrt nach Schonen und den Ostseeländern zurück, da die Engländer in den wendischen Städten mit Ausnahme Stralsunds wieder frei verkehren könnten[38].

Als am 19. Oktober die beschlagnahmten preußischen Güter zurückgegeben wurden[39], war der Friede überall hergestellt. Es begannen nun zwischen Preußen und England die Entschädigungsverhandlungen[40]. Im Sommer 1389 erschien eine preußische Gesandtschaft in England, um die Klagen ihrer Kaufleute vorzubringen[41]. Dank vieler Bemühungen erlangten sie wenigstens einen teilweisen Ersatz. Der englische Reichsrat zahlte den Gesandten sofort 3000 £ aus und gestand ihnen außerdem für die im Swin weggenommenen Schiffe eine Entschädigung von 3000 Nobeln zu[42]. Als die Preußen noch mehr forderten, wiesen die Engländer ihre Ansprüche zurück. Vergeblich trat der Hochmeister mehrmals beim Könige für seine geschädigten Untertanen ein, die zur Geltendmachung ihrer Forderung selbst nicht mehr imstande waren[43]. Soweit wir sehen, erfüllten die Engländer nicht einmal die 1389 eingegangenen Verpflichtungen. Ihre Haltung gefährdete von Anfang an den Bestand des Ausgleichs[44].

FUSSNOTEN ZU KAPITEL 3

1 Rot. Parl. III S. 38 § 30, 220 § 18, 244 §, 12, 245 § 17, 279 § 16.

2 Rot. Parl. III S. 124 § 15.

3 Hans. U. B. IV n. 753, 759, 761, 762, 1054, HR. I 4 n. 196, 8 n. 909, 921 § 8, Hans. Gesch. Qu. VI n. 327 §§ 3, 10. 1392 befreite Richard die hansischen Kaufleute von den neuen Zöllen bei der Ausfuhr ungefärbter Tuche unter der Bedingung, daß sie das Pfundgeld von 12 d bezahlten. Hans. U. B. V n. 21. Im 15. Jahrhundert erregte die Subsidienfrage noch mehrere Male Streit zwischen den hansischen Kaufleuten und den englischen Königen.

4 Rot. Parl. III S. 58 § 17.

5 Hans. U. B. IV n. 910, V n. 843, HR. I 8 n. 921 § 3, Hans. Gesch. Qu. VI n. 327 § 8. Ihre Vorstellungen scheinen hier mehr Erfolg gehabt zu haben als sonst. 1398 und 1408 wurden sie von der Leistung der bewilligten Zehnten und Fünfzehnten auf Grund ihrer Privilegien befreit. Hans. U. B. V n. 348, 828.

6 Hans. U. B. III n. 397, IV n. 1-3, 5. Siehe S. Kap. 1.

7 Hans. U. B. V n. 21.

8 Hans. U. B. IV n. 998, 1074, HR. I 8 n. 909, 921 § 7. Über diesen Stückzoll vgl. Hans. Gesch. Qu. VI Einleitung S. XXXIX.

9 Rot. Parl. III S. 272 § 55, 281 § 31, 294 § 43. Die Antwort lautete: Pur ce qe le roi est enheritez par descent apres la mort de ses progenitours de custume de toutz maneres des draps faitz de leyne en Engleterre et passantz hors du roialme, le roi voet, qe toutz ceux qe vorront passer ascuns draps, soient ils kerseys ou autres, paient ent la custume, solonc les ordeinances et estatutz en faitz.

10 Hans. Gesch. Qu. VI n. 327 § 6. Am 1. Dez. 1391 befreite Richard die Hansen nur von den städtischen Zöllen, die seit einiger Zeit in Southampton erhoben wurden. Hans. U. B. IV n. 1045, 1073, 1074, 1076. Dies kommt bei Daenell I S. 68 und Geschichte der Hanse S. 172 nicht klar zum Ausdruck.

11 Vgl. Cunningham S. 377 ff.

12 Rot. Parl. III S. 308 § 33, 542 § 79; vgl. Ashley II S. 14 ff.

13 HR. I 8 n. 913, 921 §§ 1, 2, Hans. Gesch. Qu. VI n. 327 §§ 1, 2, Hans. U. B. IV n. 835, 936 § 4, V n. 90.

14 Hans. U. B. IV n. 806.

15 HR. I 8 n. 913, Hans. U. B. IV n. 786, 835, Hans. Gesch. Qu. VI n. 227. Christian Kelmar muß ein angesehener Kaufmann der Gildhalle gewesen sein. In einer Bittschrift an den König sagt er von sich, daß er tunc temporis mercator dives sufficiens et non modicum valens ymmo tam illustrissime et graciosissime domine regine... ac eciam militibus et armigeris, qui cum dicta regina applicuerunt de partibus exteris, quam a pluribus aliis mercatoribus ac probis et fidedignis dicte civitatis Londoniarum cretus extitit. 1379 lud er im Namen des Kontors die hansischen Gesandten ein, nach London zu kommen. HR.

I. 2 n. 210 § 1. 1383 war er Ältermann des Kaufmanns zu London. Interessant ist der Grund seiner Ausstoßung. Kelmar hatte Hermelin nach London eingeführt und dafür den schuldigen Zoll bezahlt. Als er das Pelzwerk in der Stadt nicht preiswert verkaufen konnte, führte er es wieder aus und bezahlte dafür wieder den Zoll, den man ihm abverlangte, nämlich 3 s 1 d 1 ob, als ob er Waren aus England ausführte. Diese doppelte Bezahlung des Zolls verstieß gegen die hansischen Privilegien. Da Kelmar sich weigerte, das Geld von den Zollbeamten zurückzufordern, wurde er aus dem Recht des Kaufmanns ausgestoßen. Später wurde er ins Londoner Bürgerrecht aufgenommen, und 1386 verlieh ihm Richard II. das Indigenat. Hans. Gesch. Qu. VI n. 226, 277.

16 HR. I 8 n. 913, Hans. U. B. IV n. 835, Hans. Gesch. Qu. VI n. 227.

17 HR. I 3 n. 204 § 3. Vgl. Keutgen S. 86-91. Die dort angeführten Urkunden werden noch vermehrt durch den in Hans. U. B. IV n. 856 mitgeteilten Brief Richards an Lübeck und Stettin, in dem er den Grund der Arrestierung des Heinrich Nortmay mitteilte.

18 Der Orden gab 1386 seine Verluste auf 1374 Mark preuß. an. An dem Verlust waren die beiden Großscheffereien zu Marienburg und Königsberg und die Schefferei zu Christburg beteiligt. HR. I 3 n. 203 § 7.

19 HR. I 2 n. 309 §§ 1-4, auch 3 n. 404A § 4, 405 § 4.

20 HR. I 2 n. 310, Hans. Gesch. Qu. VI n. 222.

21 Es wurde erzählt, quod tempore arestacionis ... mercatores ... fuissent inhumaniter tractati, diris carceribus mancipati, in luto et aqua usque ad colla detrusi, a colloquiis hominum penitus depulsi, atque quod ipsis cibi tanquam canibus jactu fuissent porrecti. HR. I 3 n. 204 § 5. Dies wieder ein Beispiel, mit welchen Mitteln die englischen Kaufleute die öffentliche Meinung ihres Landes, welche ihren Forderungen meist ziemlich gleichgültig, oft sogar ablehnend gegenüberstand, gegen die Hansen aufzureizen suchte.

22 Hans. U. B. IV n. 849-851, HR. I 2 n. 314.

23 HR. I 3 n. 204 § 3, Hans. Gesch. Qu. VI n. 224. Heinrich von Alen war nach Sattler, Handelsrechnungen, Einleitung S. XI damals Großscheffer von Marienburg.

24 HR. I 3 n. 197. Beide Beschlüsse wurden wohl auf der Marienburger Versammlung vom 25. Febr. 1386 gefaßt, die sich nach dem vorliegenden Rezeß nur mit Münzsachen beschäftigte. HR. I 2 n. 318.

25 HR. I 3 n. 198-205, Hans. U. B. IV S. 366 Anm. 3.

26 HR. I 2 n. 329. Dieses Ausfuhrverbot enthielt eine große Schädigung des Handels der nichtpreußischen Hansestädte, da es den Export auch für sie wichtiger Produkte verhinderte. Kampen bat deshalb um Aufhebung des Verbots mit Ausschluß des Handels nach England; die Preußen lehnten aber die augenblickliche Erfüllung der Bitte ab. HR. I 3 n. 486.

27 Hans. U. B. IV n. 888.

28 Hans. Gesch. Qu. VI S. 160 Anm. 1. Wiederholt verbreiteten sich damals in Preußen Gerüchte über die nahe bevorstehende Ankunft einer englischen Gesandtschaft. HR. I 3 n. 211-213, Hans. U. B. IV n. 888.

29 Keutgen S. 64. Über die Kämpfe Richards mit der Adelsopposition, welche 1387 zur Einsetzung eines Regentschaftsrats führten, vgl. Oman S. 103 ff.

30 Hans. U. B. IV n. 910, 912, Hans. Gesch. Qu. VI n. 228.

31 Das in HR. I 8 n. 921 überlieferte Verzeichnis der Klagen des deutschen Kaufmanns zu London stellt wohl eine Eingabe dieses an seine Städte dar.

32 Hans. U. B. IV n. 933, 934, Hans. Gesch. Qu. VI n. 248.

33 HR. I 3 n. 402. Der Gesandtschaft war der Londoner Kaufmann Johann Bebys, der 1391 der erste Gouverneur der Genossenschaft der englischen Kaufleute in Danzig wurde, als kaufmännischer Sachverständiger (informator) zugeteilt.

34 HR. I 3 n. 403-406, Hans. U. B. IV n. 936-938, 940. Im Namen des Hochmeisters unterhandelten drei hohe Ordensbeamte.

35 Daenell I S. 66.

36 Wie wenig die Preußen daran dachten, dies zu tun, zeigt ihre Antwort auf die englische Forderung, quod ... mercatores sui easdem habeant libertates seu privilegia..., quibus ab antiquo in terra vestra Prucie predicta solebant gaudere. Sie lautet: haben zi denne vriheit unde privilegie hi ym lande, di zi bewizen mogen, do tu uwir genade denne bi, also mogelich und bescheiden ist. Freiheiten, die sie rechtlich beweisen konnten, besaßen aber die Engländer nicht. Sie konnten sich nur auf die Gewohnheit berufen. HR. I 3 n. 403 § 4, Hans U. B. IV n. 936 § 4.

37 Hans. U. B. IV n. 936 § 3, HR. I 3 n. 422 § 9.

38 Hans. U. B. IV n. 942, 945, S. 405 Anm. 1, Hans. Gesch. Qu. VI n. 249, 250, 252. In Stralsund wurden Anfang der neunziger Jahre wieder englische Güter mit Beschlag belegt. Richard schickte damals eine neue Gesandtschaft dorthin. Sie stellte, wie es scheint, den Frieden her. Hans. Gesch. Qu. VI n. 322 § 18, 354, HR. I 5 n. 448 § 7, Hans. U. B. IV n. 1040.

39 Hans. U. B. IV n. 950, Hans. Gesch. Qu. VI n. 253.

40 Über die Zurückgabe des in Preußen beschlagnahmten englischen Guts an die englischen Kaufleute Hans. U. B. IV n. 955, 991.

41 HR. I 3 n. 410 §§ 1, 2, 413 § 8, 418 §§ 1, 2, 419, Hans. U. B. IV n. 988-990.

42 HR. I 4 n. 11, 175 § 4, Hans. U. B. IV n. 1054.

43 Hans. U. B. IV S. 434 Anm. 2, n. 1043, 1054-1057.

44 Die Gesandtschaft des Herzogs von Gloucester im Sept. 1391 hatte sicher den Zweck, die Verwicklungen, die aus der Entschädigungsfrage zu entstehen drohten, beizulegen. Infolge heftiger Stürme in der Nordsee mußte der Herzog aber wieder an der englischen Küste landen. Die Gesandtschaft unterblieb dann. Hans. U. B. IV n. 1065, vgl. Keutgen S. 75 Anm. 4.

4. Kapitel.

Die Aufhebung des Vertrages von 1388. Die hansisch-englischen Verhandlungen von 1403-1409.

Nach dem Abschluß des Vertrages kehrten die englischen Kaufleute sofort wieder nach Preußen zurück und fanden dort großes Entgegenkommen. Der Hochmeister und die Städte ließen ihnen weitmöglichste Freiheit in der Ausübung ihres Handels. Obwohl die Kaufleute vielfach die Bestimmungen des Gästerechts außer acht ließen, schritten die Städte nicht ein. Viele Engländer kamen mit ihren Frauen und Kindern nach Preußen und ließen sich dort teils für immer, teils für längere Zeit nieder. Ihr Hauptverkehrsplatz war das für die Seeschiffahrt bequem gelegene Danzig. Dort mieteten sie sich eigene Häuser und Lagerräume und kehrten sich nicht mehr an das Gebot, daß die fremden Kaufleute bei Bürgern zur Herberge liegen sollten. In Kellern, die nach den Willküren der Stadt nur als Warenlager dienen sollten, richteten sie Verkaufsräume ein und steckten Zeichen und Fähnchen heraus, um Käufer anzulocken. Der Kleinhandel, besonders der Detailverkauf des Tuchs, wurde von ihnen, wie es scheint, ohne jede Einschränkung betrieben. 1397 führten die Gewandschneider Klage, daß auf allen Jahrmärkten und in allen Städten englische Händler Tuch schnitten. Mit den preußischen Kaufleuten traten die Engländer vielfach in Kompaniegeschäfte. Die Preußen handelten mit den Waren jener oder betrieben ihre Geschäfte mit englischem Kapital, und umgekehrt verkauften die Engländer die Güter preußischer Kaufleute[1]. Auch mit dem deutschen Orden, dessen Handel in den neunziger Jahren seine höchste Blüte erreichte, standen die englischen Kaufleute in engen Handelsbeziehungen, von denen uns die von Sattler herausgegebenen Handelsrechnungen des Ordens ein gutes Bild geben. Er wurde von den Kaufleuten gern als Darlehnskasse benutzt; wiederholt begegnet in den Rechnungen die Angabe, daß Engländern Geld geliehen ist[2]. Der Orden, der selbst ständige Handelsvertreter in England hatte, verkaufte an die englischen Händler vor allem Korn und Mehl[3]. Der Haupthandelsartikel der Engländer war das in ihrer Heimat gefertigte Tuch. Die englische Tucheinfuhr in die Ostseeländer war sicher nicht gering. Schon empfanden die mit flandrischem Tuch handelnden Hansen die Konkurrenz unangenehm und erhoben auf dem Hansetage 1396 Klage, daß die Engländer mit ihrem Tuch alle Länder überschwemmten zum Schaden des gemeinen Kaufmanns[4].

Um ihre Interessen besser vertreten zu können, wollten sich die englischen Kaufleute nach dem Vorbilde der Hansen genossenschaftlich zusammenschließen. Bei den Verhandlungen im Jahre 1388 baten sie, daß ihnen gestattet werden möchte, aus ihrer Mitte einen Gouverneur zu wählen, der ihre Angelegenheiten leitete. Ihr Gesuch wurde damals abgelehnt, da sich die Städte in ihrem Gutachten gegen die Erfüllung aussprachen[5]. Trotz dieser Abweisung schlossen sich wenig später die nach Preußen und den andern Ostseeländern handelnden englischen Kaufleute zu einer Gesellschaft zusammen. Am 17. Januar 1391 bestätigte Richard II. die Wahl des Kaufmanns Johann Bebys aus London zum Gouverneur der Gesellschaft und regelte seine Amtsbefugnisse[6]. Der Schritt der Engländer geschah ohne Zustimmung der Preußen[7] und hat auch vor den Zeiten Heinrichs von Plauen keine offizielle Anerkennung gefunden[8]. Allerdings scheinen die preußischen Städte in den neunziger Jahren nichts dagegen gehabt zu haben, daß die Organisation bestand, und daß die Kaufleute sich in einem ihrer Häuser zur Beratung ihrer Angelegenheiten und zu Spiel und Trank versammelten. Erst nach 1400, als sich infolge der englischen Ausschreitungen die preußisch-englischen Beziehungen wieder verschlechterten, schritten der Hochmeister und die Städte gegen die genossenschaftliche Organisation der englischen Kaufleute ein und duldeten ihre Zusammenkünfte nicht mehr[9].

Ein neuer Konflikt zwischen der Hanse und England entstand daraus, daß dieses seinen Anspruch, die hansischen Kaufleute zu den zum Besten des Landes notwendigen Auflagen heranzuziehen, nicht aufgeben wollte, während jene die Meinung vertrat, daß der Vertrag von 1388 ihre Privilegien in vollem Umfange wiederhergestellt habe. Die englische Regierung erhob, wie wir sahen, von den hansischen Kaufleuten die erhöhten Zölle und Subsidien nach 1388 weiter und trug kein Bedenken, ihnen auch die neuen Abgaben von Kerseys abzunehmen[10]. Das Londoner

Kontor wandte sich deshalb 1391 an die preußischen Städte und bat sie, Gegenmaßregeln zur Verteidigung der Privilegien zu ergreifen. Da das vorgeschlagene Verbot der Einfuhr von Kerseys und schmalen Laken nur Wirkung haben konnte, wenn die Hanse es allgemein erließ, beschlossen die Preußen, dem Hansetage die schlimme Lage des Kaufmanns vorzustellen. Dieser hielt es für das Beste, zunächst den Weg der Verhandlungen einzuschlagen und durch Briefe des Hochmeisters die Herstellung der alten Freiheiten zu verlangen[11]. Die wendischen Städte konnten wegen der Verhältnisse im Norden und in Flandern, die ihre ganze Aufmerksamkeit erforderten, nicht wünschen, daß der kaum beigelegte Handelskrieg mit England von neuem begann. Es steht zu vermuten, daß sie sich in die Erhöhung der Abgaben gefügt oder wenigstens die Austragung des Streits auf eine bequemere Zeit vertagt haben würden. Anders aber die Preußen, welche die Verletzung der alten Rechte um so stärker empfinden mußten, weil bei ihnen die englischen Kaufleute gerade damals große Freiheit im Handelsverkehr genossen. Als trotz des Fürschreibens des Hochmeisters die Erhebung der ungewohnten Zölle nicht aufhörte, schlugen sie vor, den englischen Kaufleuten in Preußen ebenso hohe Steuern abzunehmen. Ihre Vorschläge fanden aber nicht die Billigung des Hochmeisters, der noch einmal Vorstellungen in England erheben wollte. Diese waren jedoch ebenso wirkungslos wie die Briefe, welche die wendischen Städte 1394 an einige englische Handelsplätze richteten. Das Londoner Kontor mußte mitteilen, daß man in England hansischen Schreiben nicht den geringsten Wert beilege[12].

Obwohl auch der hansische Handel in der Nordsee damals durch englische Auslieger, die wegen der Plünderungen ihrer Schiffe durch die Vitalienbrüder Vergeltung üben wollten, bedroht wurde, konnten sich die wendischen Städte nicht entschließen, das vorgeschlagene Verbot der Tucheinfuhr anzunehmen[13]. Sie waren im Norden mit der Wiederherstellung friedlicher Verhältnisse so beschäftigt, daß selbst die preußischen Städte es im Dezember 1396 für ratsam erklärten, die Erledigung der englischen Angelegenheit aufzuschieben[14].

Auf die Haltung der preußischen Städte hatte Einfluß, daß Konrad von Jungingen scheinbar einen Bruch mit England nicht wünschte. Im März 1397 schlug er seinen Städten vor, eine Gesandtschaft nach England abzusenden, und als sich dieser Plan zerschlug, wollte er einen so farblosen Brief an Richard II. schicken, daß die Städte ihre Zustimmung verweigerten, wenn er nicht nach ihrem Wunsche geändert werde[15]. Die Städte, welche die Hoffnung nicht aufgaben, daß die Abrechnung mit England einmal kommen werde[16], mußten sich unter diesen Umständen damit begnügen, den englischen Handel in die engen Schranken des Gästerechts zurückzuweisen. Sie wollten englische Kaufleute nicht mehr ins Bürgerrecht aufnehmen und die Herbergspflicht wiederherstellen. Das 1392 eingeführte Verbot, Viertellaken und halbe ohne Selbenden zu importieren, wurde scharf zur Anwendung gebracht[17].

Was am Ende des Jahres 1397 den Hochmeister bewog, seinen Städten entgegenzukommen und ihre Forderungen anzunehmen, wissen wir nicht. Während er noch im März nur im Einverständnis mit den wendischen Städten etwas gegen England unternehmen wollte, kündigte er am 22. Februar 1398 den Vertrag, obwohl jene auf ihrem ablehnenden Standpunkt beharrten[18].

Die Aufhebung des Vertrages hatte zunächst keine praktischen Folgen. Sie änderte weder in Preußen noch in England etwas an dem bestehenden Zustand. In England blieben die hansischen Privilegien weiter in Kraft. Auf Grund derselben befreite König Richard am 22. Oktober die hansischen Kaufleute von der Zahlung der ihm bewilligten Zehnten und Fünfzehnten[19]. Sein Nachfolger Heinrich von Lancaster bestätigte die hansischen Freiheiten noch im ersten Jahr seiner Regierung[20]. In Preußen hatte man im Februar nach dem Wortlaut des Vertrages Maßregeln gegen die englischen Kaufleute auf das folgende Jahr verschoben. Als dann die andern Hansestädte ein Verbot der Tucheinfuhr ablehnten, konnten sich die Preußen nicht entschließen, allein vorzugehen[21]. Vier Jahre lang ließen sie die englische Angelegenheit ganz ruhen. Die Lage Preußens war für einen Handelskrieg mit England, den es aller Wahrscheinlichkeit nach ohne Unterstützung der Hanse hätte durchführen müssen, nicht günstig. Mit

Polen stand der Orden schon seit langem auf gespanntem Fuße, und nach dem vor kurzem erfolgten Tode der ordensfreundlichen Königin Hedwig war der Ausbruch des Krieges nur eine Frage der Zeit[22]. Die dänisch-skandinavische Macht hatte er sich durch die Besetzung Gotlands zum erbitterten Gegner gemacht. Da nun in diesen Jahren zwischen Heinrich IV. und Margrethe Verhandlungen geführt wurden über ein Bündnis und eine eheliche Verbindung des präsumtiven Nachfolgers in den nordischen Reichen mit dem Hause Lancaster, konnte es nicht ratsam scheinen, mit England völlig zu brechen[23].

Solche Erwägungen haben im Juli 1402 dahingeführt, die Beschlagnahme von englischen Gütern, welche der Marienburger Großscheffer wegen der Wegnahme eines seiner Schiffe durch englische Auslieger verfügt hatte, aufzuheben[24]. Es scheint, daß die Städte die Politik des Hochmeisters durchaus billigten, da sie ihnen selbst nicht geringe Vorteile bot. Sie konnten einerseits den gewinnbringenden Verkehr mit England fortsetzen, andrerseits dem englischen Handel Beschränkungen auferlegen, ohne Rechte der Engländer zu verletzen; denn die Aufhebung des Vertrages hatte jenen die rechtliche Grundlage ihres Verkehrs in Preußen genommen. Im Juli 1402 verboten die Städte den englischen Kaufleuten, mit andern Gästen in Handelsverkehr zu treten und mit ihren Waren ins Innere des Landes zu ziehen. Sie sollten nur in den Ankunftshäfen Handel treiben. Den Engländern, die sich mit Frauen und Kindern im Lande niedergelassen hatten, wurde befohlen, bis zum nächsten Frühjahr Preußen zu verlassen[25].

Auch Heinrich IV. konnte, da er vollauf damit zu tun hatte, sich seiner inneren und äußeren Feinde zu erwehren, eine Vermehrung seiner Schwierigkeiten durch einen Handelskrieg mit Preußen nicht wünschen. Er forderte im Mai 1403 Konrad von Jungingen auf, ihren Streit durch Verhandlungen aus der Welt zu schaffen. Die Preußen nahmen den Vorschlag an, obwohl englische Auslieger im Frühjahr wieder vier preußische Schiffe, die mit Salz von der Baie heimkehrten, in der Nähe von Ostende genommen hatten[26], und gaben das mit Beschlag belegte englische Gut frei. Die englischen Kaufleute verbürgten sich für die Wiedererstattung des Schadens, den die Preußen für die beiden Jahre

1402 und 1403 auf 20 000 Nobel berechneten, und stellten 20 Geiseln für die Sicherheit der nach England aussegelnden Flotte. Die Gesandtschaft erhielt den Auftrag, den alten und neuen Schaden einzuklagen. Während den englischen Kaufleuten gestattet wurde, das schon in ihrem Besitz befindliche Gut auszuführen, verbot der Hochmeister am 15. Juni den preußischen Schiffern und Kaufleuten bis zur Rückkehr der Gesandten die Fahrt nach England[27].

In Abwesenheit Heinrichs IV., der sich in Wales auf einem Feldzuge gegen Owen Glendower befand[28], verhandelten der englische Kanzler und Schatzmeister mit den beiden preußischen Gesandten. Am 3. Oktober kam zwischen beiden Parteien ein Vertrag zustande. Den englischen und preußischen Kaufleuten wurde gestattet, sich bis Ostern 1404 in England und Preußen aufzuhalten und ihre Güter frei ein- und auszuführen. Doch mußten sie sich in dieser Zeit des Handels ganz enthalten. Was die preußischen Entschädigungsansprüche anlangt, so erließen die Räte im Namen des Königs den Befehl, die Güter und Schiffe der Preußen, soweit sie sich noch in englischen Häfen vorfanden, herauszugeben. Alle weiteren Verhandlungen über diese Frage lehnten sie mit Rücksicht auf die Abwesenheit ihres Königs ab[29].

Der Ausgang der Verhandlungen mußte den Preußen vor Augen führen, wie wenig sie allein gegen die Engländer auszurichten vermochten. Nur ein geschlossenes Vorgehen der Hanse konnte Erfolg haben. So knüpften die Preußen wieder Verhandlungen mit Lübeck und den anderen Städten über ein Einfuhrverbot der englischen Tuche an. Das Ergebnis war dasselbe wie früher. Die Städte hatten zwar durch die englischen Piraten in diesen Jahren große Verluste erlitten, und ihre Vorstellungen hatten bei der Schwäche des Königs wenig Erfolg gehabt, aber zu einem solchen Einfuhrverbot, das für ihren Handel mit England weitreichende Folgen haben mußte, konnten sie sich bei der allgemeinen Unsicherheit der Verhältnisse vorläufig noch nicht entschließen. Der Hochmeister wurde gebeten, die englische Angelegenheit nicht vor der nächsten allgemeinen Versammlung zu entscheiden[30].

Inzwischen lief die im Vertrage festgesetzte Frist des freien Verkehrs ab, ohne daß die Engländer die Bestimmungen der Übereinkunft erfüllten. Heinrich IV. ließen die inneren Unruhen, mit denen er unaufhörlich zu kämpfen hatte, keine Zeit, die Handelsfragen zu erledigen. Er bat den Hochmeister, die Gültigkeit des Vertrages bis Ostern 1405 zu verlängern[31]. Jedoch vergeblich. Die Preußen brachen im Mai jeden Verkehr mit England ab. Die Einfuhr von Tuch und die Ausfuhr von Asche, Pech, Teer und Bogenholz wurde untersagt. Nur das englische Tuch, das schon vor Ostern im Besitz preußischer Kaufleute gewesen war, durfte noch nach Preußen gebracht werden. Thorn wurde beauftragt, auch Breslau und Krakau zur Beobachtung der Ein- und Ausfuhrverbote zu bewegen. Allen Engländern, die nicht preußisches Bürgerrecht hatten, wurde befohlen, bis Michaelis das Land zu verlassen[32]. Es ist den Preußen sicher nicht leicht geworden, ohne die Unterstützung der andern Städte den Abbruch der Beziehungen zu vollziehen. Denn selbst dem eignen Lande brachte die Verkehrssperre so schwere Nachteile, daß viele Bürger trotz der hohen Strafen, die auf Überschreitung der Verbote standen, den Verkehr mit England fortsetzten[33].

Im Sommer 1404 trat in der Haltung der wendischen Städte ein Umschwung ein, da die Plünderungen ihrer Schiffe kein Ende nehmen wollten. In der Nordsee herrschte fast offener Krieg zwischen der Hanse und den englischen Seeräubern. In kurzer Zeit fielen diesen einige zwanzig hansische Schiffe zur Beute[34]. Als im Juli wieder drei Schiffe von englischen Piraten genommen wurden[35], führte die gemeinsame Not eine Annäherung der beiden hansischen Gruppen herbei. Im Oktober sehen wir Vertreter der wendischen Städte an einer preußischen Städteversammlung teilnehmen. Ein neuer Tag wurde auf den kommenden 2. Februar verabredet und das Brügger Kontor gebeten, diesen zu besenden, damit es den Städten raten könne, wie man am besten die Engländer zum Nachgeben zwinge. Auch die flandrischen, brabantischen, holländischen und seeländischen Städte sollten aufgefordert werden, sich an dem gemeinsamen Unternehmen gegen die Engländer zu beteiligen[36]. Man wollte den Engländern alle Länder, aus denen sie Waren holten, und in welche sie ihre Produkte brachten, verschließen, um sie den hansischen Forderungen gefügig zu machen. Der lübische Ratssekretär betrieb noch im Winter die Werbung an die niederländischen Städte, indem er seiner Bitte die Drohung hinzufügte, die Hansen würden, falls jene ihnen nicht beiträten, auch mit ihnen den Verkehr abbrechen, damit die hansischen Güter, die nach den Niederlanden gebracht würden, nicht den Engländern zugute kämen. Doch waren die niederländischen Städte nicht gewillt, um der Deutschen willen ihren gewinnbringenden Verkehr mit England abzubrechen. Die Flandrer erklärten, daß sie an keinem Bund teilnehmen würden, der ihre Tuchindustrie schädige. Graf Wilhelm VI. von Holland und seine Städte wollten in einem hansisch-englischen Kriege lieber auf die Seite der Engländer treten als den Preußen helfen, die soeben die holländischen Schiffer durch Entziehung des Geleits vom Frachtverkehr ihres Landes ausgeschlossen hatten[37].

So kamen im März 1405 in Lübeck nur Hansestädte zusammen. Der Handel mit englischem Tuch und die Ausfuhr von Pech, Teer, Asche, Holz, Osemund, Flachs, Leinwand, Zwirn und Garn wurde verboten, nur der Handel mit diesen Gütern innerhalb der Hanse wurde gestattet. Allen Städten, den hansischen sowohl wie den holländischen, seeländischen, brabantischen und flandrischen, wurden die Beschlüsse mitgeteilt und sie aufgefordert, dieselben zu beobachten[38]. Obwohl besonders die preußischen Städte auf Abbruch des Verkehrs mit England gedrungen und sie für sich die Lübecker Beschlüsse durch das Verbot jeglicher Ausfuhr zu Lande noch verschärft hatten[39], waren sie bald darauf die Ersten, welche die Verkehrssperre wiederaufzuheben wünschten. In Falsterbo, wo im Juni Margrethe und Konrad von Jungingen unter Vermittlung der wendischen Städte über die Herausgabe Gotlands verhandelten[40], stellten die preußischen Vertreter den Antrag, den Verkehr wieder freizugeben, da die Verbote von vielen zum Schaden ihrer Kaufleute nicht gehalten würden. Die Preußen hatten allerdings recht, die Lübecker Beschlüsse wurden so wenig beobachtet, daß an den verbotenen Waren weder in Flandern noch in England Mangel war. Aber ihre eignen Kaufleute und Schiffer betrieben vor allem den verbotenen Handel. Asche, Pech und Teer brachten sie in Biertonnen nach den Niederlanden; auf den Märkten Schonens kauften sie englisches Tuch und brachten es gegen die städtischen Verordnungen in großen Mengen nach Preußen. Das Brügger Kontor klagte bitter über die Uneinigkeit der Hanse und die Geringschätzung ihrer Beschlüsse. Die Aufhebung der Verkehrssperre werde ihrem Ansehen sehr schaden, und es stehe zu befürchten, daß nun überall in der Welt hansische Verordnungen keine Beachtung mehr finden würden. Aber trotz dieser Warnungen des Kontors und gegen den Willen der übrigen Städte, welche die Verbote beizubehalten wünschten, gestatteten die Preußen ihren Kaufleuten kurze Zeit nach dem Tage von Falsterbo die Ausfuhr ihrer Güter; allein der Handel mit England blieb verboten[41].

Im Sommer 1405 bot sich den Hansen Herzog Johann von Burgund, der mit England im Kriege stand, als Bundesgenosse an und erklärte sich bereit, auf ihre Seite zu treten, wenn sie gegen die "völlig verderbte" englische Nation die Waffen erheben wollten. Die Hanse lehnte seinen Vorschlag nicht völlig ab, wich aber einer bestimmten Antwort aus. Der Hochmeister erwiderte ihm wie der Königin Margrethe, welche ihre guten Dienste zur Beilegung des Handelskrieges angeboten hatte, er hoffe, mit England bald wieder in ein gutes Einvernehmen zu kommen[42].

Eine englische Gesandtschaft, der als Hauptaufgabe gesetzt war, die Verlängerung der früher geschlossenen Übereinkünfte um 1-3 Jahre zu erlangen, war nämlich Anfang August in Preußen eingetroffen. Da der Hochmeister auch den übrigen Hansestädten, besonders den Livländern, Gelegenheit geben wollte, an den Verhandlungen teilzunehmen, verschob er sie bis Michaelis[43]. Doch erschienen die wendischen Städte zu diesem Tage nicht, sondern teilten mit, daß sie, wie die Engländer ihnen vorgeschlagen hatten, im November zu Dordrecht mit jenen unterhandeln wollten. Sie baten den Hochmeister, bis dahin nicht endgültig abzuschließen. Die Preußen kamen ihrer Bitte nach. Der am 8. Oktober vereinbarte Vertrag, der in seinem ersten Teil den von 1388 erneuerte und den Preußen und Engländern den Handel in beiden Ländern nach alter Gewohnheit freigab, sollte, so wurde festgesetzt, erst nach Abschluß mit den übrigen Hansestädten in Kraft treten. Man fügte aber hinzu, daß die Verträge ausgetauscht und die andern Hansen im Stiche gelassen werden sollten, wenn sie die Anerbietungen, die ihnen die Engländer zu machen versprachen, nicht annähmen. In betreff der Entschädigungen brachte der Vertrag keine endgültige Regelung. Ihre Erledigung wurde auf einen neuen Tag, der nach Möglichkeit am 1. Mai 1406 in Dordrecht stattfinden sollte, verschoben[44]. Im November kam die zwischen den englischen Gesandten und den wendischen Städten verabredete Zusammenkunft in Dordrecht zustande, zu der auch der Hochmeister, wie er versprochen hatte, Vertreter sandte[45]. Am 15. Dezember wurde ein Vertrag geschlossen, der den gegenseitigen Handelsverkehr für ein Jahr und sieben Monaten gestattete. Die städtischen Beschwerden sollten mit den preußischen und livländischen zusammen auf der neuen Tagfahrt erledigt werden. Die englischen Gesandten versprachen ferner, dafür sorgen zu wollen, daß die hansischen Privilegien durch den König und die Städte unverbrüchlich gehalten würden[46].

Auf Grund der Übereinkunft gestatteten die preußischen Städte ihren Kaufleuten bei Beginn der Schiffahrt den Handel nach den Hansestädten und nach England. Die Engländer durften wieder Preußen besuchen und erhielten das beschlagnahmte Tuch, das sie nach der Dordrechter Tagung nach Preußen gebracht hatten, zurück[47].

Die verabredete Zusammenkunft, zu der die hansischen Vertreter schon mit Vollmachten versehen waren, wurde im letzten Augenblick von den englischen Gesandten abgesagt und auf den 1. August verschoben. Die Engländer entschuldigten sich damit, daß sie sich in der kurzen Zeit nicht genügend über die Berechtigung der hansischen Klagen und über die Höhe der englischen Gegenansprüche hätten informieren können[48]. Doch auch diesen Termin erklärten die Engländer nicht einhalten zu können und wünschten ein nochmaliges Hinausschieben bis zum 1. März 1407. Da die Hansen, die sich zum 1. August in Dordrecht eingefunden hatten, glaubten, daß die Engländer sie absichtlich hinzögen, wollten sie die Verlängerung nicht annehmen und nur noch bis Ende August warten. Nun lenkte Heinrich IV. ein. Er schob die Schuld auf einige Räte, welche in seiner Abwesenheit und ohne sein Wissen die Verlegung des Tages beantragt hätten. Die Gesandten bat er um die Bestimmung eines neuen Tages; er wolle ihn gern besenden[49].

Ehe es zu den neuen von den Hansen angesetzten Verhandlungen kam, wurden im September fünf hansische Schiffe, die sich auf der Fahrt nach Spanien befanden, in der Nähe von Ostende von englischen Ausliegern überfallen und fortgenommen[50]. Um wegen dieser Gewalttat Vorstellungen zu erheben, schickten die hansischen Ratssendeboten sofort einige aus ihrer Mitte nach England hinüber. Ihre Ankunft veranlaßte Heinrich IV., die Absendung der versprochenen Gesandtschaft nochmals hinauszuschieben. Die hansischen Gesandten waren aber jetzt des Wartens müde und verließen Ende November Holland[51].

Im Frühjahr 1407 erneuerte der Herzog von Burgund seine Bündnisanträge in der Hoffnung, die Hansen nach dem Mißerfolg ihrer Gesandtschaft seinen Wünschen entgegenkommender zu finden. Da aber die Haltung des englischen Königs, der um die Ansetzung eines neuen Tages gebeten hatte[52], Verhandlungen aussichtsreich erscheinen ließ, wollte sich die Hanse durch einen Vertrag mit Burgund nicht vorher die Hände binden. Die Preußen meinten, daß man die Anträge des Herzogs wohl benutzen könne, um auf die Engländer einen Druck auszuüben. Zu diesem Zwecke lehnte der Lübecker Hansetag die Werbung der burgundischen Vertreter nicht unbedingt ab, sondern teilte ihnen mit, daß er zu weiteren Verhandlungen eine Gesandtschaft nach Flandern schicken würde. Erst nach dem Ausgang der Verhandlungen mit England wollten die Städte dem Herzoge eine endgültige Antwort geben[53].

Der Hansetag, der sehr zahlreich besucht im Mai in Lübeck zusammengetreten war, ordnete eine neue Gesandtschaft nach den Niederlanden ab[54]. Nachdem diese Juni und Juli hindurch mit Friesen und Holländern verhandelt und in Gent Herzog Johann wegen der neuen Zusammenkunft mit den Engländern beruhigt hatte[55], von der ihm vorher nichts mitgeteilt war, begann sie mit den englischen Boten in den letzten Tagen des Augusts die Verhandlungen, die wegen der in Dordrecht ausgebrochenen Unruhen nach dem Haag verlegt worden waren[56]. Mit der Einigkeit der Hansen war es dort bald vorbei. Die Preußen und Livländer trennten ihre Sache von den übrigen Städten, angeblich weil jene gegen die Abmachungen auch Erstattung des Schadens forderten, den sie vor dem Regierungsantritt Heinrichs IV. erlitten hatten. Doch scheint es, daß die englischen Gesandten den größten Anteil an der Spaltung hatten[57]. Sie hofften wohl, bei getrennten Verhandlungen den einen Teil durch den andern schlagen zu können. Der Ausgang zeigt, daß ihre Erwartungen sie nicht getäuscht haben. Nach fünfwöchentlichen Verhandlungen, welche von den Engländern absichtlich in die Länge gezogen wurden[58], kam Anfang Oktober zwischen den Engländern und Preußen ein Vertrag zustande. Die Preußen erhielten statt der geforderten 25934½ Nobel 8957, den Livländern wurden, nachdem der Wert ihrer Verluste durch unparteiische Kaufleute in Brügge abgeschätzt worden war, 22496 Nobel zugesprochen. Die Engländer bekamen von den 4535 Nobeln, die sie als Entschädigung forderten, 766. Lange Zeit nahm die Feststellung der Zahlungstermine in Anspruch. Die Preußen wünschten natürlich die sofortige Auszahlung der Entschädigung; die Engländer dagegen wollten sich auf feste Termine überhaupt nicht einlassen. Es blieb schließlich den Preußen nichts anderes übrig als einen Boten nach England an den König zu schicken. Heinrich IV. versprach dann, die Entschädigungsgelder innerhalb der nächsten drei Jahre in drei gleichen Raten zu zahlen[59].

Erst Anfang Oktober, als der Vertrag mit den Preußen schon abgeschlossen war, begannen die Engländer die Verhandlungen mit den übrigen Hansestädten und forderten vor allem Ersatz für den Schaden, den ihnen die Vitalienbrüder in den neunziger Jahren zugefügt hatten. Als die Rostocker und Wismarer es ablehnten, für die Untaten der Vitalienbrüder aufzukommen, trugen die Engländer kein Bedenken, ihren Schaden, den sie auf 32400 Nobel angaben, auf die Forderung der Hansestädte anzurechnen. Statt 32016 Nobel erhielten jene nur 1372[60].

Der Ausgang des Streits war für die Hanse nicht rühmlich. Sie verdankte ihre Niederlage der egoistischen Politik der Preußen. Sicherlich hätten die Städte mehr erreicht, wenn die Preußen zu ihnen gehalten hätten. Das Brügger Kontor klagte später noch wiederholt über das bundbrüchige Verhalten der preußischen Städte. Hätte man, so schrieb es, das Verkehrsverbot beachtet, und wäre man bei den Verhandlungen einig geblieben, so hätte in kurzer Zeit England nachgeben müssen. Denn ohne die hansischen Waren könne es nicht leben, während die Hansestädte die Engländer und ihr Tuch leicht entbehren könnten[61]. Es ist aber auch sehr wahrscheinlich, daß die Kämpfe, die sich seit dem Anfange des 15. Jahrhunderts in Lübeck zwischen dem Rat und der Gemeinde abspielten, auf die Politik der Hanse und besonders ihres Hauptes lähmend eingewirkt haben[62].

Nachdem im nächsten Jahre die Abmachungen allseits bestätigt worden waren[63], mußte für die preußischen Städte die nächste Aufgabe sein, die Auszahlung der versprochenen Entschädigungsgelder zu erlangen. Die Engländer machten keine Anstalten, ihren eingegangenen Verpflichtungen nachzukommen. Ein preußischer Bote, der Ende 1408 nach England geschickt wurde, erreichte nichts[64]. Erst als die Teurung, die in den Jahren 1408 und 1409 Westeuropa heimsuchte und auch auf England schwer lastete, allen von neuem zum Bewußtsein gebracht hatte, wie sehr sie auf die preußische Getreideeinfuhr angewiesen waren, zeigte sich der König den preußischen Forderungen gefügiger. Er forderte im März 1409 den Hochmeister auf, mit ihm einen ewigen Freundschaftsbund zu schließen[65]. Die Preußen nahmen den Vorschlag an und schickten im Sommer zwei Gesandte nach England[66]. Nachdem diese die Entschädigungsfrage geregelt und die Auszahlung eines Sechstels der versprochenen Summe erlangt hatten[67], schlossen sie am 4. Dezember mit den englischen Unterhändlern einen Handelsvertrag ab, der den Preußen eine weitere Entschädigung von 5273 Nobeln, den Engländern eine solche von 200 Nobeln brachte[68]. Beide Länder gestanden sich ferner wie 1388 und 1405 gegenseitig freien Verkehr und Handel nach Kaufmannssitte zu[69].

Wenn wir den Vertrag richtig beurteilen wollen, müssen wir besonders das ins Auge fassen, was er den Engländern nicht gab. Die Erfahrung hatte die Engländer gelehrt, daß solche allgemein gehaltenen Bestimmungen eines Vertrages die preußischen Städte nicht hinderten, den fremden Verkehr in ihrem Lande willkürlich zu beschränken. Sie verlangten deshalb für ihren Handel in Preußen und Livland Privilegien nach dem Vorbilde der hansischen[70]. Ihre Forderung fand in der gesamten Hanse energischen Widerstand. Das Brügger Kontor schrieb, eher solle man den Verkehr mit England ganz abbrechen, als den englischen Kaufleuten Privilegien bewilligen, die der Verderb des gemeinen Kaufmanns seien. Einmütig wandten sich die wendischen, preußischen und livländischen Städte gegen die englische Forderung. Die Preußen erklärten, soviel an ihnen liege, verhindern zu wollen, daß den Engländern nachgegeben werde[71]. Es gelang den englischen Kaufleuten nicht, ihre Forderung durchzusetzen. Der Vertrag wurde abgeschlossen, ohne daß den Engländern Privilegien von den Preußen zugestanden wurden. Wir müssen dies durchaus als einen Sieg der Preußen bezeichnen. Während sie wieder in den Genuß ihrer Privilegien eintraten, blieb die Grundlage des englischen Handels in den Ostseeländern so schwankend wie früher.

FUSSNOTEN ZU KAPITEL 4

1 HR. I 4 n. 397 § 8, 537 §§ 2-6, 5 n. 100 § 4, 101 §§ 2, 3, vgl. Hirsch S. 100.

2 Sattler, Handelsrechnungen S. 28, 117, 118.

3 HR. I 4 n. 432. Sattler, Handelsrechnungen S. 24, 25, 120, 165, 166, 201, 269. Das Tuch war unter den englischen Handelsartikeln für den Orden der wichtigste. Sattler, Handelsrechnungen S. 16, 30, 37, 39, 40-45, 55, 114, 123, 124, 140, 169, 204, 254.

4 HR. I 4 n. 360 § 4.

5 HR. I 3 n. 403 § 4, Hans. U. B. IV n. 936 § 4.

6 Hans. U. B. IV n. 1042.

7 Am 5. April 1391 weigerte sich Konrad von Wallenrod die gewünschte Bestätigungsurkunde für den englischen Gouverneur auszustellen. Hans. U. B. IV n. 1054.

8 1436 behaupteten die Engländer, daß Konrad Zöllner ihnen nach Abschluß des Vertrages verliehen habe "eyne freygheit in derselben stat Danczike zu mieten und zu haben eyn hws adir stat, do sy inne frey under en statuiren und ordiniren möchten". HR. II 2 n. 76 § 25. Nur an dieser einen Stelle wird von den Engländern die Gewährung dieser Freiheiten auf

Konrad Zöllner zurückgeführt. In den Klagen der vorhergehenden Jahre (HR. I 8 n. 452 § 2, 1162 § 2, II 1 n. 169 § 3) wird dagegen immer Heinrich von Plauen als derjenige bezeichnet, der den englischen Kaufleuten das Recht verliehen hat, sich genossenschaftlich zu organisieren. Auch in den Klagen, die in den Jahren 1404-1407 zusammengestellt wurden, wird der Verleihung durch Konrad Zöllner keine Erwähnung getan, obwohl sich die Engländer damals beschwerten, daß die Preußen "nulle manere assemble, congregacion ne nulle ordeignaunce en nulle manere" dulden wollten. Hans. Gesch. Qu. VI n. 322 § 9. Es ist klar, daß die Engländer, wenn ihre erste Behauptung richtig wäre, nicht versäumt haben würden, die Verleihung durch Konrad Zöllner hier zu erwähnen. Ich glaube deshalb, daß es die Engländer wie so häufig auch 1436 mit der Wahrheit nicht so genau genommen und die Verleihung durch Konrad Zöllner erdichtet haben, um ihren Freiheiten den Anschein eines möglichst ehrwürdigen Alters zu geben. Die Darstellung Daenells I S. 66 ist demnach zu berichtigen. Über die Zugeständnisse, die Heinrich von Plauen den Engländern machte, siehe S. Kap. 5.

9 HR. I 5 n. 100 § 4, Hans. Gesch. Qu. VI n. 322 § 9.

10 Hans. U. B. IV n. 998, 1054, 1074, V n. 21. Siehe S. Kap. 3 ff.

11 HR. I 4 n. 18 §§ 3, 6, 26 § 4, 28 § 4, 38 § 21.

12 HR. I 4 n. 124 § 2, 137 § 2, 140 § 1, 192 § 3, 196, 202, Hans. U. B. V n. 90.

13 Hans. U. B. V n. 182, HR. I 4 n. 255, 308 § 1, 316, 360 §§ 4, 6, 362-364, Hans. Gesch. Qu. VI n. 282, 322 §§ 20-23.

14 HR. I 4 n. 384 § 4.

15 HR. I 4 n. 397 § 19, 399 § 2, 401; vgl. Daenell, Geschichte der Hanse S. 175.

16 HR. I 4 n. 399 § 4.

17 HR. I 4 n. 124 § 4, 128, 137 § 1, 204 § 2, 283 § 11, 345 § 2, 397 § 13, 398 § 16, 661.

18 HR. I 4 n. 397 § 19, 409 § 2, 413 § 7, 424 § 3, 433.

19 Hans. U. B. V n. 348, auch Rot. Parl. III S. 368 § 75.

20 Hans. U. B. V n. 386, 387, 391.

21 HR. I 4 n. 434 § 4, 503 §§ 2, 11, 505, 507, 520 § 26, 539 § 6, 541 § 23, 559 § 11, 5 n. 31 § 4, 36 § 6, 71 §§ 11, 13, 73, 74 § 2, 83.

22 Vgl. Lohmeyer S. 318 ff.

23 Vgl. Erslev, Margrethe S. 363 ff., auch Daenell I S. 69.

24 HR. I 5 n. 90-93, 100 § 1, Sattler, Handelsrechnungen S. 9.

25 HR. I 5 n. 101 §§ 2, 3.

26 HR. I 5 n. 130, Hans. Gesch. Qu. VI n. 317 §§ 11-14, 329 § 2, Sattler, Handelsrechnungen S. 9. Von diesem Überfall hatten die Preußen im Juni 1403 Nachricht, er veranlaßte die neue Beschlagnahme englischen Guts. Die Wegnahme der livländischen Schiffe fand, wie wir S. 58 Anm. 2 sehen werden, erst 1404 statt, nicht schon 1403, wie Koppmann S. 125 meint.

27 HR. I 5 n. 131 §§ 1-3, 132 §§ 1-7, 134, Hans. Gesch. Qu. VI n. 317.

28 Vgl. Oman S. 184 ff.

29 Hans. U. B. V n. 590-592, HR. I 5 n. 149, 150 §§ 1-7, Hans. Gesch. Qu. VI n. 316 §§ 1, 2.

30 HR. I 5 n. 181 § 9, 185 § 15, Hans. U. B. V n. 542, 569, 570, 597, 603, 613, 615, 618, Hans. Gesch. Qu. VI n. 290-292.

31 Hans. Gesch. Qu. VI n. 316 § 3, Hans. U. B. V n. 614. Über seine Lage sagt Heinrich:... mirari non debet nec cordi tenere vestra sinceritas quovis modo, quoniam supervenientibus guerrarum turbinibus, que nobis aliqualiter innitebantur, et presertim continuis in nos et regnum nostrum Francigenarum et Britonum insultibus, in quorum offensam et nostri defensionem ligei nostri et specialiter hii, de quibus dampnificati vestri subditi fuerant querelati, armata manu se posuerunt in mari, prefato Arnaldo expeditionem talem, qualem votivis habere desideravit affectibus, nequivimus impartiri.

32 HR. I 5 n. 198 §§ 3, 5, 6, 203 §§ 5, 6, 9, Hans. U. B. V n. 617, 629, 651.

33 HR. I 5 n. 170 § 6, 181 § 12, 198 § 7, 241 § 10, 245 § 3, 308 §§ 9, 10, 19, 22, 311 § 12. Es fanden sich damals sogar Danziger Bürger, welche den Engländern halfen, ihr Gut vor der Be-

schlagnahme zu verbergen. HR. I 5 n. 166 § 2, 170 § 5, vgl. Koppmann S. 126.

34 Hans. U. B. V n. 603, 613, 615, 618, 620, 621, Hans. Gesch. Qu. VI n. 329, 334, 337, 345.

35 Hans. U. B. V n. 633, 634, Hans. Gesch. Qu. VI n. 326, 329 §§ 13, 16, 357, 359, 361, 363, HR. I 5 n. 211. Diese drei Schiffe aus Livland wurden am 13. Juli 1404 in der Nähe von Skagen von Einwohnern von Hull und Newcastle weggenommen. Auf diesen Überfall beziehen sich sicher auch die Briefe König Sigmunds an den Hochmeister Paul von Rußdorf und Heinrich IV. von England vom Jahre 1426. Diese sprechen zwar nur von zwei weggenommenen Schiffen und geben als Datum das Jahr 1402 an, aber wir hören sonst nirgends, auch in den zahlreichen Klageschriften der Haager Verhandlungen nicht, daß außer den drei häufig erwähnten noch zwei livländische Schiffe auf der Fahrt von Livland genommen sind. HR. I 8 n. 133, 134. Danach ist Daenell I S. 69 zu berichtigen.

36 HR. I 5 n. 209 §§ 3-6, 211, 212.

37 HR. I 5 n. 227, 228, 249, 8 n. 1018, 1023, 1024, 1027, Hans. U. B. V n. 642, 647, 659.

38 HR. I 5 n. 225 §§ 3-5, 20, 21, 226-229.

39 So sagen zu Falsterbo die wendischen Städte: de stede von Pruszen wuesten wol, wo des na erem willen unde se ok des een orsake weren, dat de stede der ordinancien een gheworden weren,... HR. I 5 n. 241 §§ 1-4, 242, 247, § 14, 255 § 5.

40 Vgl. Erslev, Margrethe S. 376.

41 HR. I 5 n. 255. § 5, 260 § 5, 262, 274, 275, 302 §§ 1-15, 307, 308 §§ 2-8, 20, 24, 311 §§ 11, 15, Hans. U. B. V n. 717.

42 HR. I 5 n. 253, 254, 255 § 8, 256-258, 271, 272, 8 n. 1038-1040; vgl. Koppmann S. 129 f.

43 HR. I 5 n. 260 § 8, 261, 265-269, 288, Hans. Gesch. Qu. VI n. 308.

44 HR. I 5 n. 276A §§ 1-5, 13, 15-17, B §§ 1-5, 289, 8 n. 1042, Hans. U. B. V n. 687, Hans. Gesch. Qu. VI n. 316 §§ 6-9, vgl. Koppmann S. 131.

45 HR. I 5 n. 288, 8 n. 1044. Von den Städten waren Lübeck, Hamburg, Bremen, Stralsund und Greifswald vertreten.

46 HR. I 5 n. 290, Hans. Gesch. Qu. VI n. 316 § 10. Brampton, der dritte englische Gesandte, war damals noch nicht tot, wie Pauli, Zu den Verhandlungen der Hanse mit England, 1404 bis 1407. Hans. Gesch. Bll. Jg. 1877 S. 127 gemeint hat; denn 1406 Juni 30 unterzeichnete er noch ein Schreiben an die hansischen Ratssendeboten. Er ist erst zwischen diesem Tage und 1406 November 14 gestorben. Hans. Gesch. Qu. VI n. 310, HR. I 5 n. 350. Da er im Vertrage als englischer Unterhändler nicht genannt wird, hat er an den Verhandlungen in Dordrecht wahrscheinlich nicht teilgenommen.

47 HR. I 5 n. 296 §§ 6, 7, 308 § 1.

48 HR. I 5 n. 311 §§ 7-9, 312-315, 319, 385, Hans. Gesch. Qu. VI n. 297, 311, 316 §§ 10a-e, 11, Hans. U. B. V n. 707, Rot. Parl. III S. 574 § 37.

49 Hans. Gesch. Qu. VI n. 309-311, HR. I 5 n. 346, 348, 385.

50 Hans. U. B. V n. 743, HR. I 5 n. 348. Zwei von den fortgenommenen Schiffen gehörten dem Großscheffer von Marienburg, vgl. Sattler, Handelsrechnungen S. 9, eins dem Meister von Livland. Nach Hans. Gesch. Qu. VI n. 298 stellte Heinrich 1406 Okt. 14 für vier von den überfallenen Schiffen Geleitsbriefe aus. Hat man damals vielleicht die Schiffe freigegeben? Wenn dies der Fall war, so könnten sich die weiteren Verhandlungen nur um eine Entschädigung für das genommene Gut gedreht haben.

51 HR. I 5 n. 339 §§ 16, 17, 343, 348-351, Hans. Gesch. Qu. VI n. 312.

52 Hans. Gesch. Qu. VI n. 312, 313, S. 212 Anm. 2, HR. I 5 n. 356, 402, 428, 429.

53 HR. I 5 n. 364, 374 § 4, 390, 391, 392 §§ 5, 6, 404. Um sich den Städten freundlich zu erweisen, befahl Herzog Johann seinen Beamten, die hansischen Schiffe in den burgundischen Gewässern vor Schädigung und Kaperei zu schützen. Hans. U. B. V n. 783.

54 HR. I 5 n. 392 § 7, 397, 401-404, auch 380-382.

55 HR. I 5 n. 449 §§ 33-35, 459.

56 HR. I 5 n. 449 § 47, 459, 460, Hans. U. B. V n. 803, 804, Hans. Gesch. Qu. VI n. 316 § 12.

57 HR. I 5 n. 525. Der preußische Gesandte Arnold Hecht schrieb seinen Städten: Unde wo dat bykomen is unde geschen, dat see mit den van Prusen unde Lifflandt besunderen unde mit den andern steden ok besunderen in degedingen wolden wesen, anders nicht,... HR. I 8 n. 1061.

58 HR. I 8 n. 1061, 5 n. 460.

59 Hans. Gesch. Qu. VI n. 316 §§ 12-20, 317, 319, 321-326, 328, 357-361, Hans. U. B. V n. 830, HR. I 5 n. 440, 449 §§ 58, 59, 484, 537.

60 HR. I 8 n. 1061, 5 n. 448, Hans. Gesch. Qu. VI n. 316 §§ 21-27, 329-350, 362. Lübeck erhielt statt 8690 Nobel 550, Stralsund statt 7416 Nobel 253, Greifswald statt 2092 Nobel 153, Hamburg statt 1117 Nobel 416, Bremen und Kampen wurde überhaupt keine Entschädigung zugestanden.

61 HR. I 5 n. 659, 6 n. 633.

62 Vgl. Daenell I S. 72 f.

63 Hans. U. B. V n. 830, 847, Hans. Gesch. Qu. VI n. 362, 364, HR. I 5 n. 526, 534 §§ 1, 6, 535, 537, 540.

64 HR. I 5 n. 503 §§ 1, 2, 525, 546, 547.

65 Die Bürger von Lynn "willen deme rade byllen upsteken unde clagen, ys dat sake dat my nicht een gud antwerde wert, so sy alle ere trost vorloren, den se to dem lande van Prussen hebben, want se gheen lant en weten, dar se korne ut hebben mogen denn ut Prussen", so schildert Arnt von Dassel die Stimmung der englischen Bürgerschaft. HR. I 5 n. 548, 640, Hans. U. B. V n. 865.

66 HR. I 5 n. 579 §§ 11-15, 581 §§ 4-10, 620.

67 Hans. U. B. V S. 473 Anm. 4, HR. I 5 n. 620, 624, 627-630. Die Engländer erhielten gleichfalls ein Sechstel der ihnen zugestandenen Entschädigung ausgezahlt. HR. I 5 n. 655 § 21.

68 HR. I 5 n. 632, Hans. U. B. V n. 916, 917. Später wird vom Hochmeister die Höhe dieser Summe nur auf 3635 Nobel an-

gegeben, so Hans. U. B. V n. 1076, HR. I 6 n. 193. Sie entsteht durch Abzug der beiden letzten Posten: 5273 - (800 + 838) = 3635 Nobel. Man darf wohl annehmen, daß die 800 Nobel wegfielen, weil sie ordnungsgemäß ausgezahlt waren, während die 838 Nobel wegen der Minderjährigkeit der Erben Heinrich Percys damals noch nicht zahlbar waren. — Wie die Summe von 3557 Nobeln zustande kommt, die Hirsch S. 103 angibt, weiß ich nicht zu erklären, da mir die deutsche Übersetzung dieser Urkunde, die Hirsch benutzt hat, nicht vorliegt.

69 more mercatorio. Diese Änderung scheint mir beachtenswert. In den Verträgen von 1388 und 1405 hieß es "cum quacumque persona libere contrahere et mercari, sicut antiquitus et ab antiquo extitit usitatum." HR. I 3 n. 406, Hans. U. B. V n. 687 § 1. Die Engländer verstanden unter der "alten Gewohnheit" den unbeschränkten Handel, wie sie ihn vor der Zeit Winrichs von Kniprode ausgeübt hatten. Es mag wohl sein, daß das farblosere und nichtssagendere "more mercatorio" gewählt worden ist, um solche Ansprüche der Engländer abzuschneiden. — Ob viel Wert darauf gelegt werden darf, daß es jetzt "tam cum Prutenis quam aliis, cujuscumque nacionis vel ritus fuerint, mercari" heißt statt des kürzeren "cum quacumque persona", erscheint mir zweifelhaft, da beide Ausdrücke dasselbe sagen wollen. — Die übrigen Bestimmungen behandeln die Entschädigungsfrage. § 5 und 6 werden von Hirsch S. 103 falsch aufgefaßt. Sie wollen nicht regeln, wie man sich in Zukunft bei etwaigen Beschädigungen verhalten solle, sondern sie besagen nur, daß, wenn der König und der Hochmeister gegen das handeln, was § 4 und 7 festsetzen (contra formam concordie et concessionis proxime prescriptam), nämlich wegen der vor dem J. 1409 getanen Schädigungen einen Preußen oder einen Engländer anhalten und sich weigern, dafür Ersatz zu leisten, daß dann nach sechs Monaten den Betreffenden durch Beschlagnahme englischen oder preußischen Guts Ersatz verschafft werden könne.

70 Es unterliegt wohl keinem Zweifel, daß wir in den undatierten Schriftstücken, die uns in Voigt, Cod. dipl. Pruss. V n. 31 und HR. I 8 n. 1162 erhalten sind, Entwürfe zu den geforder-

ten englischen Privilegien zu sehen haben. Wir wissen, daß 1409 die Engländer den preußischen Gesandten gewisse "artiklen" überreichten, deren Bewilligung sie forderten (HR. I 5 n. 655 § 11), ebenso, daß sie 1424 eine "czedel" dem Hochmeister übergaben, welche die gewünschten Freiheiten enthielt (HR. I 7 n. 746 § 3). Das erste Schriftstück trägt auf der Außenseite des Pergaments von gleichzeitiger Hand (nach Voigt) die interessante Bemerkung: Hic continentur aliqui certi articuli, de quibus per nunccios regis Anglie et magistri debuit fieri concordia. Sed non video alicubi, quod de eis est concordatum. Das zweite zeigt durch die Überschrift des § 2: Secunda peticio concessa per Heinricum Plawe vestrum predecessorem, daß es in der vorliegenden Fassung aus der Zeit nach 1413 stammt. Welcher von beiden Entwürfen der ältere ist, läßt sich nicht entscheiden. Sie stimmen in mehreren Paragraphen überein, mehrere sind fast wörtlich aus den hansischen Privilegien entnommen, so § 3 von Voigt, Cod. dipl. Pruss. V n. 31 aus Hans. U. B. II n. 31 § 12, § 6 von HR. I 8 n. 1162 aus Hans. U. B. II n. 313, und § 4, wenn auch nicht wörtlich, so doch dem Sinne nach aus Hans. U. B. II n. 31 § 6. Beide fordern für die englischen Kaufleute folgende Rechte: sie sollten sich genossenschaftlich mit einem Gouverneur an der Spitze organisieren, ihre eignen Angelegenheiten und Streitigkeiten selbst entscheiden und ein Versammlungshaus mieten dürfen, und sie sollten von der Haftbarkeit für fremde Schulden und Vergehen befreit sein.

71 HR. I 5 n. 581 § 10, 655 § 12, 659, 663, 674 § 7, 705 § 4.

5. Kapitel.

Die hansisch-englischen Beziehungen bis zum Abschluß des Vertrages von 1437.

Um 1410 war die Machtstellung der Hanse schwer bedroht. Der Verfassungskampf in Lübeck beraubte sie für beinahe ein Jahrzehnt ihres mächtigen Hauptes, bei dem die hansischen Interessen stets starken Schutz und kräftige Förderung gefunden hatten. Es stand zu befürchten, daß das neidische Ausland die über Lübeck verhängte Reichsacht benutzen würde, um dem hansischen Kaufmann seine Privilegien zu nehmen. Warnend wies das Brügger Kontor auf diese Gefahr hin[1]. Nicht minder schwer wurde die Hanse durch die Niederlage des deutschen Ordens im Kampfe gegen Polen getroffen. Der Orden hatte im 14. Jahrhundert wiederholt die Macht seines Einflusses eingesetzt, um den hansischen Kaufmann im Auslande vor Bedrückungen und Gewalttaten zu schützen. Seit seiner Niederlage, von der er sich nicht wieder erholen sollte, fehlte ihm dazu die Kraft. Schwere innere Kämpfe suchten ihn heim, und der polnische Sieger stand immer bereit da, von neuem über ihn herzufallen.

In dem Verhältnis Preußens zu England machte sich der unglückliche Ausgang des Krieges sofort dadurch bemerkbar, daß Heinrich IV. die Zahlung der Entschädigungsgelder einstellte. Obwohl bis 1416 Jahr für Jahr Gesandte des Hochmeisters um die Auszahlung der rückständigen Gelder warben, wurde die Einhaltung der eingegangenen Verpflichtungen nicht erreicht. König und Rat zogen die preußischen Vertreter meist wochenlang hin und entließen sie schließlich doch nur mit leeren Versprechungen[2].

Der hansisch-englische Ausgleich von 1407 hatte das Piratenunwesen in der Nordsee nicht zu beseitigen vermocht. Die hansische Schiffahrt hatte nach wie vor schwer unter dieser Plage zu leiden. Das Brügger Kontor meldete 1412 nach Preußen, daß englische, schottische und holländische Seeräuber in großer Zahl vor dem Swin lägen und sogar Waren, welche sie in ihrer Heimat nicht absetzen durften, auf hoher See untereinander austauschten. Durch den Wiederausbruch des englisch-französischen Krieges unter Heinrich V. wurde die Unsicherheit des Kanals und der Nordsee noch größer. 1417 wurde eine hansische Baienflotte von zehn Schiffen von den Engländern fortgenommen[3].

Die Hanse war damals nicht imstande, sich gegen die englischen Übergriffe zu verteidigen und sich zu einer energischen Politik aufzuraffen. In ihrer Schwäche suchte sie bei einer Macht Unterstützung, um die sie sich bisher wenig gekümmert hatte. Sie wandte sich an König Sigmund, der kurz vorher mit ihr Verhandlungen angeknüpft hatte, um ihre Bundesgenossenschaft gegen Venedig zu gewinnen[4], und legte ihm ihre verschiedenen Schwierigkeiten dar. Sigmund, der im August 1416 ein Schutz- und Trutzbündnis mit Heinrich V. abgeschlossen hatte[5], versprach den Städten, sich ihrer Beschwerden anzunehmen und ihnen zu ihrem Rechte zu verhelfen. Auf seine Einladung kamen im Sommer 1417 hansische und englische Vertreter nach Konstanz. Die Verhandlungen, die unter dem Vorsitz des Königs geführt wurden, endeten aber ergebnislos. Es wurde nicht einmal der hansische Vorschlag, eine neue Tagfahrt anzusetzen, angenommen. König Sigmund war über diesen Mißerfolg so aufgebracht, daß er die hansischen Gesandten sehr ungnädig entließ. Er drohte den Städten, nichts gegen England zu unternehmen; denn wer seinen Verbündeten angreife, sei sein Feind[6].

Da von England kein Entgegenkommen zu erwarten war, griffen in den nächsten Jahren an mehreren Orten die geschädigten Hansen zur Selbsthilfe. In Greifswald wurden englische Händler, die sich auf dem Wege von Preußen nach Schonen befanden, gefangen gesetzt und gezwungen, sich für die Wiedererstattung der hansischen Verluste zu verbürgen[7]. In Danzig gab der Hochmeister seinen Kaufleuten die Erlaubnis, sich an den Gütern der Engländer schadlos zu halten[8].

Betrachten wir die Lage des englischen Handels in Preußen nach dem Abschluß des Handelsvertrages und nach der Beendigung des Krieges mit Polen, so ist wohl das Bemerkenswerteste seine Begünstigung durch Heinrich von Plauen. Nachdem der Hochmeister Danzig gezwungen hatte, die Beschränkungen des Handels, die es in der kurzen Zeit der Polenherrschaft eingeführt hatte, zurückzunehmen[9], verlieh er den englischen Kaufleuten die Freiheiten, welche sie schon lange für sich begehrt hatten. Er gestattete ihnen, sich genossenschaftlich zu organisieren, ein Haus zu Versammlungszwecken zu mieten und ihre Streitigkeiten, ausgenommen Kriminalverbrechen, durch einen aus ihrer Mitte gewählten Gouverneur selbst zu richten. Damit fand die seit 1391 bestehende Gesellschaft der englischen Kaufleute die Anerkennung des Hochmeisters und erhielt zugleich eine gewisse Gerichtsbarkeit über ihre Mitglieder, wie sie auch die Hansen auf ihren Kontoren besaßen. Aber nur wenige Jahre sollten sich die Engländer des ungestörten Besitzes ihrer Freiheiten erfreuen. Die Absetzung Heinrichs von Plauen gab den Danzigern freie Hand, sie wiederaufzuheben. Das Versammlungshaus wurde geschlossen und mit eisernen Ketten versperrt. Den englischen Kaufleuten wurde verboten, fernerhin eine Gesellschaft zu bilden und ihre Streitsachen unabhängig von den preußischen Gerichten zu entscheiden[10].

Danzig scheint damals den Engländern nur die ihnen von Heinrich von Plauen verliehenen Rechte genommen, im übrigen aber ihnen in der Ausübung ihres Handels die alten Freiheiten gelassen zu haben. Wir hören nämlich bis 1422 von englischer Seite keine Beschwerden über Beschränkung ihres Verkehrs. Englische Kaufleute ließen sich wieder in großer Zahl dauernd oder für längere Zeit im Lande nieder; die Städte klagten wiederholt, daß die englischen "Lieger" zum Schaden der Bürger zunähmen[11]. Sie mieteten sich in Danzig Häuser und nahmen ihre Landsleute, welche alljährlich mit dem englischen Tuch nach Preußen kamen, bei sich auf. Trotz der Bestimmungen des Gästerechts betrieben sie wieder den Gewandschnitt und verkauften ihre Waren jahraus, jahrein im Großen und im Kleinen. Mehrere Male hören wir ferner, daß die Tätigkeit englischer Lieger darin bestand, alles ankommende englische Tuch aufzukaufen. Da ihr Zwischenhandel diese wertvolle Ware den Preußen empfindlich verteuerte, wollten die Danziger 1425 eine öffentliche Kaufhalle bauen und alle Engländer, welche ihre Stadt aufsuchten, zwingen, dort ihr Tuch feilzubieten[12].

Seit dem Beginn der zwanziger Jahre war man in Danzig gegen den englischen Handel nicht mehr so nachsichtig. Die englischen Kaufleute, welche Bürgerhantierung wie Kleinhandel und Wiederverkauf trieben, wurden in Strafe genommen. Die Lieger mußten sich verpflichten, sich im Winter jedes Handelsverkehrs zu enthalten. Den Bürgern wurde verboten, an Gäste Häuser zu vermieten. Die Gesellschaft der Engländer, welche sich nach der Auflösung wieder gebildet hatte, wurde nochmals aufgehoben und der Gouverneur ins Gefängnis gesetzt[13]. Danzig gingen diese Beschränkungen noch nicht weit genug; es begehrte, daß den englischen Kaufleuten der Handel nur im Ankunftshafen gestattet und die Zeit ihres Aufenthalts auf drei Monate beschränkt werde[14]. Doch fanden diese Vorschläge nicht die Zustimmung des Hochmeisters und der anderen Städte. Der Hochmeister lehnte zwar alle Bitten der Engländer ab, ihnen die Freiheiten, welche sie früher besessen hatten, wiederzuverleihen, und erfüllte ihr Gesuch nicht, ihnen zu gestatten, daß sie außerhalb Danzigs in Dibau eine geschlossene Handelsniederlassung gründeten; aber er wünschte nicht, daß sie über die Rechte hinaus, welche die andern Gäste hatten, beschränkt würden. Er erklärte, sie vor unrechtmäßiger Bedrückung beschützen zu wollen[15].

Nach den Klagen, welche die Engländer in den zwanziger Jahren dem Parlament überreichten[16], könnte es scheinen, als ob ihr Handel in Preußen damals arg bedrängt und ihre Verkehrsfreiheit sehr beschnitten worden wäre. Doch ist dies durchaus nicht der Fall. Trotz des Vorgehens der Danziger, von dem wir oben sprachen, genossen die Engländer noch große Freiheiten. Ihr Zwischenhandel mit Tuch bestand 1428 noch uneingeschränkt. Mit den andern Fremden konnten sie nach wie vor ungehindert in Handelsbeziehungen treten. 1429 wies Danzig gegenüber den englischen Verleumdungen von der Bedrückung ihres Handels darauf hin, daß im Jahre vorher jene den größten Teil des Wachses und Pelzwerks, welches die Russen nach Preußen gebracht hatten, aufgekauft hatten. Ferner wurde ihnen kein Hindernis in den Weg gelegt, die preußischen Hinterländer aufzusuchen. 1428 und 1432 ging ein Lynner Kaufmann nach Polen, um an Ort und Stelle Bogenholz zu kaufen[17]. Gegen die englischen Lieger wurde, obwohl mehrmals über ein Vorgehen beraten wurde, nicht eingeschritten[18]. Danzig gab 1428 sogar seinen Widerstand gegen die Genossenschaft der englischen Kaufleute auf. Am 15. Dezember erhielten jene die Erlaubnis, einen Ältermann wählen zu dürfen, der ihre Gesellen in Ordnung halten und die Kaufmannschaft nach außen vertreten sollte. So fand nach fast vierzigjährigem Kampf die Organisation der englischen Kaufleute endlich allseitige Anerkennung. Es ist wohl kein Zufall, daß Heinrich VI. gerade damals die Urkunden seiner Vorfahren über den genossenschaftlichen Zusammenschluß der nach Preußen und den anderen Ostseeländern handelnden Kaufleute bestätigte[19].

Die Wiedereröffnung des englisch-französischen Krieges durch Heinrich V. war für den hansischen Handel nicht ohne Bedeutung. Durch den Krieg wurden alle Kräfte Englands so in Anspruch genommen, daß eine energische Vertretung der englischen Handelsinteressen nicht möglich war. Welche Gedanken aber in dem englischen Kaufmannstande des beginnenden 15. Jahrhunderts lebten, zeigt das in den dreißiger Jahren entstandene Büchlein von der englischen Staatsklugheit. Wie energisch weist der Verfasser darauf hin, daß England über die anliegenden Meere Herr sein müsse! Mit wie beredten Worten zeigt er, daß eine gewaltige Seemacht die andern Nationen von England abhängig machen werde! In bezug auf die fremden Kaufleute in England vertritt er durchaus den Grundsatz der gleichen Behandlung.

"Warum wohl müssen wir ins Wirtshaus gehn
In ihrem Land, wenn sie sich nicht verstehn
Bei uns zu Gleichem, sondern mehr sich frei
Bewegen als wir selbst?...
Drum laßt sie hier ins Wirtshaus ziehn; wo nicht,
Befreie man uns auch von dieser Pflicht
Bei ihnen"[20].

Den hansischen Kaufleuten war das englische Bürgertum damals noch weniger wohlgesinnt als im vorhergehenden Jahrhundert. Ihre Freiheiten, welche sie im Handel vor allen anderen Fremden bevorzugten und fast den Bürgern gleichstellten, mußten in einer Zeit, welche den fremden Handel zugunsten des einheimischen mehr und mehr beschränkte, den größten Unwillen erregen. Die Städte suchten die Gültigkeit der Privilegien nach Möglichkeit einzuschränken. Nicht lange nach der Wiederherstellung der hansisch-englischen Beziehungen forderten die Londoner Sheriffs den hansischen Kaufleuten bei der Einfuhr von Wein, Salz, Hering, Holz und anderen Waren die Abgaben ab, welche die anderen Fremden bezahlten, von denen sie aber bisher auf Grund des Abkommens von 1282 und der carta mercatoria befreit waren. Die Sheriffs begründeten ihr Vorgehen damit, daß die Hansen auswärtige Kaufleute seien und deshalb die Zölle wie die anderen Fremden bezahlen müßten. Mehrmals entschied zwar das Mayorsgericht zugunsten der Hansen, aber die Sheriffs kehrten sich an diese Urteile nicht und erhoben die Abgaben weiter. Schließlich riefen 1420 die Kaufleute die Unterstützung des ihnen freundlich gesinnten Königs an. Heinrich V. starb aber, ehe der Streit entschieden war. Die englischen Kaufleute benutzten den Thronwechsel zu einem erneuten Vorstoß gegen die Hansen. Sie reichten 1422, als jene wieder um Maßregeln gegen die Übergriffe der Sheriffs petitionierten, dem Parlament eine Beschwerdeschrift über die zahlreichen Bedrückungen ihres Handels in Preußen ein und verlangten nach dem Zusatze von 1380 die Aufhebung der hansischen Privilegien; den weltlichen und geistlichen Großen hatten es die Hansen hauptsächlich zu danken, daß die Forderung der englischen Kaufleute nicht erfüllt wurde. Mit ihrer Zustimmung nahm Heinrich VI. alle hansischen Englandfahrer in seinen Schutz und entschied, daß jene bis zur endgültigen Regelung des Streites von den städtischen Abgaben befreit sein sollten[21].

Ein anderer Streitpunkt zwischen den Hansen und London betraf die Wahl eines Londoner Alderman zum Justiziar und Ältermann der hansischen Kaufleute. Seit 1418 verbot die Stadtbehörde ihren Mitgliedern, dieses Amt, das im 14. Jahrhundert mehrmals der Londoner Mayor selbst bekleidet hatte, anzunehmen[22]. Auch das Pfund- und Tonnengeld, welches die Hansen unter Heinrich V. nachweislich bezahlt hatten, stand wieder einmal zur Debatte. Im Oktober 1423 entschied der königliche Rat nach einem Gutachten der obersten Reichsgerichtshöfe, daß die Hansen als Fremde zu den Subsidien herangezogen werden könnten. Er glaubte, durch seinen Spruch die hansischen Privilegien nicht zu verletzen, da das Parlament und nicht der König die Abgaben auferlegte, die Privilegien aber allein vom König stammten[23].

Die Lage der hansischen Kaufleute war im Sommer 1423 nicht ungefährlich. Als sie sich weigerten, die Subsidien und Abgaben zu bezahlen, wurden sie ins Gefängnis gesetzt und ihre Häuser und Lagerräume geschlossen. Wie hansefeindlich damals die Stimmung des englischen Bürgertums war, zeigt das Vorgehen der Lynner Kaufleute. Sie wählten aus ihrer Mitte einen Ausschuß, der für die Aufhebung der hansischen Privilegien agitieren sollte[24].

Die Klagen des Londoner Kontors veranlaßten im Juli 1423 den Lübecker Hansetag, Stralsund und Danzig aufzufordern, die Engländer bei sich anzuhalten. Der Hochmeister und Danzig begnügten sich aber, an den König und die englischen Großen die Bitte zu richten, daß sie die hansischen Kaufleute im Genuß ihrer Freiheiten lassen möchten. Auch König Sigmund verwandte sich für seine Untertanen. Doch mußte das Kontor mitteilen, daß man den Schreiben wenig Wert beilege[25]. Die Städte erwogen nun die Absendung einer Gesandtschaft, welche in Flandern mit englischen Vertretern verhandeln sollte. Als sie im Jahre 1425 zustande kam, ging sie aus nicht ersichtlichen Gründen trotz der dringenden Vorstellungen des Londoner Kontors nicht nach England[26].

Die Kaufleute, welche nun auf sich selbst angewiesen waren, verfochten ihre Interessen vor dem im Februar 1426 tagenden Parlament mit Erfolg. Mit Zustimmung der Großen ernannte der König den von den Hansen gewünschten Londoner Alderman William Crowmere zu ihrem Justiziar. Auch mit London kamen die Kaufleute ins Einvernehmen. Die Stadt gab auf Befehl des Königs ihren Widerstand gegen den hansischen Justiziar auf und erkannte in einem Abkommen die Freiheit jener von den städtischen Abgaben an. Die Hansen versprachen dafür, an die Sheriffs und den Mayor jährlich bestimmte Geschenke, welche in Geld, Hering, nordischem Fisch und Wachs bestanden, zu leisten[27].

Die Anerkennung der hansischen Freiheiten hielten die englischen Kaufleute scheinbar für eine günstige Gelegenheit, ihre alten Forderungen in Preußen von neuem zu erheben. Sie beklagten sich, daß Danzig ihnen ihre alten Handelsgewohnheiten genommen habe und sie arg bedrücke. Das Londoner Kontor sprach die Befürchtung aus, daß die Kaufleute es würden entgelten müssen, falls die Beschwerden wahr seien[28]. In Preußen wiesen die Städte die Berechtigung derselben zurück. Die englischen Kaufleute erreichten aber damals, daß ihnen erlaubt wurde, einen Gouverneur zu wählen[29].

Die Eröffnung der Feindseligkeiten zwischen den wendischen Städten und Erich von Dänemark im Jahre 1427 zog wie alle Neutralen, so auch die Engländer in Mitleidenschaft. Da sie nicht nur die Bitte der Städte, die Sundfahrt aufzugeben, ablehnten, sondern sogar offen für Erich Partei ergriffen, versuchten die Hansen den Sund mit Gewalt zu sperren. Ihre Auslieger brachten die englischen Schiffe, welche die Fahrt von oder nach Preußen wagten, auf und führten sie als gute Beute in die wendischen Häfen[30]. Die erzwungene Unterbrechung des Verkehrs rief in England große Erbitterung hervor. Man wollte die hansischen Kaufleute für die Taten der städtischen Auslieger verantwortlich machen. 1432 verlangten einige Städte wegen der Wegnahme ihrer Schiffe die Beschlagnahme hansischer Güter. Der König, der wenig vorher die hansischen Privilegien bestätigt hatte, gebot ihnen jedoch, bis zur Rückkehr der Gesandtschaft welche er zu schicken beabsichtigte, von jedem gewalttätigen Vorgehen abzusehen[31]. Diese Gesandtschaft, von deren Anwesenheit in Lübeck wir nur aus einem Briefe des Londoner Kontors erfahren, richtete nichts aus. Als sie heimkehrte, war der Unwille in den Kreisen der Kaufmannschaft so groß, daß die Hansen nur mit Mühe für sich vom Könige Geleit auswirken konnten. Sie mußten versprechen, bei ihren Städten für die geschädigten englischen Kaufleute eintreten zu wollen[32].

Die Preußen andrerseits verstimmte es sehr, daß alle ihre Bemühungen, die Engländer zur Zahlung der 1407 zugestandenen Entschädigungen zu bewegen, vergeblich blieben. Einer Gesandtschaft, welche der Hochmeister 1429 in dieser Angelegenheit nach England schickte, erwiderte der Rat, daß der König zur Zahlung einer Schuld, welche weder er selbst noch sein Vater gemacht habe, nicht verpflichtet sei[33]. Als auch der jetzt mündig gewordene Erbe Heinrich Percys die Anerkennung der 1409 eingegangenen Verpflichtungen verweigerte, ließ der Hochmeister 1430 die englischen Schiffe im Danziger Hafen anhalten und zwang die Kaufleute, die geforderte Summe von 838 Nobel zu zahlen[34].

So befanden sich um 1430 beide Länder in gereizter Stimmung gegeneinander, als ein neuer Konflikt ausbrach. Im März 1431 erhöhte das Parlament das Pfund- und Tonnengeld um 6 d, bzw. 3 s und bestimmte ausdrücklich, daß die neuen Abgaben von allen Fremden erhoben werden sollten[35]. Mit energischen Vorstellungen wandten sich die Hansen, als auch ihnen die Subsidien abgefordert wurden, an den König. Doch ließ sich dieser nur dazu herbei, sie gegen Stellung einer Bürgschaft vorläufig von der Zahlung der Zuschläge zu entbinden. Die Hoffnung der Kaufleute, daß die Entscheidung des Rats, der ihren Anspruch prüfen sollte, zu ihren Gunsten ausfallen würde, war nicht groß; waren sie doch von denselben Richtern ein Jahrzehnt früher zur Zahlung der Subsidie von 12 d verurteilt worden[36].

Als die hansischen Kaufleute dem Hochmeister ihre bedrängte Lage mitteilten, griff dieser sofort zu energischen Gegenmaßregeln. Er ließ die Engländer in Danzig eine Bürgschaft von der gleichen Höhe stellen, wie sie die Hansen hatten hinterlegen müssen[37]. Doch hatte sein Vorgehen nicht die erhoffte Wirkung. Wenn auch Heinrich VI. die Bitte der Gemeinen, die Kaufleute durch die Beschlagnahme hansischer Güter zu entschädigen, nicht erfüllte, so gab er doch den Anspruch, die Hansen zu den Subsidien heranziehen zu können, nicht auf. Jene mußten sich 1432 und in den folgenden Jahren verbürgen, die Abgaben nachzuzahlen, wenn die Entscheidung gegen sie ausfiel[38].

Wenig später erließ der königliche Rat eine Verordnung, welche den fremden Handel noch weit schwerer traf als die Zollerhöhungen. Es wurde bestimmt, daß zur besseren Kontrolle das Pfundgeld nach dem Werte der Waren in England erhoben werden sollte. Da bisher der Berechnung der Einkaufswert zugrunde gelegt worden war, so wurden jetzt bei der Einfuhr die Abgaben ganz erheblich gesteigert. Die Hansen hielten diese Neuerung für so schwerwiegend, daß sie sofort mit der Einstellung des Handels antworteten, in der Hoffnung, dadurch am ehesten ihre Zurücknahme zu erzwingen. Da der Erlaß wohl auch auf den Widerstand der anderen Kaufleute stieß, sah sich der Rat bald genötigt, ihn wieder rückgängig zu machen. Im Juni 1434 setzte er fest, daß bei der Verzollung der auswärtigen Waren angegeben werden sollte, was sie beim Einkauf gekostet hätten[39].

Durch die Bemühungen Lübecks kam im Sommer 1434 ein von 22 Städten besuchter Hansetag zustande, dessen Hauptaufgabe war, die flandrische und englische Angelegenheit zu ordnen. Mit Zustimmung des Hochmeisters beschlossen die Städte, durch eine Gesandtschaft die Wiederherstellung der alten Freiheiten zu fordern. Der Hochmeister versprach, zur Unterstützung des Gesuchs den englischen Kaufleuten den Aufenthalt in Preußen zu verbieten[40]. Zu städtischen Gesandten wurden die vier Bürgermeister Johann Klingenberg aus Lübeck, Everd Hardefust aus Köln, Heinrich Hoyer aus Hamburg und Heinrich Vorrath aus Danzig bestimmt. Obwohl Vorrath sich sträubte, die Mission anzunehmen, beharrten die Städte auf ihrem Beschluß, daß Preußen und Livland, welche die englische Angelegenheit besonders anging, in der Gesandtschaft vertreten seien. Der Hochmeister scheint, wenn er auch offiziell der Hanse beigetreten war, eine zu enge Berührung mit den westlichen Angelegenheiten damals nicht gewünscht zu haben[41].

Ende Oktober 1434 trafen die vier Bürgermeister in England ein und überreichten dem königlichen Rat ihre Vollmachten und eine Beschwerdeliste der hansischen Kaufleute, die dieser an die vier höchsten Richter des Landes zur Untersuchung weitergab. Als kurze Zeit darauf in London die Pest ausbrach, erklärte der Rat, nicht weiter verhandeln zu können. Doch war die Pest wohl nur der Vorwand; den Hauptgrund für die Vertagung haben wir vielmehr in den schweren Anklagen zu sehen, welche die englischen Kaufleute vor dem König gegen die Hansen erhoben. Da die Gesandten bis Weihnachten nicht warten wollten, wie der Rat wünschte, wählten sie von den Kaufleuten vier aus, welche die hansische Sache vor dem Parlament vertreten sollten. Diese erhielten eine sehr interessante Instruktion. Falls nämlich der König die hansischen Privilegien bestätigen würde, sollten sie fordern, daß sich auch die vier größten Städte Englands, London, York, Lynn und Bristol, für die Beobachtung der Freiheiten verbürgten[42].

Unter vielen "süßen Worten", aber ohne jeden Erfolg verließen die Gesandten Ende November London und begaben sich nach Brügge, wo sie sich den Winter über der Beilegung der hansisch-flandrischen Streitigkeiten widmeten[43]. Zu Anfang des nächsten Jahres kündigte Heinrich VI. die Absendung einer Gesandtschaft nach Brügge an[44]. Seine Absicht scheint gewesen zu sein, für die Anerkennung der hansischen Privilegien größere Freiheiten für seine Kaufleute in Preußen zu fordern und die hansischen Schadenersatzansprüche mit den englischen zu kompensieren. Die Preußen, welche sofort nach dem Bekanntwerden des Mißerfolgs der Gesandtschaft den Besuch Englands verboten hatten, befahlen Vorrath, derartige Forderungen zurückzuweisen. Wenn die Engländer Privilegien beanspruchten, sollten sie sich an den Hochmeister und die Städte selbst wenden. Da Hoyer und Vorrath[45] von ihren Städten, welche Bedenken trugen, so wichtige Fragen ihnen allein anzuvertrauen, keine neuen Vollmachten erhalten hatten, wollten sich die englischen Gesandten, welche im Mai in Brügge eintrafen, auf sachliche Beratungen mit ihnen nicht einlassen. Die Hansen erhoben zwar gegen ihr Verhalten feierlichen Protest, erreichten aber nur, daß für Januar 1436 eine neue Tagfahrt festgesetzt wurde[46].

Obwohl verabredet worden war, bis zu diesem Termin gegenseitige Schädigungen zu vermeiden, rieten die hansischen Vertreter ihren Städten, die Kaufleute vor dem Besuch Englands zu warnen, weil jene dort vor Überfällen nicht mehr sicher seien. Dem Londoner Kontor befahlen sie, bis zum Ende des Sommers

England zu verlassen. Zu Anfang des nächsten Jahres hören wir, daß sich das Kontor aufgelöst hatte und die Kaufleute sich in Brügge aufhielten[47].

Da bis zum 1. September 1435 alle Schadenersatzansprüche geltend gemacht und die Städte sich über ihr weiteres Vorgehen schlüssig werden mußten, schlug Lübeck vor, einen allgemeinen Hansetag abzuhalten. Aber an der Interessenlosigkeit der Städte, welche meist aus nichtigen Gründen absagten, und besonders an der zögernden Haltung des Hochmeisters scheiterte der Plan Lübecks[48]. Paul von Rußdorf war durch die Friedensverhandlungen mit Polen so in Anspruch genommen, daß er nur schwer zu einer neuen Gesandtschaft zu bewegen war. Den Bemühungen Voraths, dessen politische Überzeugung war, daß seine Vaterstadt Danzig den Zusammenhang mit der Hanse nicht verlieren dürfe[49], war es wohl hauptsächlich zu danken, daß alle Schwierigkeiten, welche das Zustandekommen einer Gesandtschaft in Frage stellten, überwunden wurden. Im Februar 1436 konnte Vorrath endlich als preußischer Gesandter nach Lübeck abgehen[50].

Inzwischen hatten sich die Verhältnisse im Westen gänzlich geändert. Der Friedenskongreß, welcher im Jahre 1435 in Arras getagt hatte, hatte mit der Abwendung Burgunds von England geendet, und zu Beginn des folgenden Jahres war der Krieg zwischen beiden Mächten eröffnet worden[51]. Unter diesen Umständen mußte England viel daran liegen, den Handelsverkehr mit den Ostseeländern wiederherzustellen. Eine Petition der aus Preußen und den Hansestädten ausgeschlossenen englischen Kaufleute, den Hansen den Besuch Englands zu verbieten und ihre Privilegien aufzuheben, fand deshalb kein Gehör. Die englische Regierung ordnete vielmehr zur festgesetzten Zeit Gesandte zu den Verhandlungen mit der Hanse ab[52].

Die schwankende Haltung des Hochmeisters, von der wir oben sprachen, hatte zur Folge, daß die englischen Boten in Calais über ein Vierteljahr vergeblich auf die hansische Gesandtschaft warten mußten. Ihr langes Ausbleiben wurde auch von den Kontoren äußerst unangenehm empfunden. Denn die Lage der Hansen in England und Flandern verschlechterte sich von Tag zu Tag, und die Unsicherheit auf dem Meere nahm zu. In zahlreichen

Schreiben drängten die Kaufleute deshalb zur Beschleunigung. Sie erklärten es für unmöglich, nach dem Ausbruch des Krieges mit England und Flandern ins Einvernehmen zu kommen. Wie recht das Brügger Kontor damit hatte, zeigte sich, als im April die hansischen Ratssendeboten in Flandern eintrafen. Herzog Philipp suchte, um eine Stärkung seines Gegners zu verhindern, mit allen Mitteln die Verständigung zwischen der Hanse und England zu hintertreiben und versperrte den Gesandten den Weg nach Calais und nach England. Es blieb jenen schließlich nichts anderes übrig, als umzukehren und von der Elbe aus nach England hinüberzusetzen. Es dauerte aber wieder geraume Zeit, ehe von Preußen die Zustimmung zu diesem Schritt einlief. In den Hansestädten herrschte große Verstimmung über die neue Verzögerung. Man warf den Preußen vor, daß sie allein an der jammervollen Lage des Kaufmanns schuld seien[53].

Als im Oktober 1436 endlich die hansischen Gesandten in England landeten[54], waren die Verhältnisse für die Hanse lange nicht mehr so günstig wie im Jahre zuvor. Der Handelsverkehr zwischen beiden Ländern war nämlich trotz der Verbote wiederaufgenommen worden. Schon im April hatte Paul von Rußdorf englischen Kaufleuten gegen die Zahlung einer nicht geringen Geldsumme erlaubt, mit sechs Schiffen englische Waren nach Preußen ein- und preußische nach England auszuführen. Mit Kampen hatten die Engländer einen förmlichen Vertrag abgeschlossen, durch den ihnen der Verkehr mit dieser Stadt gestattet blieb. Auf hansischer Seite kehrte man sich ebenso wenig an das Handelsverbot. Zahlreiche preußische Kaufleute suchten wieder die englischen Märkte auf. Das Bergener Kontor gab seinen Mitgliedern die Fahrt frei. Köln erklärte, daß seine Kaufleute an die Verkehrssperre nicht gebunden seien, da sie ohne sein Wissen und Willen erlassen sei. Die hansischen Gesandten versuchten vergeblich, als sie nach England kamen, die Durchführung der städtischen Verordnungen zu erzwingen; ihre Befehle wurden nicht befolgt. Unter diesen Umständen hatte es für England keinen so großen Wert mehr, mit der Hanse zu einer Einigung zu gelangen. Die Gesandten klagten wiederholt, daß der Ungehorsam so vieler hansischer Kaufleute den Fortgang der Verhandlungen sehr erschwere[55].

Die hansischen Interessen mußte es ferner schwer schädigen, daß die Städte nicht einig waren. Köln ging eigne Wege. Im Dezember erschien eine Gesandtschaft des Erzbischofs und der Stadt in England, um für Köln einen besonderen Vertrag abzuschließen. Da die Verhandlungen zwischen der Hanse und England damals schon in der Hauptsache beendet waren, richtete sie jedoch nichts mehr aus[56]. Auch auf Danzig glaubten die Städte nicht bestimmt rechnen zu können. Die Vertreter Lübecks und Hamburgs betrachteten den preußischen Kollegen wegen seiner Instruktion mit Mißtrauen und fragten bei ihren Städten an, ob sie gegebenenfalls ohne Rücksicht auf Preußen mit England einen Frieden eingehen sollten. Vorrath scheint sich aber in England nicht streng an seine Instruktion gehalten zu haben. Er verlor das gemeinhansische Interesse nie aus den Augen[57].

Die englisch-hansischen Verhandlungen zogen sich sehr in die Länge. Der König wollte von der Bezahlung der alten Schuld, auf die Vorrath vor allem drang, nichts wissen; die Kaufleute suchten eine Einigung, welche ihre Interessen nicht genügend wahrnahm, zu verhindern und brachten beim König und Parlament immer neue Anschuldigungen gegen die Hansen vor. Diese hatten es wieder vor allem den weltlichen und geistlichen Großen zu danken, daß die Verhandlungen zu einem guten Ergebnis führten. Korner schreibt in seiner Chronik dem Kardinal Heinrich Beaufort, dem ersten Kirchenfürsten Englands, ein großes Verdienst an dem schließlichen Zustandekommen der Einigung zu. Obwohl die englischen Städte im Parlament noch einen Versuch machten, für die Anerkennung der hansischen Privilegien ihrem Handel in den Hansestädten gewisse Freiheiten zu verschaffen, wurde am 22. März 1437 ein Vertrag abgeschlossen, der ihnen nur die Zusicherung brachte, daß ihr Verkehr in den "alten Gewohnheiten" nicht gehindert werden sollte. Die Hansen dagegen erreichten die Bestätigung ihrer Privilegien und die Befreiung von allen Zöllen, welche nicht in der carta mercatoria zugestanden waren. Der König versprach ferner, die 1407 festgesetzten Entschädigungen an Preußen und Livland abzuzahlen. Als erste Rate erhielt Vorrath 1000 Nobel. Die Hansen mußten aber auf den Ersatz des Schadens, welchen sie durch die englischen Auslieger seit den Haager Verhandlungen erlitten hatten, verzichten[58].

Die englischen Städte widersetzten sich mit allen Mitteln der Besiegelung des für die Hansen nicht ungünstigen Vertrages. Sie sollen sogar den Kanzler und den Schatzmeister bestochen haben, um seine Auslieferung zu verhindern. Als Grund für ihr Vorgehen gibt Vorrath in einem Brief an Danzig an, daß die Städte in aller Eile acht Schiffe ausrüsteten. Je weiter sie das Inkrafttreten des Friedens verzögerten, um so größere Aussicht hatten sie, mit ihrem Tuch auf den hansischen Märkten die Ersten zu sein. Erst Mitte Juni gelang es den Gesandten, die Besiegelung des Vertrages durchzusetzen[59].

Noch an einer anderen Stelle machte die Durchführung der Übereinkunft Schwierigkeiten. Die Zollbeamten forderten nach wie vor von den Kaufleuten die hohen Subsidien und wollten ihren Anspruch, davon befreit zu sein, nicht anerkennen, indem sie behaupteten, vom Kanzler keine Anweisung erhalten zu haben. Vorrath meinte, es täte ihnen von Herzen leid, daß die englischen Kaufleute mehr Zoll bezahlen müßten als die hansischen. Aber auch der Umstand, daß damals viele Holländer und andere Nichthansen in England ankamen und behaupteten, hansische Bürger zu sein, mag die Zöllner veranlaßt haben, mit der Nachlassung der Subsidien vorsichtig zu sein. Vorrath klagte, daß diese Kaufleute besonders Bürgerbriefe von der Jungstadt Danzig vorzeigten, und warnte vor der Aufnahme von Außenhansen ins Bürgerrecht[60].

Vor ihrer Heimkehr ordneten die hansischen Gesandten noch eine wichtige Angelegenheit. Sie gaben dem Londoner Kontor neue Statuten, durch welche die Kaufleute und Schiffer angewiesen wurden, die Privilegien genau innezuhalten und Außenhansen in ihre Genossenschaft nicht aufzunehmen. Außerdem wurde ihnen streng befohlen, Übergriffe von englischen Städten und Beamten nicht zu dulden, sondern sie sofort dem Kontor mitzuteilen[61].

FUSSNOTEN ZU KAPITEL 5

1 HR. I 5 n. 685; vgl. Daenell I S. 169, auch II S. 2.

2 HR. I 5 n. 637, 638, 6 n. 23, 24, 61, 62, 96 § 2, 114-116, 193 bis 195, 304, 500, Hans. U. B. V S. 520 Anm. 1, 576 Anm. 3, n. 1026, 1034, 1087, VI n. 39, 74.

3 HR. I 6 n. 76, 399 § 7, 451, auch Daenell II S. 3 Anm. 2.

4 HR. I 6 n. 99, 187-190; vgl. Daenell I S. 186 f.

5 Vgl. Oman S. 262 f.

6 HR. I 6 n. 381, 384, 400 § 21, 440-447, 450, 451, Hans. U. B. V n. 110.

7 HR. I 6 n. 556A § 57, 581, 582, 7 n. 592 § 7.

8 Hans. U. B. VI n. 371, 418, 447, 635, 678, 689, 789, 934, 942, 964, HR. I 7 n. 592 §§ 8-10, 8 n. 452 §§ 3-6.

9 HR. I 7 n. 592 § 2, 8 n. 452 § 1, II 2 n. 76 § 20.

10 HR. I 7 n. 592 § 1, 8 n. 452 §3 1, 2, 454 (S. 304), 1162 § 2, II 1 n. 169 § 3; vgl. Hirsch S. 104, Daenell II S. 49 Danzig gab 1436 zu, daß die Engländer im Besitze eines Hauses gewesen sind. "Sunder der rath zu Danczike umme luterer fruntschaft dirlaubte en, das sie eynes borgers hws muchten mieten umme ere gelt und doryn zusampnegeen unde tringken und andere erbare frewde haben,..." Danzig gab damals als Grund für die Schließung des englischen Hauses an, "das sie dorynne eynen stogk und andere gefengniss machten." HR. II 2 n. 76 § 25.

11 HR. I 7 n. 800 § 26, 821 § 8, 8 n. 59 § 13.

12 HR. I 7 n. 649, 708, 773 § 7, 821 § 8, 8 n. 454.

13 HR. I 7 n. 592 §§ 1-6, 649, 8 n. 32 § 9, 452 §§ 7, 8, 454.

14 HR. I 7 n. 461 §§ 1, 19, 708.

15 Hans. U. B. VI n. 238, HR. I 7 n. 87, 746 § 3, 8 n. 32 § 9, 433 § 10, 453 § 2, 454, 546 § 7.

16 HR. I 7 n. 592, 8 n. 452, II 1 n. 169, 2 n. 76. Zur Beurteilung der damaligen englischen Klagen müssen wir beachten, daß ihr vornehmster Zweck augenscheinlich war, die Bestätigung der hansischen Freiheiten durch den neuen König Heinrich VI. zu verhindern.

17 HR. I 8 n. 454, 668, 7 n. 773 § 7, II 2 n. 76 §§ 36, 37.

18 HR. I 7 n. 374 § 29, 821 § 8.

19 HR. I 8 n. 546 § 7, Hans. U B. VI n. 736.

20 Libell Vers 496 ff.

21 Hans. U. B. I n. 902, II n. 31 § 1, V n. 984, VI n. 144, 332-334, 337, 474, 475, 479, 482, HR. I 7 n. 592-594. Die endgültige Entscheidung wurde erst 1426 gefällt. Die Sheriffs versuchten in der Zwischenzeit noch mehrmals, die Hansen zu den Abgaben heranzuziehen. Hans. U. B. VI n. 504, 613, 643, HR. I 7 n. 671.

22 Hans. U. B. VI n. 611.

23 Hans. U. B. VI n. 515, 516, 529, HR. I 6 n. 451.

24 HR. I 7 n. 671, Hans. U. B. VI n. 528.

25 HR. I 7 n. 594, 609 § 6, 611, 623, 624 § 5, 671.

26 HR. I 7 n. 675-677, 685-688, 695, 713 § 11, 714, 720-722, 789, 800 § 33, 805.

27 Hans. U. B. VI n. 611-613, 643, 651, 658.

28 HR. I 8 n. 452, Hans. U. B. VI n. 723.

29 HR. I 8 n. 453 § 2, 454, 546 § 7. Siehe S. Kap. 5.

30 Hans. U. B. VI n. 661, S. 371 Anm. 1, n. 694, 712, 723 § 9, 875, HR. I 8 n. 129, 237 § 2, 336, 414, 418, 422, 451, 452 § 9, II 1 n. 385 §20, 7 n. 488 § 40.

31 HR. I 8 n. 422, 444-446, Hans. U. B. VI n. 764, 888, 1037.

32 HR. II 1 n. 320. Diese Gesandtschaft war 1432 in Lübeck, nicht 1430, wie von der Ropp in HR. II 1 S. 28 meint. Dies geht klar aus Hans. U. B. VI n. 1037 hervor. Heinrich VI sagt nämlich in diesem Erlaß (1432 Aug. 29) an die Einwohner verschiedener Städte, daß "certos ambassiatores nostros ad villas predictas ex causa predicta ad presens destinavimus," und verbot ihnen ein Vorgehen gegen die hansischen Kaufleute, "quousque super responso ambassiatorum nostrorum predictorum plene fuerimus informati." Die Gesandtschaft war auch in Dänemark und schloß 1432 Dez. 24 einen Vertrag mit Erich. Reg. dipl. Dan. I n. 3531.

33 HR. I 7 n. 641, 642, 646 § 3, 736, 820, 8 n. 133, 134, 586 bis 590, II 1 n. 34-38, Hans. U. B. VI n. 779, 860.

34 HR. I 8 n. 666-668, 778, II 1 n. 168, 169 § 1, 170, 2 n. 76 § 26, Hans. U. B. VI n. 1065.

35 HR. II 1 n. 50. Die Parlamente der folgenden Jahre bewilligten die Zusätze weiter. Rot. Parl. IV S. 389 § 12, 426 § 21, 503 § 29.

36 Hans. U. B. VI n. 1011, S. 565 Anm. 3, HR. II 1 n. 147.

37 Hans. U. B. VI n. 991, 992, 1005, 1065, HR. II 2 n. 76 § 27.

38 HR. II 1 n. 146, 147, Hans. U. B. VI n. 1011, 1046 1061, 1099.

39 HR. II 1 n. 319 und Anm. 1, 357 § 26.

40 HR. II 1 n. 321 §§ 1-5, 9, 322, 324, 355, 356 §§ 1, 2, 357.

41 HR. II 1 n. 324; vgl. Reibstein S. 17.

42 HR. II 1 n. 383-385, 406, 421, 437.

43 HR. II 1 n. 392 § 5, 407; vgl. Reibstein S. 21 ff.

44 HR. II 1 n. 421, 429.

45 Die beiden andern Gesandten waren wegen der hohen Kosten zurückgerufen worden. HR. II 1 n. 392 § 20, 422.

46 HR. II 1 n. 430-433, 435-437; vgl. Reibstein S. 24 f.

47 HR. II 1 n. 430 § 9, 435, 522.

48 HR. II 1 n. 444, 459 §§ 1, 2, 462 § 3, 463, 464, 477, 479-481, 489, 491; vgl. Reibstein S. 26 f.

49 Vgl. Reibstein S. 65.

50 HR. II 1 n. 520; vgl. Reibstein S. 27 ff.

51 Vgl. Oman S. 321.

52 HR. II 1 n. 558, 559; vgl. Daenell II S. 12.

53 HR. II 1 n. 501, 508, 511, 522-525, 528, 535-537, 541, 561, 562, 566-568, 573, 595, 596, 2 n. 4, 17, 18.

54 HR. II 2 n. 20, 24, 57.

55 HR. II 1 n. 547, 563, 577, 2 n. 19, 25, 26, 28, 31, 37, 65.

56 HR. II 2 n. 27, 37.

57 HR. II 2 n. 16-18, 53; vgl. Reibstein S. 42.

58 HR. II 2 n. 26, 29, 46, 47, 63, 65-69, 71, 76, 79, 84, 160, Korner S. 566.

59 HR. II 2 n. 44, 45, 70, 72, 73; vgl. Reibstein S. 46 f.

60 HR. II 2 n. 38, 39, 44, 48, 51, 73-75, 83, 90, 7 n. 461.

61 HR. II 2 n. 81, 82.

6. Kapitel.

Die Nichtbestätigung des Vertrages von 1437 durch die Preußen. Englische Gewaltpolitik in den vierziger und fünfziger Jahren.

Der durch die hansischen Gesandten in England abgeschlossene Vertrag wurde noch im Sommer 1437 von König Heinrich und den Hansestädten bestätigt[1]. Nur in Preußen stieß seine Anerkennung auf Schwierigkeiten, weil die englischen Kaufleute aus den unklar gefaßten Bestimmungen über freien Verkehr und Wiederherstellung der alten Handelsgewohnheiten für sich Freiheiten ableiteten, welche Danzig nicht gewillt war ihnen zuzugestehen. Sie verlangten Befreiung vom Pfund- und Pfahlgeld und von der Haftbarkeit für Schulden und Vergehen, an denen sie persönlich nicht beteiligt waren. Ferner behaupteten sie, daß der Vertrag ihre alten Rechte, mit allen Kaufleuten, einheimischen wie fremden, Handel zu treiben und in Danzig ein Haus zu Versammlungszwecken zu mieten, wiederhergestellt habe. Um ihrer Forderung noch mehr Nachdruck zu verleihen, legten die englischen Kaufleute eine Privilegiumsurkunde vor, welche ihnen, wie sie angaben, von Heinrich Vorrath in England ausgestellt und besiegelt worden war[2]. Da man in Danzig glaubte, daß Vorrath sich habe bestechen lassen, einen unvorteilhaften Vertrag abzuschließen und den Engländern Zugeständnisse zu machen, war die Bürgerschaft auf ihn nicht gut zu sprechen und bereitete ihm einen üblen Empfang, als er Anfang März 1438 nach längerer Gefangenschaft, die er auf der Kloppenburg in der Gewalt des Bischofs von Münster hatte erdulden müssen, in die Heimat zurückkehrte[3]. Die Erbitterung der Danziger gegen ihn war so groß, daß er für sein Leben fürchtete und den Hochmeister um Schutz anrief. Der in seiner Ehre schwer Angegriffene fand aber an dem Londoner Kontor und dem Propst Franko Keddeken, welcher juristischer Beirat und Dolmetscher der hansischen Gesandtschaft in England gewesen war, warme Fürsprecher und Verteidiger[4]. Das Kontor befürwortete in seinem Schreiben auch die Annahme der Übereinkunft, indem es auf die Folgen hinwies, welche ihre Nichtbestätigung für den hansischen Kaufmann haben könne. Doch vermochten seine Vorstellungen die Danziger Bürgerschaft von ihrem Widerspruch nicht abzubringen. Auf dem Marienburger Städtetage im Mai 1438 wurde auf Betreiben Danzigs die Besiegelung des Vertrages vom Hochmeister verschoben[5].

Obwohl diese auch später nicht erfolgte, verkehrten die englischen Kaufleute in Preußen in den nächsten Jahrzehnten, soweit es die unruhigen Zeiten zuließen, wieder in altgewohnter Weise. Es läßt sich nicht sehen, daß sie schlechter gestellt waren als vor 1436[6]. Danzig scheint nur strenger als früher die Beobachtung des Gästerechts von ihnen gefordert zu haben; sie sollten nur dieselben Rechte genießen wie die andern Fremden[7].

Da sich die englischen Kaufleute mit diesen Freiheiten nicht begnügen wollten, war das Verhältnis zwischen Preußen und England bald wieder ein gespanntes. Die englischen Kaufleute erhoben nämlich, als sie die Anerkennung ihrer Ansprüche vom Hochmeister und Danzig nicht erlangen konnten[8], wieder ihren alten Kriegsruf, daß der Grundsatz der gleichen Behandlung von den Preußen nicht gewahrt werde. Im November 1441 reichten sie dem Parlament eine Liste von Beschwerden ein und forderten die Suspension der hansischen Privilegien, bis die Preußen ihre Forderungen zugestanden hätten. Die in England nicht zu kontrollierenden Klagen der Kaufleute über Bedrückungen und Beschränkungen ihrer Handelsfreiheiten hatten den Erfolg, daß das Parlament, obwohl das Londoner Kontor die Richtigkeit der Beschwerden abstritt, dem Könige vorschlug, die hansischen Freiheiten vorläufig außer Kraft zu setzen. Heinrich VI. und sein Rat konnten sich jedoch zu einem sofortigen Bruch mit der Hanse nicht entschließen. Sie gaben den Städten bis zum nächsten Martinstage Zeit, die Bedrückungen abzustellen und Genugtuung zu leisten[9].

Die Preußen dachten nicht daran, diesen Ansprüchen nachzugeben. Sie ließen sich von den englischen Kaufleuten in Danzig bestätigen, daß sie über Beschränkungen nicht zu klagen hätten und dem Vorgehen ihrer Städte fernständen, und lehnten daraufhin die Erfüllung der von Heinrich VI. gestellten Forderungen ab. Ebenso erklärten die wendischen Städte, von alten Privilegien der Engländer nichts zu wissen[10].

In England trug man nun trotz der Ablehnung der Gesuche Bedenken, die gegen die Hansen beschlossenen Maßregeln auszuführen. Die hansischen Privilegien blieben in Kraft. Es gelang den Kaufleuten sogar, ihre Befreiung von den damals wieder eingeführten Subsidien durchzusetzen und die Aufhebung der Beschlagnahme ihrer Güter zu erreichen. Im Februar 1443 konnte das Londoner Kontor den Städten mitteilen, daß die von ihm gewünschte Warnung vor dem Verkehr mit England nicht mehr nötig sei. Die englischen Kaufleute ruhten aber nicht. Auf ihr Drängen wiederholte im Jahre 1446 das Parlament seinen früheren Beschluß. Diesmal sagte der König zu, die hansischen Privilegien aufzuheben, wenn der Vertrag von den Preußen bis nächsten Michaelis nicht bestätigt und den Kaufleuten in den Ostseeländern die verlangten Rechte nicht verliehen seien[11].

Die Lage des hansischen Kaufmanns in England war damals bedenklich. Bei den weltlichen und geistlichen Großen konnte er gegen das Vorgehen des Unterhauses keine Unterstützung finden, und das Bürgertum zeigte seine feindliche Gesinnung gegen ihn ganz offen. Trotz königlicher Schutzbriefe nahmen die englischen Kaufleute, die im hansisch-holländischen Kriege Verluste erlitten hatten, den Hansen ihre Güter weg und versiegelten ihre Häuser. Auch die hansischen Privilegien wurden seit langem in vielen Punkten nicht mehr beachtet. Die Klageschrift des Kontors nennt u. a., daß den Hansen verboten sei, mit andern Fremden Handel zu treiben und die englischen Stapelgüter auszuführen, daß die Bestimmungen über die Zusammensetzung der Gerichtshöfe außer acht gelassen und die hansischen Klagen vor den Admiralitätsgerichten verhandelt würden. Aber besonders war es wieder die Unsicherheit der englischen Küstengewässer, über welche die Hansen zu klagen hatten. Zahlreiche hansische Schiffe waren seit 1437 von den englischen Piraten geplündert worden. Auf mehr als 300 000 Nobel gaben damals die Hansen ihre Verluste an, die sie seit 1409 von den englischen Seeräubern erlitten hatten[12].

Die Klagen der hansischen Kaufleute und wohl auch die Vorstellungen Kölns und Lübecks bewogen den Hochmeister, eine friedliche Beilegung der zwischen Preußen und England schwebenden Streitigkeiten zu versuchen. Die Gesandtschaft, die im Frühjahr 1447 nach England abging, erhielt den Auftrag, ein Inkrafttreten des Parlamentsbeschlusses vom vorigen Jahre auf alle Fälle zu verhindern. Es wurde ihr Vollmacht gegeben, in kleinen Dingen sich nachgiebig zu zeigen. Doch durften ihre Zugeständnisse die Interessen des Hochmeisters und die Freiheiten des Landes nicht berühren[13].

Im Mai 1447 beschäftigte sich auch der von 39 Städten besuchte Hansetag zu Lübeck mit der englischen Angelegenheit. Er richtete an den Hochmeister das Ersuchen, den englischen Kaufleuten in Danzig das Geleit zu entziehen und ihre Güter zu beschlagnahmen. Der Hochmeister lehnte jedoch im Einverständnis mit seinen Städten ein Eingehen auf die hansischen Vorschläge ab; denn dadurch hätte er den Erfolg seiner Gesandtschaft von vornherein vereitelt[14].

Die preußischen Gesandten, die im Juli in London eingetroffen waren, fanden bei den Engländern keine allzu große Neigung zum Entgegenkommen. Die englische Kaufmannschaft bestand hartnäckig auf der Erfüllung ihrer Forderungen und wollte es auf einen Bruch mit Preußen ankommen lassen[15]. Wie so häufig scheinen die Kaufleute auch diesmal König, Parlament und die andern Stände hauptsächlich durch lügnerische Ausstreuungen an ihrer Seite festgehalten zu haben. Sie behaupteten nämlich, daß die preußischen Gesandten auf ihrer Fahrt nach England König Christoph von Dänemark überredet hätten, die englischen Schiffe im Sunde anzuhalten. Daran war natürlich kein wahres Wort. König Christoph hatte im Sommer eine Anzahl englischer Schiffe aufgreifen lassen, weil die Engländer den verbotenen Verkehr mit Island fortsetzten und noch dazu dort wie Räuber hausten[16]. Durch diese Ausstreuungen erreichten aber die Kaufleute ihr Ziel. Die preußische Gesandtschaft verlief ergebnislos. Im Winter wurde dann nach dem Parlamentsbeschluß die vorläufige Suspension der hansischen Privilegien verfügt[17]. Die hansischen Kaufleute wurden in ihren Rechten und Freiheiten denen aus Florenz und Venedig gleichgestellt[18].

Das englische Vorgehen beantwortete die Hanse nicht mit einer kräftigen Gegenmaßregel. Sie begnügte sich, ihre Kaufleute vor dem Verkehr mit England zu warnen. In Preußen blieb den Engländern der freie Handel gestattet, wenn ihnen auch der Hochmeister kein Geleit geben wollte. Das gänzliche Fehlschlagen der hansischen Aktionen im Westen, in Flandern und in England, führte aber eine Annäherung der hansischen Gruppen herbei. Die hansischen Gesandten in Flandern erklärten es wegen der mißlichen Lage des Kaufmanns für dringend erforderlich, daß sobald wie möglich ein allgemeiner Hansetag zu Bremen abgehalten werde[19].

Im Sommer 1448 machte die englische Regierung noch einen Versuch, die Streitigkeiten, die einen Bruch mit der Hanse unvermeidlich zu machen schienen, friedlich beizulegen. Die Lage des Landes ließ es wünschenswert erscheinen, wenigstens einen Aufschub zu gewinnen. Seit dem Januar des vorigen Jahres waren dem englischen Handel wieder die burgundischen Lande verschlossen, und im Frühjahr war auch der Krieg mit Frankreich wieder ausgebrochen. Kam England jetzt nicht mit Dänemark und der Hanse ins Einvernehmen, so war es von jedem Handelsverkehr abgeschnitten. Heinrich VI. ordnete deshalb im Juli Gesandte an den dänischen König, an den Hochmeister und die Städte ab, welche die Zwistigkeiten schlichten und die alten Verträge mit diesen Reichen erneuern sollten[20].

Die Verhandlungen, welche im März des nächsten Jahres von den englischen Abgesandten mit Vertretern der Hanse und des Hochmeisters in Lübeck geführt wurden, brachten aber, hauptsächlich wohl wegen des geringen Besuchs des Tages durch die Städte, keine endgültige Regelung der gegenseitigen Beziehungen. Diese wurde vielmehr einer neuen Zusammenkunft, die am 24. Juni 1451 in Deventer stattfinden sollte, vorbehalten. Der Versuch, den die Engländer damals machten, die Hanse zu spalten, scheiterte. Als sie auf Grund des Parlamentsbeschlusses die Preußen vom Genuß der hansischen Freiheiten ausschließen wollten, erklärten die übrigen Städte, daß ein solches Vorgehen der Engländer den Bruch mit der gesamten Hanse nach sich ziehen würde[21].

Durch die Lübecker Abmachungen und den im Juli mit Christian I. von Dänemark vereinbarten Stillstand[22] erreichte die englische Regierung, daß die Ostsee der Ein- und Ausfuhr ihres Landes vorläufig noch offen blieb. Doch wurde der Erfolg ihrer Bemühungen bald darauf durch eine rohe Gewalttat ihrer Untertanen in Frage gestellt. Am 23. Mai 1449 brachten englische Auslieger im Kanal eine mehr als 100 Schiffe große Baienflotte auf, die zur Hälfte in die hansischen, zur Hälfte in die niederländischen Städte gehörte. In England ließ man die holländischen, seeländischen und die Schiffe aus Kampen sofort wieder frei, die hansischen dagegen, die hauptsächlich in Lübeck und Danzig beheimatet waren, wurden in die englische Flotte eingereiht und ihre Ladung verkauft[23]. Die englische Regierung war scheinbar zu ohnmächtig, gegen die Übeltäter, die auch hohen Kreisen angehörten[24], einzuschreiten und ihre auf eine friedliche Beilegung des Streits gerichtete Politik beizubehalten. Die hansefeindliche Richtung gewann in England die Führung. Auch an andern Orten machte sich die erbitterte Stimmung dieser Kreise in Gewalttaten gegen die hansischen Kaufleute Luft. Im Hafen von Boston wurden hansische Schiffe überfallen, und die Engländer drohten, sie würden alle Hansen, die sie auf der Fahrt nach Bergen anträfen, aufgreifen und ausplündern[25].

Die geschädigten Hansestädte beantworteten die englischen Gewalttaten mit der Beschlagnahme alles englischen Besitzes in ihren Gebieten[26]. Doch konnten sich die lübischen Ratsherren nicht entschließen, sofort alle Brücken zu einer friedlichen Verständigung mit England abzubrechen. Obwohl Heinrich VI. die städtischen Anträge auf Auslieferung des Genommenen zurückwies, ja sogar den durch die Beschlagnahme ihrer Güter geschädigten Kaufleuten die Erlaubnis erteilte, die Preußen und die Lübecker anzuhalten[27], gaben die Städte in Bremen die Lübecker Abmachungen nicht auf und lehnten den Vorschlag Burgunds, die Einfuhr des englischen Tuchs in ihre Länder zu verbieten, ab. Ihre Ratssendeboten, die sie an den Herzog von Burgund schickten, wiesen sie an, wenn sie in Flandern englische Gesandte anträfen, mit ihnen über eine friedliche Beilegung des Streits zu verhandeln[28]. Noch weniger war die rheinisch-westfälische Städtegruppe, die durch die Wegnahme der Baienflotte nicht getroffen war, gewillt, um anderer willen ihren Handel mit England zu unterbrechen. Köln erwog schon im Oktober den Gedanken einer

Trennung von der übrigen Hanse und befahl seinem Vertreter in Flandern, ein Sonderabkommen mit England abzuschließen, falls Lübeck auf Abbruch des Verkehrs dringen sollte[29].

In England war inzwischen ein Umschwung eingetreten, der die Vertreter eines friedlichen Ausgleichs mit der Hanse, besonders mit Preußen, wieder an die Spitze brachte. Wir erfahren aus den Briefen des preußischen Kaufmanns Hans Winter an den Hochmeister, daß die große Mehrzahl der englischen Bevölkerung durchaus friedlich gegen die Preußen gesinnt war. Adel und Gemeine, so schreibt er mehrmals, verlangten dringend die Wiederherstellung guter Beziehungen mit Preußen, das ihnen wegen seiner wertvollen Einfuhr wichtiger sei als alle anderen Länder. Hätten sie Freundschaft mit Preußen, so glaubten sie die ganze übrige Hanse entbehren zu können. Es ist bezeichnend für die Stimmung der ländlichen Kreise Englands, daß 1450 die Kenter Aufständischen u. a. die Forderung aufstellten, es sollten ihnen die Plünderer der preußischen Schiffe ausgeliefert werden, da sie durch ihre Tat das Land in großes Verderben gebracht hätten[30].

Von diesen Kreisen gedrängt, knüpfte die englische Regierung Verhandlungen mit der Hanse an. Gesandte fanden sich im Oktober 1449 in Flandern ein und vereinbarten mit den hansischen Vertretern eine Tagfahrt im Juni des nächsten Jahres zu Utrecht. Der Handelsverkehr zwischen beiden Ländern wurde bis zum nächsten Martinstage freigegeben; die Beschlagnahme der Güter blieb dagegen bestehen, obwohl die Engländer bereit waren, auch hier entgegenzukommen. Auf Grund dieser Abmachungen wurden in England noch vor Schluß des Jahres die hansischen Privilegien wieder in Kraft gesetzt; nur die Lübecker und Danziger wurden vom Genuß derselben ausgeschlossen[31]. Die englischen Kaufleute und Schiffer waren aber nach wie vor jedem Entgegenkommen gegen die Hansen abgeneigt und setzten sich über den Vertrag, der jenen freien und ungehinderten Verkehr garantierte, hinweg. Der König und sein Rat waren nicht imstande, ihrem Treiben Einhalt zu tun. Die englischen Auslieger erklärten offen, sie nähmen alles, was deutsch spreche[32].

Es muß sich wohl bei den letzten Verhandlungen gezeigt haben, daß England mit Preußen leicht das alte Einvernehmen herstellen konnte, daß Lübeck dagegen nicht ohne die Erfüllung seiner hohen Entschädigungsforderung Frieden schließen wollte. Deshalb änderte Heinrich VI. im Winter seinen Entschluß, die Utrechter Tagfahrt anzunehmen, und teilte dem Hochmeister mit, daß er seine Gesandten erst zu ihm, dann nach Lübeck schicken werde[33]. Hatte er sich nämlich mit Preußen geeinigt, so konnte er abwarten, bis Lübeck seine Forderungen mäßigte.

In Lübeck scheint man die Pläne der Engländer durchschaut zu haben. Die lübischen Ratsherren setzten auf den 24. Juni 1450 einen allgemeinen Hansetag zu Bremen an, damit die Städte vor der Ankunft der englischen Gesandten gemeinsam die Forderungen feststellten, welche die Engländer bewilligen sollten. Die Preußen lehnten die Teilnahme an dem Hansetage ab und vereitelten dadurch eine Beschlußfassung der Städte. Sie wünschten keine gemeinsame Beratung vor ihren Verhandlungen mit den Engländern, weil sie der Haltung Lübecks mißtrauten. Sie befürchteten, daß Lübeck auch vor einem Kriege mit England nicht zurückschrecken werde, um seine Forderungen durchzusetzen. Die letzten Kriege, die Lübeck geführt hatte, der dänische und der holländische, hatten aber gezeigt, daß Lübeck durch die im Kriege notwendige Konzentration des gesamten ost-westlichen Verkehrs in seinem Hafen nur gewann, während der preußische Handel zurückging[34].

Eine gesonderte englisch-preußische Einigung wurde aber durch die Gewalttat der lübischen Bergenfahrer verhindert. Diese stießen Ende Juli 1450 bei Skagen auf die auf der Fahrt nach Preußen befindlichen englischen Gesandten, deren Absendung sich infolge der großen Unruhen in England erheblich verzögert hatte, griffen sie an und nahmen sie gefangen. Die Gesandten schickten sie darauf nach Lübeck, das Schiff mit seiner kostbaren Ladung nahmen sie dagegen mit sich nach Bergen[35].

Es ist wohl kein Zweifel, daß der lübische Rat die Gefangennahme der Gesandten nicht veranlaßt hat; die Tat war vielmehr ein spontaner Ausbruch des Unwillens, der in weiten Kreisen Lübecks gegen die Engländer herrschte. Doch kam sie dem Rat in dem Augenblick sehr gelegen, und er weigerte sich, die Gesandten freizulassen[36]. Mit den preußisch-englischen Sonderverhandlungen war es nun vorbei. Lübeck hatte die Leitung der Angelegenheit wieder in der Hand. Unter seinem Einfluß beschloß im September ein zahlreich besuchter Hansetag, dem englischen Könige eine neue Tagfahrt vorzuschlagen, welche vor allem die Entschädigungsfrage regeln sollte. Außerdem verabredeten die Städte in einem Geheimartikel, daß vom November ab jeder Verkehr mit England aufhören sollte, falls der König neue Verhandlungen ablehnen oder auf der Tagfahrt keine Einigung erzielt würde. In betreff der Privilegien wollten die Städte allseitige Wiederherstellung und die Mitgarantie der acht größten Städte des Landes für ihre dauernde Beobachtung fordern[37].

In England war die Erregung über die Gewalttat der Lübecker bald wieder einer friedlicheren Stimmung gewichen. Heinrich VI. erklärte sich bereit, im Mai 1451 in Utrecht die Verhandlungen fortzusetzen, und hob die Beschlagnahme der hansischen Güter auf, die er auf die Nachricht von der Gefangennahme seiner Gesandten verfügt hatte. Den Kaufleuten wurde die Ausfuhr ihrer Waren gestattet und ihre Zollprivilegien wieder in Kraft gesetzt. In allen Hafenstädten ließ der König verkünden, daß er Angriffe auf hansische Schiffe und Kaufleute streng bestrafen werde[38].

Auf der Versammlung zu Utrecht, die im Mai und Juni 1451 tagte, hielten die preußischen und rheinischen Städte an den Abmachungen des letzten Hansetages nicht fest. Sie wollten ihren Handel wegen der lübischen Entschädigungsforderungen nicht unterbrechen und waren bereit, Lübeck im Stiche zu lassen und ein Sonderabkommen mit England abzuschließen. Infolge des Abfalles der beiden Gruppen mußten die lübischen Vertreter den wortbrüchigen und aus der Haft entflohenen Thomas Kent als englischen Unterhändler anerkennen und auch in der Schadenersatzfrage nachgeben. Die Regelung dieser wurde auf einen neuen Tag im April des nächsten Jahres verschoben; dagegen wurde, worauf es den Preußen und Kölnern besonders ankam, der Verkehr zwischen der Hanse und England bis Michaelis 1452 freigegeben[39].

Die Preußen und die westlichen Hansestädte nahmen, als die Abmachungen die Zustimmung des englischen Königs gefunden hatten, den Handelsverkehr mit England sofort wieder auf. Beide drangen in Lübeck, im Interesse des gemeinen Kaufmanns nachzugeben und dem Utrechter Vertrag beizutreten. Ihren Vorstellungen gesellte sich auch die gewichtige Stimme des Londoner Kontors zu, dessen Lage durch das lange Schweigen Lübecks schon schwierig zu werden begann. Aber Lübeck änderte seine Haltung nicht. Es teilte Heinrich VI. mit, daß es die Utrechter Übereinkunft nur beobachten werde, wenn er vorher für die widerrechtliche Wegnahme der Baienflotte Schadenersatz leistete und die entflohenen Gesandten in die Haft zurückschickte. Andernfalls drohte es mit dem Beginn der Fehde[40].

Die östliche und die westliche Städtegruppe versuchten nun, ohne Lübeck die Verhandlungen mit England zu führen. Heinrich VI. war nicht abgeneigt, sich mit ihnen über die Aufrechterhaltung des gegenseitigen Handelsverkehrs zu verständigen. Die Bemühungen des Hochmeisters und Kölns, die Städte zur Besendung der verabredeten Tagfahrt zu bewegen, erwiesen sich aber als erfolglos. Sie mußten den König bitten, die Versammlung um ein Jahr zu verschieben. Heinrich VI. verlängerte daraufhin im Juni 1452 die Gültigkeit des Vertrages bis Michaelis 1453[41].

Inzwischen hatte Lübeck seine Drohung wahr gemacht, durch Gewaltmaßregeln den Abbruch des Verkehrs mit England zu erzwingen. Seine Stellung war damals nicht ungünstig. Christian von Dänemark hatte wieder mit England gebrochen und verbot im April 1452 allen Hansen, besonders den Preußen, englische Güter durch die dänischen Gewässer zu führen[42]. Zur selben Zeit sperrte Lübeck dem englischen Tuch sein Gebiet, so daß dem englischen Handel beide Zugänge zur Ostsee verschlossen waren[43]. Als dieser dann versuchte, durch Holstein in die Ostsee vorzudringen, schickte Lübeck Auslieger in See, welche dem englischen Schleichhandel ein Ende machen sollten[44]. Da jene aber mehr den neutralen hansischen und außerhansischen als den englischen Handel trafen und Lübeck durch die Klagen der Geschädigten in Gefahr geriet, in neue Konflikte verwickelt zu werden, rief es seine Auslieger bald zurück[45]. Doch dachte es Ende 1452 noch nicht an ein Aufgeben seiner bisherigen Politik. Es bestand nach wie vor darauf, daß England vor Beginn der Verhandlungen seinen Bürgern Entschädigung gewähren müsse[46]. Es seinen Bürgern Entschädigung gewähren müsse[46]. Es zeigte sich damals deutlich, daß Lübeck allein der Kitt war, der die vielfach sich kreuzenden und auseinanderstrebenden Interessen der zahlreichen Städte zusammenhielt, und daß, wenn Lübeck sich abseits hielt, es unmöglich war, hansische Politik zu treiben. Weder der Hochmeister noch Köln konnten an Lübecks Stelle treten. Auf die Aufforderung des Hochmeisters, die auf den April 1453 verschobene Tagfahrt zu besenden, antworteten nur Hamburg und Köln samt seinem Anhang zustimmend; von den meisten andern Städten war überhaupt keine Äußerung zu erlangen[47]. Da unter diesen Umständen Verhandlungen mit den Engländern keinen Erfolg versprechen konnten, blieb nichts anderes übrig als die Tagfahrt nochmals hinauszuschieben. Da auch England die Aufrechterhaltung des Handelsverkehrs mit Preußen wünschte, verlängerte Heinrich VI. die Gültigkeit des Utrechter Vertrages um weitere drei Jahre und nahm alle hansischen Kaufleute mit Ausnahme der Lübecker bis Michaelis 1456 in seinen Schutz[48].

Wenig später begann auch Lübeck einzulenken und sich den andern Städten wieder zu nähern. Auf dem Hansetag im Dezember 1453 erklärte es sich bereit, die Verhandlungen mit den Engländern wiederaufzunehmen, und ein halbes Jahr später hob es auf Drängen der übrigen Hansen das Verbot der Durchfahrt englischer Tuche durch sein Gebiet auf[49]. Doch machte der heftig tobende Kampf zwischen dem Orden und seinen Städten für längere Zeit das Zustandekommen einer Tagfahrt zwischen der Hanse und England unmöglich. Danzig erklärte sich außerstande, Gesandte nach den Niederlanden oder nach England hinüberzusenden. Unterstützt von Hamburg und Köln, bat es Heinrich VI., einen längeren Stillstand mit der gesamten Hanse abzuschließen. Den Engländern kam der Wunsch der Städte sehr gelegen; eine Vertagung der Streitigkeiten war auch in ihrem Interesse. Beide Parteien einigten sich deshalb leicht auf einen achtjährigen Frieden. Nachdem Lübeck die Gefangenen, die es noch in Haft hielt, freigegeben hatte, wurde am 1. März 1456 der Stillstand von Heinrich VI. feierlich verkündet[50].

Von einer Wiederaufnahme und ruhigen Entwicklung des gegenseitigen Handelsverkehrs konnte aber in der überall von

Kriegslärm erfüllten Zeit nicht die Rede sein. In der Ostsee wurde die Schiffahrt von dänischen und Danziger Kapern beunruhigt und mußte zuzeiten ganz eingestellt werden. Den Engländern verschloß außerdem ihre Feindschaft mit Christian von Dänemark in den fünfziger Jahren dauernd den Sund. Nicht viel anders sah es in der Nordsee aus. Französische, englische und friesische Piraten machten das Meer unsicher und fingen fort, was ihnen in die Hände fiel. In England selbst waren die Verhältnisse friedlichem Handel und Verkehr ebensowenig günstig. In der Mitte der fünfziger Jahre begannen die das Land furchtbar heimsuchenden Kriege zwischen den beiden Rosen. 1455 hatten sich die beiden Parteien, die um die Macht im Reiche rangen, zum erstenmal im offenen Kampfe gegenübergestanden.

Der Stillstand mit der Hanse sollte nicht von langer Dauer sein. Eine neue schwere Gewalttat der Engländer ließ den Kampf mit Lübeck schon nach zwei Jahren der Ruhe wiederaufleben. Im Juli 1458 kaperte der Gouverneur von Calais, der bekannte Graf Warwick, im Kanal eine aus der Baie heimkehrende lübische Flotte von 18 Schiffen, weil sie sich weigerte, durch Streichen der Segel vor ihm die englische Oberhoheit zur See anzuerkennen[51]. In England scheint man anfangs mit dem Friedensbruch des Grafen nicht ganz einverstanden gewesen zu sein. Sofort nach dem Bekanntwerden des Überfalls setzte Heinrich VI. eine Kommission ein, welche die Ursachen des Zusammenstoßes prüfen sollte. Es ließ sich aber voraussehen, daß ihre Untersuchung zu keinem Ergebnis führen würde. Denn wie hätte der König es wagen sollen, den mächtigen Warwick, den Parteigänger des Herzogs von York, zur Verantwortung zu ziehen[52].

Durch den Vertragsbruch schwer gereizt, nahm Lübeck den Kaperkrieg gegen England wieder auf. Noch vor Ende des Jahres erließ es an die übrigen Hansen Warnungen vor der Handelsgemeinschaft mit englischen Kaufleuten. Doch auch diesmal fand Lübeck bei den andern Städten keine Unterstützung. Danzig, das durch den Ordenskrieg vollauf in Anspruch genommen war, und das Londoner Kontor rieten eifrig, durch Verhandlungen den neuen Konflikt beizulegen. Sie wiesen auf die ablehnende Haltung der westlichen Hansestädte hin, die nie dazu zu bringen sein würden, im Interesse Lübecks ihren Handel mit England ruhen zu lassen[53]. Lübeck scheint ihren Vorstellungen Gehör geschenkt und vorläufig von weiteren Maßregeln gegen die Engländer abgesehen zu haben. Vielleicht wollte es abwarten, welche Entwicklung die Dinge in England nehmen würden.

Dort verlor im März 1461 Heinrich VI. seinen Thron an Eduard IV. Der Wechsel in der Regierung machte auch die Gültigkeit der hansischen Privilegien und des Stillstandes hinfällig. Da jedoch die Städte anfangs nicht glaubten, daß die Umwälzung Bestand haben werde, wollten sie sich mit den neuen Machthabern nicht zu tief einlassen und wiesen das Kontor an, eine Bestätigung der Privilegien nicht nachzusuchen. Als Eduard aber bei Towton seinen Gegner aufs Haupt schlug und im Juni gekrönt wurde, bat das Kontor den neuen König um Wiederverleihung seiner alten Freiheiten[54]. Für Eduard IV. war die Genehmigung des Gesuchs eine Frage der großen Politik. Er brauchte Bundesgenossen gegen seine inneren und äußeren Feinde. Deshalb wünschte er, bevor er die Bestätigung vollzog, vor allem erst zu wissen, was die Hanse ihm in dieser Hinsicht als Gegengabe zu bieten vermöchte. Außerdem mußte der König auch Rücksicht auf seine Städte nehmen, besonders auf London, dem er für die erwiesene Unterstützung bei seiner Erhebung zu großem Danke verpflichtet war. Die Städte waren aber wie früher gegen die bedingungslose Bestätigung der hansischen Privilegien und verlangten, daß ihrem Handel in Preußen und Livland ähnliche Rechte zugestanden würden. Eduard IV. verlängerte deshalb die hansischen Freiheiten nur bis zum nächsten 2. Februar, damit geprüft werden könne, welche Bedingungen die Hansen für die Verleihung so großer Rechte erfüllen müßten[55].

Dem Parlament, das im November zusammentrat, war diese Prüfung vorbehalten. London machte die größten Anstrengungen, seine Forderungen durchzusetzen. Es sparte weder an Geld noch an schweren Anschuldigungen gegen die Hansen, um das Parlament für sich zu gewinnen. Das Kontor fand zwar in seiner bedrängten Lage die Unterstützung seiner Städte und Fürsten[56], aber deren Schreiben wurden wie gewöhnlich von den englischen Herren wenig beachtet. Wie London es wünschte, beschloß das

Parlament, die hansischen Privilegien so lange zu suspendieren, bis die Forderungen der englischen Kaufleute von den Hansestädten erfüllt seien. Doch konnte es Eduard bei der Unsicherheit seiner Lage nicht für wünschenswert halten, den völligen Bruch mit der Hanse zu vollziehen. Er gab durch Verlängerung der Privilegien bis Weihnachten 1462 den Hansen die Möglichkeit zu weiteren Verhandlungen[57].

Trotz des Entgegenkommens des Königs blieb die Lage der hansischen Kaufleute unsicher und gefährlich. London begann sogar wenig später einen neuen Streit mit ihnen. Angeblich weil jene sich weigerten, nötige Reparaturen am Bischofstor vorzunehmen, dessen Instandhaltung seit 1282 den Kaufleuten oblag, entzog die Stadtbehörde im März 1462 den Hansen die Bewachung des Tores, obwohl der König ihre Rechte zu schützen versprochen hatte, und beraubte sie dadurch der rechtlichen Grundlage ihrer Freiheiten in der Stadt. Die hansischen Kaufleute mußten befürchten, daß London sie nun den andern Fremden gleichstellen werde[58].

Die Bemühungen des Kontors, die Hanse zum Eingreifen zu veranlassen, hatten keinen Erfolg. Lübeck lehnte es nach wie vor ab, vor der Erledigung der Entschädigungsforderungen mit den Engländern zu verhandeln oder, wie die westlichen Städte wünschten, einen allgemeinen Hansetag zu berufen. Danzig war noch zu sehr mit sich selbst beschäftigt, als daß es den hansischen Angelegenheiten in England hinreichende Aufmerksamkeit hätte schenken können[59]. Nur im Westen fanden die Bitten des Kontors um Hilfe williges Gehör. Im Interesse ihrer kommerziellen Verbindung mit England, deren Aufrechterhaltung sie dringend wünschten, entfalteten 1462 die rheinischen und süderseeischen Städte unter der Führung Kölns eine rege Vermittlertätigkeit. Da zu Weihnachten 1462 die Aufhebung der hansischen Privilegien zu befürchten stand, sandten Köln und Nymwegen im Namen des rheinisch-westfälischen Drittels im Herbst eine Gesandtschaft nach England, welche Eduard um eine weitere Verlängerung der Genußzeit der Privilegien angehen sollte. Trotz der heftigen Opposition der englischen Kaufleute, die wegen der Gefangensetzung der Ihrigen auf Lübeck, Bremen und Dänemark sehr erbittert waren[60], genehmigte Eduard IV. das Gesuch Kölns und bestätigte die hansischen Privilegien auf weitere 2½ Jahre bis Johannis 1465. Er behielt sich aber vor, die Kaufleute, welche offne Feindseligkeiten gegen seine Untertanen verübten, vom Genuß der Freiheiten auszuschließen. Für dieses Zugeständnis mußten die Kölner die Verpflichtung übernehmen, zur Herstellung des allgemeinen Friedens möglichst bald eine Tagfahrt mit der Hanse und Dänemark zustande zu bringen. Ein Ausgleich mit den östlichen Mächten mußte England damals um so erwünschter sein, als sein Verhältnis zu Burgund infolge einiger handelspolitischer Maßnahmen des Parlaments, die besonders den burgundischen Handel trafen, wieder gespannter zu werden begann[61].

Kölns Anträge fanden in Lübeck einen günstigeren Boden als in den Jahren zuvor. Im August 1463 erklärte sich Lübeck mit der Abhaltung einer Tagfahrt einverstanden[62]. Die lübischen Ratsherren konnten damals noch hoffen, daß ihre Vermittlung in Preußen den Frieden herbeiführen und dann im nächsten Jahre die unter ihrer Leitung geeinte Hanse England gegenübertreten und den Frieden diktieren werde. Ihre Erwartungen in betreff Preußens erfüllten sich aber nicht. Ihre Vermittlungsaktion scheiterte[63], und damit erlosch auch ihr Interesse an den Verhandlungen mit England, die unter den veränderten Umständen doch zu keinem vollen Erfolg geführt haben würden. Vergeblich bemühte sich im Sommer 1464 Köln, da in Hamburg, wo die Verhandlungen stattfinden sollten, die Pest ausgebrochen war, Lübeck zur Verlegung der Tagfahrt in eine der süderseeischen Hansestädte zu bewegen[64].

In England war jedoch das Friedensbedürfnis stärker denn je. Der englische Handel nach Burgund mußte im Herbst vollständig eingestellt werden, die englischen Kaufleute hatten Antwerpen verlassen und waren nach Utrecht übergesiedelt[65]. Der König war deshalb trotz des Mißerfolgs seiner bisherigen Friedensbemühungen bereit, 1465 nochmals seine Gesandten nach Hamburg hinüberzusenden, und verlängerte den hansischen Kaufleuten ihre Privilegien bis Ostern 1467[66].

Als im September 1465 in Hamburg die Verhandlungen begannen[67], verlangten Lübeck und sein Anhang, Bremen, Rostock und Wismar, daß die Engländer vor Eintritt in die Beratungen ihren Bürgern Entschädigung leisten sollten. Wäre die Hanse damals geschlossen der lübischen Politik beigetreten, so wäre der Erfolg sicher nicht ausgeblieben. Die hansische Position England gegenüber war 1465 äußerst günstig. Wie nötig England die hansische Ein- und Ausfuhr nach dem Wegfall der burgundischen brauchte, sieht man daraus, daß von den gegen den burgundischen Handel erlassenen Verordnungen ausdrücklich die hansischen Kaufleute und ihre Waren ausgenommen waren[68]. England hätte in seiner damaligen Lage dem Druck der geeinten Hanse nicht lange widerstehen können. Aber der kleinliche Geist der westlichen Hansestädte und besonders Kölns, der nur die eigenen Interessen im Auge hatte und nicht gewillt war, um der Gesamtheit willen Opfer zu bringen, konnte sich zu keiner energischen Politik aufraffen; drohte eine solche doch, eine zeitweilige Unterbrechung des Handels mit England zur Folge zu haben. Auch hatten sich die Gegensätze zwischen Lübeck und Köln in der flandrischen Frage schon allzu sehr zugespitzt, als daß sich Köln dem bekämpften Rivalen gegen England hätte rückhaltlos anschließen können. Es suchte im Verein mit Danzig und Hamburg zu vermitteln. Da die englischen Gesandten erklärten, aus Mangel an Vollmacht Schadenersatz nicht leisten zu können, wünschten die drei Städte wenigstens einen längeren Beifrieden herbeizuführen. Doch blieb der lübische Rat im Einverständnis mit seiner Bürgerschaft fest. Er scheute sich nicht, die Verhandlungen vollständig scheitern zu lassen[69]. Die vermittelnden Städte bemühten sich nun, vom Könige die Bewilligung eines fünfjährigen Stillstands zu erlangen. Eduard gestand ihn zu, verlangte aber, daß die Städte bis zum 24. Juni 1468 Gesandte zu ihm nach England schickten, um die abgebrochenen Verhandlungen zu einem guten Ende zu führen[70].

Inzwischen traten im Westen für die Hanse folgenschwere Änderungen ein. Karl von Charolais, der seit 1465 in Burgund die Regentschaft führte, brach das friedliche Verhältnis, das seit dem Frieden von Arras Burgund mit Frankreich verknüpft hatte, und begann Verhandlungen mit England. Diese führten, als der alte

Herzog Philipp im Juni 1467 gestorben war, schnell zum Ziel. Eine Heirat zwischen Karl und Eduards Schwester Margarete wurde verabredet und im November ein dreißigjähriger Handelsvertrag geschlossen. Die burgundischen Länder standen dem englischen Handel wieder offen[71].

Durch die Annäherung Burgunds an England wurde die Politik, die Lübeck bisher England gegenüber befolgt hatte, unhaltbar. Sie hatte den Gegensatz zwischen den beiden Westmächten zur Voraussetzung. Es zeugt von der staatsmännischen Begabung der lübischen Ratsherren, daß sie die Bedeutung der eingetretenen Änderung sofort erkannten und danach ihre Politik einrichteten. Kaum hatten sie von dem Thronwechsel in Burgund erfahren, als sie sich trotz des heftigen Widerspruchs der geschädigten Kaufleute bereit erklärten, ihre Schadenersatzansprüche zurückzustellen und mit England einen längeren Beifrieden einzugehen[72]. Aber nun nach dem Abschluß der Allianz mit Burgund war es für England nicht mehr unbedingt nötig, mit der Hanse in ein gutes Einvernehmen zu kommen. Daß die Lage eine andere geworden war, ließ man die hansischen Kaufleute sofort merken. Das Kontor mußte im März 1468 Lübeck mitteilen, daß ihm überall mit geringerer Achtung als in den Jahren zuvor begegnet werde. Eduard selbst behandelte die hansischen Anträge auf Verlängerung der Privilegien und Abschluß eines Beifriedens nicht mehr mit dem früheren Entgegenkommen. Statt auf zwei Jahre, wie die Städte gefordert hatten, bestätigte er die Privilegien nur bis Johannis 1469 und lehnte es unbedingt ab, nochmals eine Gesandtschaft nach dem Festlande hinüberzuschicken[73].

FUSSNOTEN ZU KAPITEL 6

1 HR. 2 n. 85, 86.

2 HR. II 2 n. 222, 223 § 1, 224.

3 HR. II 2 n. 150-180; vgl. Reibstein S. 52 ff.

4 HR. II 2 n. 220, 224, 226.

5 Thorn, Elbing und Königsberg sprachen sich für die Bestätigung des Vertrages aus. HR. II 2 n. 223 § 1, auch 221.

6 Nur einer neuen Beschränkung wurde der fremde Handel damals unterworfen. Es wurde den fremden Kaufleuten verboten, in den Hansestädten Schiffe bauen zu lassen oder zu kaufen. HR. II 2 n. 421 § 4, 644 § 9, 7 n. 486 § 14.

7 Siehe die Antworten, die Danzig 1439 und 1442 auf die englischen Klagen erteilte. HR. II 2 n. 318, 7 n. 484.

8 HR. II 2 n. 318, 346, 380.

9 HR. II 2 n. 538-540, 644, S. 455 Anm. 2, 7 n. 471.

10 HR. II 2 n. 638, 639, 647, 653 § 4, 655, 7 n. 484.

11 HR. II 3 n. 5. S. 3 Anm. 2, 150 Anm. 1.

12 HR. II 3 n. 283, 286, 287, 7 n. 488, Lüb. U. B. VIII n. 334, 411.

13 HR. II 3 n. 265, 266, S. 164 Anm. 1, 7 n. 485, 486.

14 HR. II 3 n. 288 §§ 1, 10, 18, 289, 290, 293, 308 § 2, 316 §§ 1-6, 317 § 2, 318 § 1, 319 §§ 1, 24.

15 HR. II 3 n. 294, 295, S. 164 Anm. 1.

16 Vgl. Daenell II S. 20, HR. II 3 n. 464.

17 HR. II 3 n. 479.

18 Dies wahrscheinlich nach HR. II 2 S. 455 Anm. 2.

19 HR. II 3 n. 345 § 12, 347, 353, 402 §§, 3, 7, S. 248.

20 HE. II 3 n. 460, 463-466; vgl. Daenell II S. 21.

21 HR. II 3 n. 467-470, 475 §§ 2, 3, 476, 480-484, 487-492, 494-505, Städtechron. XXX S. 94 ff.

22 Vgl. Daenell II S. 21.

23 HR. II 3 n. 530-535, 5 n. 263 § 18, Hans. U. B. VIII n. 84 § 72, 215, 380 § 5, IX n. 196 § 2; Städtechron. XXX S. 97 ff.

24 HR. II 3 n. 638 (S. 475).

25 HR. II 3 n. 531-533, 535, 7 n. 516.

26 HR. II 3 n. 536, 557, Hans. U. B. VIII n. 63, 76.

27 HR. II 3 n. 551, 559, 7 n. 517.

28 HR. II 3 n. 546 §§ 3, 4, 7, 11, auch 555 §§ 1, 2.

29 HR. II 3 n. 567.

30 HR. II 3 n. 638, 647, 670.

31 HR. II 3 n. 561, 563, 569, 570.

32 HR. II 3 n. 570, 626, 627 § 8, 640 § 3.

33 HR. II 3 n. 571-574.

34 HR. II 3 n. 604-606, 607 § 1, 608, 627 § 8, 647.

35 HR. II 3 n. 637, 638, Städtechron. XXX S. 107 ff., Hans. Gesch. Qu. n. F. II S. 352; vgl. Daenell II S. 24 Anm. 5.

36 HR. II 3 n. 636 § 2, 653 §§ 5, 6, 654, 661, 662.

37 HR. II 3 n. 649 §§ 4, 5, 650 §§ 14, 15, 651, 659; vgl. Stein, Hanse und England S. 17.

38 HR. II 3 n. 647, 669, 670, 697, 699, 7 n. 524.

39 HR. II 3 n. 693 §§ 1-3, 10, 12, 14, 695 §§ 1-4, 708, 709, 712, Hans. U. B. VIII n. 40, 47, Städtechron. XXX S. 124 f.; vgl. Stein, Hanse und England S. 18.

40 Hans. U. B. VIII n. 47, 79, 87, 88, 93, 100, HR. II 3 n. 726, 4 n. 14.

41 HR. II 4 n. 17-25, 34, 35, 42, 43, 46, 51 § 3, 55, 56, 78 § 3, 79, 102-104, 114, 778.

42 HR. II 4 n. 80, 81, Hans. U. B. VIII n. 122, 123, 128, 137, 140, 146, 216, 250, 257, 261, 264. Vgl. Christensen S. 205 ff.

43 HR. II 4 n. 69-71, Hans. U. B. VIII n. 171, 178, 249.

44 Städtechron. XXX S. 138 ff., Hans. U. B. VIII n. 159, 174, 176.

45 Die süderseeischen und preußischen Städte weigerten sich, Lübecks Verkehrsverbot Folge zu leisten. HR. II 4 n. 87, 101, 105, 106, Hans. U. B. VIII n. 160, 179, 185, 207, 208.

46 HR. II 4 n. 127-129. Ich glaube nicht, daß auf ein beginnendes Umschwenken der lübischen Politik geschlossen werden darf, weil in dem Brief an den Hochmeister die Forderung der Rückkehr der aus der Haft entflohenen Gesandten fehlt. Das Ziel der lübischen Politik war, die Entschädigung vor den Verhandlungen durchzusetzen. Daran hielt Lübeck aber damals, wie die Briefe zeigen, noch fest. Anders Daenell II S. 30 f.

47 HR. II 4 n. 88, 122-124, 133, 135, 778, Hans. U. B. VIII n. 180.

48 HR. II 4 n. 150, 168-170, 176, Hans. U. B. VIII n. 280, 281, 285, 298.

49 HR. II 4 n. 196 § 32, 248 §§ 8, 16, 249 § 7, 263, 264.

50 HR. II 4 n. 304, 355, 362-365, 399-401, 450-452, Hans. U. B. VIII S. 293 Anm. 3.

51 Städtechron. XXX S. 244 f., Hans. U. B. VIII n. 780, IX n. 196 § 3, HR. II 4 n. 668, 5 n. 263 § 26, 7 n. 34 § 24.

52 HR. II 4 n. 666-669, Hans. U. B. VIII n. 769, 780.

53 HR, II 4 n. 670, Hans. U. B. VIII n. 772.

54 HR. II 5 n. 117, 121 § 11, 147, 263 § 2.

55 HR. II 5 n. 147, 263 §§ 3, 4, 9, 7 n. 34 § 45, Hans. U. B. VIII n. 1067; vgl. Stein, Hanse und England S. 23.

56 Hans. U. B. VIII n. 1079, HR. II 5 n. 166, 175. Lübeck hatte jede Beteiligung an Schritten beim englischen König abgelehnt. HR. II 5 n. 161 § 7, 165, 167-170, 263 §§ 5-7.

57 HR. II 5 n. 173, 206, 263 §§ 7, 30, 35, Hans. U. B. VIII n. 1098, 1099, 1110, 1116, 1117.

58 Hans. U. B. I n. 902, HR. II 5 n. 146, 263 §§ 10, 31, 32. Nicht schon am Tage nach der Thronbesteigung Eduards IV. (1461 März 5) entzog London dem deutschen Kaufmann die Bewachung des Bischofstores, wie v. d. Ropp, HR. II 5 S. 85 und Daenell II S. 34 meinen. In HR. II 5 n. 146 ist vom Herausgeber die Jahreszahl sicher falsch ergänzt worden. HR. II 5 n. 263 § 10 gibt das richtige Datum "anno 62 5 daghe in merte" an, wie auch aus HR. II 5 n. 263 § 31 hervorgeht: Item claget de coopman, dat nadem de konynck dem copmanne bis Kerstesmisse synen dagh verlenget hefft, syner vryheit to ghebrukene, welk he leyt dem meyer Hugo Wits in januario last toseggen by enen edelen manne van der cronen..., dat sick de meyer der sake van Byscopesgate nicht en solde underwynden, mer laten den copman stan lyck he bisherto gestan hadde, welk ghebot de meyer nicht achtende den copman van der porte Biscopesgate wyste,... Für das Jahr 1462 spricht auch die HR. II 5 S. 87 Anm. 1 erwähnte Eintragung in die städtischen Protokolle von 1462 April 7; vgl. auch HR. II 7 n. 37 § 23, 44 § 17.

59 HR. II 5 n. 169, 176-178, 218.

60 HR. II 5 n. 318-320.

61 HR. II 5 n. 211 § 2, 212, 273-285, 322, Hans. U. B. VIII n. 1177, 1185, 1189, 1190, 1192, 1199, 1201, 1236; vgl. Stein, Merchant Adventurers S. 180 f.

62 HR. II 5 n. 352.

63 Vgl. Daenell II S. 187 ff.

64 HR. II 5 n. 536-583, Hans. U. B. IX n. 71, 83, 108, 109, 119.

65 Vgl. Stein, Merchant Adventurers S. 181 ff.

66 HR. II 5 n. 645, 646, 656-659. Die Hansestädte verlängerten gleichfalls den englischen Kaufleuten das Geleit. HR. II 5 n. 647-655, Hans. U. B. IX n. 162, 173.

67 HR. II 5 n. 634, 687-689, 712 §§ 1-4.

68 Vgl. Stein, Merchant Adventurers S. 182.

69 HR. II 5 n. 712-716, 719, 720, 731, 735, Städtechron. XXX S. 380 ff.

70 Hans. U. B. IX n. 211, 212, 253, HR. II 5 n. 769-771.

71 Vgl. Stein, Merchant Adventurers S. 186 ff.

72 HR. II 6 n. 53, 54, Hans. U. B. IX n. 387.

73 HR. II 6 n. 87, Hans. U. B. IX n. 415, 433, 434 und Anm. 2; vgl. Stein, Hanse und England S. 26 f.

7. Kapitel.

Der hansisch-englische Seekrieg. Der Friede zu Utrecht.

Seit dem Abschluß des englisch-burgundischen Bündnisses hatte sich, wie wir sahen, die Stellung der hansischen Kaufleute in England erheblich verschlechtert. Schon mehrten sich die Anzeichen, daß neue Angriffe auf die hansischen Privilegien bevorstanden, und daß die englischen Kaufleute einer weiteren Verlängerung der Freiheiten Schwierigkeiten machen würden, als im Sommer 1468 ein Ereignis eintrat, welches den leise sich anbahnenden Konflikt zwischen der Hanse und England rasch zum vollständigen Bruch erweiterte.

Im Jahr zuvor waren Lynner Kaufleute trotz des im englisch-dänischen Vertrage von 1465 erneuerten Verbotes nach Island gefahren und hatten auf der Insel aufs furchtbarste gehaust. Zur Vergeltung ließ König Christian im Juni 1468 im Sunde sieben englische Schiffe, die sich zumeist mit Tuch auf der Fahrt nach Preußen befanden, aufgreifen und ihre Ladung beschlagnahmen[1].

Da die geschädigten englischen Kaufleute sich an dänischem Gut in England nicht schadlos halten konnten, stellten sie die Wegnahme der Schiffe als eine Tat der Hansen hin. Es läßt sich denken, daß sie erfreut die Gelegenheit ergriffen, den verhaßten Gegnern etwas am Zeuge flicken zu können. Sie streuten aus, daß Danziger und andere Hansen den Überfall ausgeführt und Kaufleute vom Stalhof dem dänischen Könige die Ankunft der Schiffe verraten hätten. Es half den Hansen nichts, daß sie diese Verdächtigungen als unwahr zurückwiesen und sich auf ihre Privilegien beriefen. Der Geheime Rat setzte alle Kaufleute, deren er in London und den anderen Hafenstädten habhaft werden konnte, bis zur endgültigen Entscheidung der Klagen ins Gefängnis, obwohl jene sich bereit erklärt hatten, die geforderte Bürgschaft in der Höhe von 20 000 £ zu stellen[2].

Trotz des großen Lärms und Geschreies, mit dem die Engländer die Behauptung vortrugen, daß die Hansen den Überfall veranlaßt und ausgeführt hätten, ist kein Zweifel, daß von einer Teilnahme der Hansen an der Tat nicht die Rede sein kann. Denn für das Tun und Lassen seiner früheren Auslieger, die damals im Solde König Christians standen, konnte Danzig nicht verantwortlich gemacht werden[3]. Das wußte man in England auch sehr wohl, wie der Briefwechsel zwischen Eduard und Christian zeigt[4]. Aber an dänischem Gut konnte man keine Vergeltung üben.

Diesmal scheinen besonders einige Mitglieder des königlichen Rats, welche durch die Wegnahme der Schiffe Verluste erlitten hatten[5], den König zum Vorgehen gegen die Hansen gedrängt zu haben. Ihr Eigennutz mehr als die Klagen der Kaufleute hat über alle Gründe politischer Klugheit den Sieg davongetragen. Besonnene Erwägung hätte damals den Engländern gebieten müssen, mit der Hanse nicht zu brechen, sondern ihre günstige Stellung, in der sie sich durch das burgundische Bündnis befanden, zu benutzen, um durch Verhandlungen die Städte einzeln zu schlagen. Durch den unklugen Friedensbruch bewirkten sie im Gegenteil, daß sich die Städte eng zusammenschlossen und Lübeck wieder mehr denn je die Leitung gewann. Man scheint in England diese Entwicklung vorausgesehen und deshalb versucht zu haben, die Hansen zu spalten. Am 1. August gab Eduard die Kaufleute aus Köln wieder frei, angeblich weil ihre Stadt mit Dänemark im Streit stand, und trennte dadurch auf fast ein Jahrzehnt Köln von der übrigen Hanse[6].

Das gewalttätige Vorgehen der Engländer kam den Städten so überraschend, daß sie nicht einmal Zeit hatten, ihre Schiffe, die sich schon auf der Fahrt nach England befanden, zu warnen. Ahnungslos liefen noch nach der Gefangensetzung der Kaufleute zahlreiche preußische und süderseeische Schiffe in die englischen Häfen ein, um dort demselben Schicksal der Beschlagnahme zu verfallen[7].

Um das Äußerste zu verhindern, riefen die Städte die Unterstützung ihrer Herren an. Der Kaiser, der polnische König und viele andere Fürsten verwandten sich auf ihre Bitten für die widerrechtlich gefangen gesetzten deutschen Kaufleute[8], und auch König Christian von Dänemark bescheinigte den Hansen nochmals, daß sie an der Wegnahme der Schiffe unschuldig seien[9]. In England selbst erhoben sich Stimmen für die bedrängten Hansen.

Die Tuchmacher, die in scharfem Gegensatz zu der Handelspolitik der großen Städte, besonders Londons, standen[10], traten für sie ein. Es ist uns die Bittschrift der Lakenmacher aus Gloucestershire erhalten, welche auf die Verluste hinwies, die sie durch das Fehlen der hansischen Abnehmer auf ihren Märkten gehabt hätten[11]. Aber alle diese Einwendungen und Fürsprachen fanden in den führenden Kreisen keine Beachtung. Am 21. November verurteilte der königliche Rat die hansischen Kaufleute zum Schadenersatz. Ihre Güter sollten abgeschätzt und dann an die geschädigten Engländer verteilt werden. Die Entscheidung des Königs rief in London eine Volksbewegung gegen die Hansen hervor. Der Stalhof wurde gestürmt und teilweise zerstört; der Bote, der die Briefe des Kaisers überbracht hatte, wurde in den Straßen der Stadt ergriffen und blutig geschlagen[12].

Noch vor der Verurteilung des Kaufmanns hatte Köln die Sache der Hansen endgültig verlassen. Am 17. Oktober wies es seine Kaufleute an, die Gemeinschaft mit den andern Hansen nach Möglichkeit zu meiden. "Laßt die, welche mit England in Zwietracht stehen, ihre Lasten allein tragen," schrieb es ihnen. Das Ziel der kölnischen Politik war, den Zustand, der vor etwa 250 Jahren gewesen war, wiederherzustellen und die Privilegien, die es damals besessen hatte, wieder für sich allein zu erwerben. Wir haben eine interessante Denkschrift über die von Köln einzuschlagende Politik in der flandrischen und englischen Frage, welche wahrscheinlich um die Wende des Jahres von dem Kaufmann Hermann von Wesel, dem Führer der Stadt und Vater des in England eine wichtige Rolle spielenden Gerhard von Wesel, verfaßt ist. Sie kommt nach der Aufzählung der Untaten der anderen Städte, durch die in den letzten dreißig Jahren Köln, obwohl unschuldig, im Ausland schweren Schaden erlitten hat, zum Schluß, daß es für Köln das Beste sei, sich auf sich selbst zu stellen und mit den übrigen Städten keinen Bund einzugehen[13].

In London begründeten die Kölner Kaufleute, nachdem sie im November ihre vollständige Freilassung gegen den heftigen Widerstand Londons durchgesetzt hatten[14], nach den Anordnungen ihrer Stadt eine eigne Gesellschaft und erwarben, nachdem am 31. August 1469 die Genußzeit der hansischen Privilegien abgelaufen war, vom Könige ein Patent, das ihnen die Freiheiten bis nächsten Ostern verlängerte[15]. Köln wünschte, daß ihm die Privilegien auf ewige Zeiten bestätigt würden, doch konnte es dieses Zugeständnis vom König nicht erlangen. Eduard verlängerte den Kölner Kaufleuten die Privilegien immer nur auf kürzere Zeit. Die Kölner suchten sorgfältig die übrigen Hansen von sich fernzuhalten. Jeder Kaufmann, der in ihre Gesellschaft aufgenommen werden wollte, mußte Zertifikate beibringen, daß er aus Köln gebürtig sei und nur mit Waren Kölner Bürger handele. Um den Schein zu vermeiden, daß die Kölner Hanse nur die Stelle der alten gemeinsamen vertrete, solange diese mit England im Kampfe stand, wies Gerhard von Wesel, der Leiter der Kölner Kaufleute in England, alle Briefe, die an den Ältermann und den gemeinen Kaufmann der deutschen Hanse in England adressiert waren, zurück[16].

Im Laufe des Winters änderte sich die Lage der hansischen Kaufleute erheblich zu ihren Gunsten. Von allen Seiten liefen Verwendungsschreiben für die Gefangenen ein. Sogar William Caxton, der Gouverneur der Merchant Adventurers in Antwerpen, der von diesem Brennpunkt des Verkehrs aus die politische Kurzsichtigkeit des gewalttätigen Vorgehens seiner Landsleute am besten überschauen konnte, sprach sich für die Freilassung der hansischen Kaufleute aus. Ebenso trat auch Eduards Verbündeter, Karl von Burgund, für die Hansen ein und erklärte sich bereit, zwischen England und der Hanse zu vermitteln[17]. Ihm mußte ein Konflikt zwischen den beiden Mächten besonders unangenehm sein, da er seine gegen Frankreich gerichtete Politik störte. Für Eduard gab es damals aber noch andere Gründe zum Einlenken. In England flammten an mehreren Stellen wieder lancastrische Aufstände empor, und außerdem verschlechterte sich sein Verhältnis zu Warwick, der ein Gegner des burgundischen Bündnisses war, immer mehr. Schon im Dezember hatte das Londoner Kontor erkannt, welcher Vorteil der hansischen Sache aus der gefahrvollen Lage des Königs erwuchs[18].

Im Frühjahr 1469 nahm Eduard IV. die Vermittlung Karls des Kühnen an und verschob die Vollstreckung des Urteils bis Ende August. Die hansischen Kaufleute wurden aus der Haft, in der sie fast neun Monate gesessen hatten, entlassen und ihnen ihre Privilegien verlängert. Für diese Zugeständnisse preßte ihnen der geldbedürftige König 4000 Nobel ab[19].

Die Hansestädte hatten sich bisher begnügt, für ihre Kaufleute Fürschreiben an Eduard zu richten. Ein Hansetag, der im August 1468 tagte, hatte wegen zu geringen Besuchs keine Entschlüsse fassen können[20]. Als dann im April 1469 die Städte wieder zusammenkamen, zeigte sich die Wirkung der englischen Politik. 23 Städte aus allen Teilen der Hanse waren der Einladung Lübecks gefolgt. Die Hanse war bis auf Köln wieder einig, und Lübeck, dem die letzten Ereignisse Recht gegeben hatten, hatte wieder die Führung. Ganz im Sinne der bisherigen lübischen Politik waren die Beschlüsse der Versammlung. Die Vermittlung des Herzogs von Burgund nahmen die Städte an und beauftragten mit der Vertretung der Hanse bei den Verhandlungen das Brügger Kontor und den Klerk des Londoner Kaufmanns. Doch nur unter gewissen Bedingungen waren sie bereit, den sofortigen Abbruch der Beziehungen zurückzustellen; ihre gefangen gesetzten Kaufleute sollten volle Entschädigung erhalten, oder wenigstens sollte England die noch beschlagnahmten hansischen Güter herausgeben. Wollte der König dies gewähren, so sollte innerhalb eines Jahres diesseits der See eine Tagfahrt angesetzt werden, die über die Erstattung des alten und neuen Schadens verhandeln sollte. Die Städte scheinen aber als ziemlich sicher angenommen zu haben, daß die Verhandlungen keinen Erfolg haben würden. Deshalb einigten sie sich gleich darüber, wie sie nach ihrem Scheitern gegen England vorgehen wollten. Die Kaufleute sollten abberufen werden und nach dem 24. Juni kein Hanse mehr England aufsuchen. Als weitere Maßregeln, über die jedoch ein neuer Hansetag endgültig beschließen sollte, nahmen die Städte in Aussicht, die Einfuhr von englischen und aus englischer Wolle gemachten Tuchen in die hansischen Gebiete und die Ausfuhr hansischer Waren nach England zu verbieten und England die Fehde anzusagen[21].

Wie die Städte vorausgesehen hatten, verlief die burgundische Vermittlungsaktion im Sande[22]. Karl dem Kühnen selbst war nach dem letzten Umschwung, der in England eingetreten war, mit einer hansisch-englischen Einigung nicht mehr gedient. Ende Juli hatte Karls Gegner Warwick die königlichen Truppen geschlagen und Eduard gefangen genommen. Warwick hatte nun beide Könige in seiner Gewalt und war für mehrere Monate der tatsächliche Herr Englands[23]. Mit diesem Umschwung verlor aber für Karl das englische Bündnis seinen Wert, und er hatte deshalb jetzt nichts mehr dagegen, daß die Hanse Gewaltmaßregeln gegen England anwendete. Ein Verbot der Einfuhr englischer Tuche billigte er durchaus. Dagegen riet er im Interesse des neutralen Handels ab, Kaper in See zu schicken[24].

Nachdem der Versuch, auf friedlichem Wege mit England zur Einigung zu gelangen, gescheitert war, blieb nur übrig, es durch Gewalt zum Nachgeben zu zwingen. Das Brügger Kontor eröffnete im Herbst 1469, ohne die Zustimmung der Städte abzuwarten, den Kaperkrieg. Es sandte zwei bekannte Danziger Schiffsführer, Paul Beneke und Martin Bardewik, gegen die Engländer und Franzosen aus. Anfänglich fanden die hansischen Auslieger die Unterstützung des Herzogs. Er stellte ihnen Geleitsurkunden aus und gestattete ihnen, ihre Beute in seinen Ländern zu verkaufen. Als sich aber Eduard IV. von Warwick wieder freimachte, entzog auch Karl den hansischen Kapern seinen Schutz und verbot seinen Untertanen, auf den Schiffen der Hanse Dienste zu nehmen[25].

Unter den Städten folgte vor allem Danzig dem vom Brügger Kontor gegebenen Beispiel. Es drang energisch darauf, daß das auf der letzten Versammlung in Aussicht genommene Einfuhrverbot des englischen Tuchs sofort in Kraft gesetzt werde. Einen neuen Hansetag erklärte es für überflüssig und hielt es für besser, die Kosten eines solchen für Seerüstungen zu verwenden. Beim Beginn der Schiffahrt stellte es selbst Kaperbriefe aus und schickte seine Auslieger in die Nordsee. Lübeck dagegen hielt sich noch vorsichtig zurück, wenn es auch gegen die Eröffnung des Krieges durch die andern Städte nichts einwandte[26]. Der lübische Rat hoffte vielleicht, daß bei den englischen Wirren der Hanse der Sieg ohne das gefährliche Mittel des Kaperkrieges zufallen werde.

Im Frühjahr 1470 war die Stellung der Hanse so günstig wie selten. Von allen Mächten wurde ihre Freundschaft gesucht. In dem Ringen der beiden Mächtegruppen, der lancastrisch-französischen und der yorkisch-burgundischen, war sie mit ihren gefürchteten Kapern ein wertvoller Faktor. Eduard IV., dessen Herrschaft neuen Stürmen entgegenging, ließ wie im Jahr zuvor durch seinen Schwager den Städten einen Stillstand anbieten, um unter burgundischer Vermittlung ihre gegenseitigen Beschwerden friedlich zu entscheiden und beizulegen. Ebenso warb auch die lancastrisch-französische Partei um die Bundesgenossenschaft der Hanse. Königin Margarete bot ihr ein Bündnis gegen ihren gemeinsamen Feind Eduard an und versprach, nach der Niederwerfung der Yorks die hansischen Freiheiten uneingeschränkt zu bestätigen. Auch Margaretens Beschützer, Ludwig XI. von Frankreich, knüpfte damals mit den Städten Verhandlungen über den Abschluß eines Vertrages an. Er gab sogar den hansischen Ausliegern Geleit und gestattete ihnen, die französischen Häfen aufzusuchen[27].

Erst im September wurden von der Hanse die Anträge der Westmächte beraten, da die Maiversammlung wegen ihres schwachen Besuchs nicht gewagt hatte, in diesen heiklen Fragen Entscheidungen zu treffen[28]. Der Hansetag, zu dem die Städte in selten erreichter Zahl erschienen, setzte, wie seine Beschlüsse zeigen, die begonnene Politik in England und Flandern fort und war nicht bereit, dem Liebeswerben der Fürsten ohne greifbare Vorteile nachzugeben. Die Vermittlung des burgundischen Herzogs wollten die Städte nur annehmen, wenn Karl ihnen vorher das bindende Versprechen gab, daß er ihnen von England für ihren vielfachen Schaden Genugtuung und die Bestätigung ihrer Privilegien verschaffen werde. Ohne den Erfolg dieser neuen Vermittlung abzuwarten, machten die Städte mit den im vorigen Jahre in Aussicht genommenen Kampfmaßregeln Ernst. Der hansische Kaufmann wurde aus England abberufen. Die Ausfuhr dorthin sollte eingestellt werden und vom 11. November ab der Import des englischen Tuchs in die Hansestädte aufhören. Die Versammlung beschloß, ein ähnliches Einfuhrverbot vom dänischen und polnischen Könige und von den Fürsten des Reichs zu erwirken[29]. Außerdem erneuerten die Städte ihre früheren Beschlüsse über Stapel- und Schoßzwang in den Niederlanden und teilten Köln, dessen bundbrüchiges Verhalten in England und Flandern große

Erbitterung hervorgerufen hatte, mit, daß es aus der Hanse ausgestoßen werden würde, falls es nicht bis zum 22. Februar 1471 den Beschlüssen des Hansetages Folge leiste[30].

Den Sommer über wurde der Kaperkrieg vor den burgundischen Küsten von den Städten mit Energie geführt. Die hansischen Auslieger, deren Zahl ständig wuchs, kämpften nicht ohne Erfolg. Mehrere englische Schiffe konnten sie als gute Prisen in die Nordseehäfen führen; einmal hören wir auch von einem größeren Seegefecht, das zwei Danziger Kaper gegen eine überlegene englische Flotte zu bestehen hatten[31]. Besonders hatten es die hansischen Auslieger auf die Kölner Kaufleute, die ihren Verkehr mit England fortsetzten, abgesehen. Wiederholt beklagte sich Köln bitter beim Herzog von Burgund und den Städten über die großen Verluste, die seine Kaufleute durch das Treiben der hansischen Kaper erlitten[32]. Gegen Ende des Sommers wurden diese aber auch für den neutralen Handel zu einer solchen Plage, daß das Brügger Kontor aus Furcht vor den Repressalien der geschädigten niederländischen Kaufleute die Städte bat, ihnen Einhalt zu gebieten. Um es mit dem burgundischen Herzog nicht zu verderben, versprachen die Städte, bis zum nächsten Februar keine neuen Auslieger auszurüsten. Für die in See befindlichen lehnten sie aber jede Verantwortung ab. Diese setzten bis in den Winter hinein den Seekrieg fort und brachten den Engländern und Kölnern noch manchen Verlust bei[33].

Im nächsten Frühjahr griffen die hansischen Auslieger zugunsten Karls und Eduards entscheidend in den Kampf der Westmächte ein, wohl in der Hoffnung, dadurch ihren Städten einen vorteilhaften Frieden mit England verschaffen zu können. Bekanntlich hatte im September 1470 Eduard IV. vor Warwick aus England weichen müssen und war, hart von hansischen Ausliegern verfolgt, mit einem kleinen Geschwader in Holland gelandet[34]. Hier bereitete er den Winter über seine Rückkehr nach England vor. Sein Schwager Karl, der an der Niederwerfung Warwicks stark interessiert war, weil jener mit Ludwig XI. ein enges Bündnis gegen ihn geschlossen hatte[35], unterstützte ihn mit Geld und Truppen und gewann ihm auch die Hilfe der hansischen Auslieger, die durch feindliches Verhalten Eduards Pläne hätten in Frage stellen können. Er bot der Hanse ein Bündnis an und begehrte, daß sie den Handel mit England und Frankreich einstellte. Eduard selbst versprach, wie uns der Sekretär des Kontors zu Bergen, Christian van Geren, mitteilt, den Hansestädten für ihre Unterstützung die Privilegien bestätigen zu wollen[36]. Wir wissen nicht, ob und wie die Hanse zu den Anträgen Stellung genommen hat. Das Brügger Kontor hielt nicht viel von einem Bündnis mit dem Herzog; es meinte, daß er seine Haltung doch wieder ändern werde, wenn Eduard in England siegreich sei. Danzig dagegen war damit einverstanden, daß seine Auslieger in burgundische Dienste traten. Danziger Schiffe waren es dann auch vor allem, die Eduard IV. nach England zurückführten[37].

Allein die Hoffnungen, die man in den Hansestädten auf eine mit hansischer Hilfe herbeigeführte Wiedereinsetzung des englischen Königs gesetzt haben mochte, erfüllten sich nicht. Eduard nahm, nachdem er durch die Schlachten bei Barnet und Tewkesbury Warwick und Margarete niedergeworfen hatte, seine alte Politik, die sich auf Burgund und Köln stützte, wieder auf. Im Juli bestätigte er den Kölner Kaufleuten ihre Privilegien wieder auf ein Jahr[38].

Demgegenüber bemühte sich die Hanse, die strenge Durchführung des Tucheinfuhrverbots zu erreichen. In den meisten westlichen Hansestädten trat das Verbot Martini 1470 in Kraft, Lübeck und Hamburg verkündeten es bei sich zur selben Zeit und forderten die livländischen und sächsischen Städte auf, es zu befolgen. Von auswärtigen Fürsten traten die Könige von Polen und Dänemark dem hansischen Vorgehen bei und verschlossen dem englischen Tuch ihre Länder[39]. Aber wie bei den früheren Verkehrsverboten war auch diesmal eine vollständige und längere Zeit dauernde Sperrung des hansischen Gebiets wegen der Eifersucht der Städte untereinander nicht zu erreichen. Im September 1471 wurde vom Brügger Kontor darüber geklagt, daß die Danziger von Seeland aus englische Laken in Fässern nach dem Osten verfrachteten. Jene dagegen erhoben Beschwerde, daß der Westen das Verkehrsverbot wenig beachte, und daß englisches Tuch in Mengen nach Frankfurt, Nürnberg und Breslau komme[40].

Die Danziger traten nach wie vor für eine energische Führung des Seekrieges ein und drängten unaufhörlich die andern Städte, sich an den Rüstungen zu beteiligen[41]. Als Lübeck immer noch zögerte, gingen sie wieder allein vor. Im Sommer 1471 setzten sie das große französische Krawel, das ihnen den Konflikt mit Ludwig XI. eingebracht hatte[42], instand und sandten das Schiff mit einigen anderen nach den Niederlanden[43]. Doch entsprach das Krawel den Erwartungen nicht. Nachdem es im Januar und Februar eine erfolglose Kreuzfahrt durch den Kanal unternommen hatte, lag es lange Zeit untätig im Swin[44]. Die andern hansischen Auslieger dagegen setzten den Kaperkrieg fort, und es gelang ihnen manch guter Fang. Im ganzen war aber 1471 der Krieg nicht so lebhaft wie im Jahr zuvor. Auf die Kriegführung mag hemmend eingewirkt haben, daß Karl von Burgund den hansischen Ausliegern das im Sommer erteilte Geleit bald wieder entzog und ihnen seine Häfen, die für sie die einzig mögliche Operationsbasis bildeten, verschloß[45].

1472 begannen die kriegerischen Aktionen mit frischen Kräften von neuem. Lübeck trat zu Anfang des Jahres in den Kampf ein. Im Verein mit Hamburg schickte es eine stattliche Anzahl von Kriegsschiffen in die Nordsee[46]. Aber auch die Gegner der Städte rüsteten starke Seewehren. Die Franzosen erschienen im Sommer mit achtzehn Schiffen in See. Sechs hansische, die gegen sie ausgefahren waren, mußten nach rühmlichem Gefecht vor der Übermacht in die Wielinge zurückweichen. Eine Zeitlang beherrschten die Franzosen das Meer und gefährdeten die Verbindung zwischen England und dem Festlande[47]. Doch bald erschienen die Engländer mit großer Macht in See. Nachdem sie die Franzosen in die normannischen Häfen zurückgescheucht hatten, wandten sie sich gegen ihren andern Gegner. Sie überfielen die in den Wielingen ungeschützt vor Anker liegenden lübischen Schiffe und nahmen sie fort[48]. Ebensowenig Erfolg hatten die Bremer Auslieger. Sie erlitten Schiffbruch, wurden an die holländische Küste getrieben und dann im Haag mit Genehmigung des Herzogs hingerichtet[49].

Noch während sich diese Kämpfe in den niederländischen Gewässern abspielten, knüpfte Eduard ganz insgeheim durch seine Gesandten, welche sich im Frühjahr 1472 am burgundischen Hofe aufhielten, Verhandlungen mit dem Brügger Kontor an. Weite Kreise in England wünschten dringend die Wiederherstellung des Friedens. Gegen London, das jeglichem Entgegenkommen immer noch abgeneigt war, hatte sich unter den Großen und auch unter den Kaufleuten eine Partei gebildet, die den König drängte, die Verhandlungen zu eröffnen[50]. Auch gewichtige Gründe der äußeren Politik sprachen für die Beilegung des Zwistes. Die Grundlage der englischen Politik war nach Eduards Rückkehr noch mehr als vorher das Bündnis mit Burgund. Karl der Kühne forderte aber nach wie vor die Einstellung der Feindseligkeiten, die seinen Plänen hinderlich waren. Denn der englische Bundesgenosse mußte, sollte er für ihn von Wert sein, die Hände frei haben. Andrerseits wollte er auch mit der Hanse Frieden halten und wünschte im Interesse des Handels seines Landes, daß die hansischen Auslieger möglichst bald wieder von der See verschwänden. Deshalb hatte er schon vor Ausbruch des Krieges beiden Parteien angeboten, durch seinen Schiedsspruch ihren Streit zu entscheiden, und hatte im Winter 1471 nochmals den Versuch gemacht zu vermitteln[51].

Die Versammlung der wendischen Städte, die im Juli zu Lübeck tagte, erklärte sich bereit, die englischen Anträge anzunehmen und am 1. Mai 1473 eine Tagfahrt abzuhalten. Die Städte wollten aber vor Beginn der Verhandlungen mit England keinen Stillstand schließen[52]. Der Kriegszustand dauerte noch bis in den Sommer 1473. Danzig und Lübeck beteiligten sich zwar nicht mehr an den kriegerischen Aktionen, aber die hamburgischen Auslieger und das große Krawel, das Danzig an einige seiner Bürger verkauft hatte, und das jetzt unter dem Befehl des bekannten und gefürchteten Seehelden Paul Beneke stand[53], hielten den englischen und neutralen Handel in der Nordsee und im Kanal noch fast ein ganzes Jahr in Atem. Erst der Abschluß des Waffenstillstandes, der am 25. Juni 1473 erfolgte, setzte ihrer erfolgreichen Tätigkeit ein Ziel. Die hansischen Auslieger, welche den Ruhm der deutschen Seetüchtigkeit herrlich bewährt und den deutschen Namen noch einmal bei allen Völkern des Westens gefürchtet gemacht hatten, wurden von ihren Städten zurückgerufen[54].

Nach kurzen Vorverhandlungen, die vom Brügger Kontor geführt worden waren, begannen im Juli 1473 in Utrecht die bedeutungsvollen Beratungen zwischen der Hanse und England. Als Vertreter der Städte waren nach den Festsetzungen der lübischen Märzversammlung Lübeck, Hamburg, Danzig, Dortmund, Münster, Deventer, Bremen und außerdem noch Kampen erschienen[55]. Auch die drei hansischen Kontore zu Brügge, London und Bergen waren vertreten. Von der Gegenseite hatten sich Gesandte des englischen Königs, der Herzöge von Burgund und Bretagne, des Herrn von Bergen op Zoom, der Lande Holland, Seeland und Friesland, der Städte Antwerpen, Mecheln, Dinant und Köln eingefunden[56]. Sie alle wünschten, mit der Hanse wieder in ein gutes Einvernehmen zu kommen. Die Hanse stand durchaus im Mittelpunkt des Kongresses, welcher beinahe ein Jahr hindurch in der alten Bischofsstadt Utrecht tagte. Sie war sich ihrer glänzenden Stellung wohl bewußt und wollte nicht ohne Entschädigung für die langen Kriegsmühen Frieden schließen. Mit einer bewundernswerten Zähigkeit verfochten die städtischen Ratssendeboten ihre Forderungen, so daß die englischen Gesandten am Schluß erklärten, sie wollten lieber mit allen Fürsten der Welt verhandeln als mit hansischen Vertretern[57].

Da Eduard IV. von vornherein gewillt war, Frieden zu schließen[58], konnte es sich bei den Beratungen nur darum handeln, die hansischen Bedingungen in eine für England annehmbare Form zu fassen. Dazu waren dreimalige wochenlange Verhandlungen nötig. Die Hansen setzten die drei Hauptforderungen, die sie beim Beginn der Tagfahrt aufgestellt hatten, Schadenersatz, Aufhebung des Urteils und Bestätigung der Privilegien[59], wenn auch nicht in der zuerst von ihnen verlangten Form, so doch in der Sache durch. Schritt für Schritt wichen die englischen Unterhändler zurück. Zuerst willigten sie in die Wiederverleihung der ihrer Meinung nach durch den Krieg verwirkten Privilegien. Dann gestanden sie anstatt des vollen Ersatzes des Schadens eine angemessene Entschädigung zu, und schließlich erklärten sie sich auch bereit, wenigstens die Rechtskraft des 1468 gegen die hansischen Kaufleute gefällten Urteils aufzuheben und alle Prozesse gegen die Hansen niederzuschlagen[60].

Hatten sich beide Parteien hierüber verhältnismäßig schnell geeinigt, so machte es der Hanse einige Schwierigkeiten, ihre andern Forderungen, von denen die Preisgabe der Kölner für England die härteste war[61], durchzusetzen. Die englischen Gesandten wollten nach der Bewilligung jener drei genannten Punkte zu weiteren Zugeständnissen nicht bevollmächtigt sein; die Verhandlungen mußten, zumal auch die Hansen die Bestätigung aller Abmachungen durch das Parlament forderten, Ende Juli abgebrochen werden[62]. Als sie im September wiederaufgenommen wurden, suchten die Engländer die Hansen durch Ausflüchte hinzuhalten. Aber die Drohung dieser, sofort abzureisen, und die Nachricht von der hansisch-französischen Einigung, von der die Engländer eine ungünstige Einwirkung auf den Fortgang ihrer Verhandlungen befürchteten[63], ließen es ihnen ratsam erscheinen, ihren Widerspruch gegen die Wiederaufnahme der Beratungen fallen zu lassen. Am 19. September wurde zwischen den hansischen und englischen Vertretern ein Vertrag abgeschlossen, der den Waffenstillstand bis zum 1. März 1474 verlängerte. In der Zwischenzeit sollte die Übereinkunft, die in der Hauptsache die hansischen Forderungen bewilligte, vom Parlament bestätigt werden[64].

Die Kölner bemühten sich vergeblich, die Einigung zwischen der Hanse und England, die auf ihre Kosten geschehen sollte, zu hintertreiben. Ihre Versuche, sich in England unter den Tuchmachern eine Partei zu bilden, die ihre Sache im Parlament führte, mißglückten. Die große Mehrheit des Landes und auch Londons zog den Frieden mit der Hanse vor. Das Parlament trat der Politik seines Königs bei und bestätigte in einer Akte die Abmachungen vom September[65]. Ebenso bewilligte auch Eduard alle hansischen Forderungen. Nur in einem Punkte wollte er den Vertrag nicht ratifizieren. Wenn er schon die Kölner preisgab, so sträubte er sich doch dagegen, seine Niederlage in dem Vertrage einzugestehen. Er gab seinen Gesandten den strikten Befehl, die Änderung des die Kölner betreffenden Artikels zu verlangen, da die ausdrückliche Nennung der befreundeten Stadt seine Ehre verletze[66].

Die Hanse war klug genug, diesem Wunsche des Königs Rechnung zu tragen. Der Vertrag, der aus den Beratungen im

Februar hervorging, enthielt nur die allgemeine Bestimmung, daß der Ausschluß aus der Hanse auch den aus den hansischen Privilegien in England nach sich ziehen sollte. Aber in einem Nebenvertrage, der über die Anwendung einzelner Artikel nähere Erklärungen gab, wurde bestimmt, daß vom 1. August ab den Kölnern die hansischen Freiheiten entzogen werden sollten[67].

Am 24. Februar 1474 erreichten die langwierigen Verhandlungen ihr Ende. Vier Tage später wurden die Originale des Friedensvertrages verlesen und von den Gesandten unterschrieben[68]. Die Übereinkunft brachte der Hanse die Aufhebung der Rechtskraft des Urteils, die Niederschlagung aller Prozesse wegen der Wegnahme von englischen Schiffen und Gütern und vor allem die uneingeschränkte Anerkennung ihrer Privilegien. Mit Recht konnte Lübeck sagen, daß der Bestand der Freiheiten gefestigter sei als je zuvor[69]. Deren Bestätigung durch eine Parlamentsakte war ein großer Erfolg der hansischen Politik. Von nicht zu unterschätzender Bedeutung für die Stellung der hansischen Kaufleute war ferner die Überlassung der Stalhöfe zu London und Boston und eines für den Handel bequem gelegenen Hauses in Lynn zu dauerndem Eigentum an die Hanse. Sie selbst hielt dieses Zugeständnis für so wertvoll, daß sie um seinetwillen ihre Schadenersatzansprüche von 25 000 £ auf 10 000 £ heruntersetzte. Diese Summe sollte durch den Erlaß gewisser Zölle, welche die Kaufleute bei der Ein- und Ausfuhr bezahlen mußten, in den nächsten Jahren gedeckt werden. Außerdem machten die Engländer noch eine Reihe wichtiger Zugeständnisse, darunter die Anerkennung der Abmachungen durch London, die Erneuerung der alten zwischen London und den hansischen Kaufleuten geschlossenen Verträge, die Wiedereinsetzung der Kaufleute in die Bewachung des Bischofstors, die Abstellung der hansischen Klagen über saumselige Rechtspflege, über falsches Wiegen, über Bedrückungen durch Zollbeamte.

Der vollständige Sieg und der glänzende Erfolg, den die lübische Politik in Utrecht errang[70], wird durch eine Betrachtung der Gegenleistungen, zu denen sich die Hanse bequemte, noch klarer. Von den großen Forderungen der englischen Kaufleute, die in den vierziger Jahren den eigentlichen Anlaß zu dem jahrzehntelangen Ringen zwischen der Hanse und England gebildet hatten, war nichts übrig geblieben. Die Engländer mußten sich damit begnügen, daß ihnen von der Hanse die Freiheiten zugesichert wurden, die sie vor dem Kriege besessen hatten[71], und daß dieses Zugeständnis in dem Friedensinstrument durch die Aufnahme der den englischen Handel in Preußen und den übrigen Hansestädten betreffenden Bestimmungen aus dem Vertrage von 1437 festgelegt wurde[72].

Obwohl diese Artikel, wie die Vergangenheit gezeigt hatte, wegen ihrer unklaren Fassung ziemlich wertlos waren, so drohte doch an ihnen beinahe der ganze Friede zu scheitern. Die englischen Gesandten bestanden nämlich hartnäckig auf ihrer Aufnahme und wollten nur unter dieser Bedingung den Abschluß vollziehen[73]. Ebenso bestimmt lehnte aber Danzig die Annahme dieser Paragraphen ab, auf Grund deren, wie es meinte, die englischen Kaufleute den Handel mit Russen, Polen und Litauern verlangen könnten[74]. Die Städte bemühten sich vergeblich, diese Einwendungen durch den Hinweis auf die früheren Verträge und durch die Hinzufügung einer Klausel, die besagte, daß der Kaufmann an einem fremden Orte an Rechten hinter dem Bürger zurückstehen solle[75], zu entkräften. Auch die Erklärungen der englischen Gesandten, daß Danzig die Artikel nach seiner alten Gewohnheit interpretieren könne[76], und daß sie für ihre Kaufleute nur die Freiheiten verlangten, die diese in Preußen vor Beginn der Fehde besessen hätten[77], vermochten Danzig nicht umzustimmen. Es hielt seinen Protest aufrecht und lehnte die geforderte Besiegelung des Vertrages ab[78].

Infolgedessen sah sich Lübeck genötigt, die Auswechselung der Bestätigungsurkunden, die vertragsmäßig am 1. August erfolgen sollte, zu verschieben[79]. Da dadurch auch die Freigabe der Fahrt nach England nicht möglich wurde, mochte Lübeck hoffen, daß Danzig, dem an der Eröffnung des Handelsverkehrs so viel lag, daß es schon vor dem 1. August Schiffe nach England abgeschickt hatte[80], diesem Druck bald nachgeben werde. Aber es vergingen noch fast zwei Jahre, ehe Danzig den Vertrag annahm. Es machte den Vorbehalt, daß die Engländer nur dieselben Handelsfreiheiten wie die nichtpreußischen Hansen genießen und die

Zölle und Abgaben wie die auswärtigen Kaufleute bezahlen sollten[81].

Außer Danzig zögerte noch eine ganze Reihe anderer Städte mit dem Beitritt zum Vertrage. Während von den süderseeischen, westfälischen und wendischen Städten die Zustimmungserklärungen im Laufe des Sommers 1474 einliefen, konnten die sächsischen und pommerschen Städte nur schwer zur Anerkennung der Übereinkunft bewogen werden[82]. Die livländischen Städte trugen Bedenken, weil sie den Engländern den Zutritt zu ihren Gebieten nicht gestatten wollten[83]. Auch Kolberg lehnte den Frieden ab wegen der Verluste, welche die Engländer seinen Bürgern zugefügt, und für die es eine genügende Entschädigung nicht hatte erlangen können[84]. Die Städte, die dem Vertrage nicht beitraten, traf nach den Abmachungen der Ausschluß aus den hansischen Privilegien in England.

Die Langsamkeit der Anerkennung des Vertrages durch die Städte hatte zur Folge, daß in England die Vertragsbestimmungen nicht ausgeführt werden konnten. Erst im Herbst 1474 fanden sich die hansischen Vertreter, die von den Städten mit der Übernahme der Stalhöfe beauftragt waren, in London ein und begannen mit dem königlichen Rat die Verhandlungen[85]. Im Frühjahr 1475 waren diese so weit gediehen, daß der König und London den hansischen Kaufleuten die Stalhöfe zu London, Boston und Lynn zu dauerndem Eigentum übergeben konnten[86]. Ebenso wurden die anderen Bestimmungen des Friedens in Kraft gesetzt. London erkannte die hansischen Freiheiten an und erneuerte die alten Urkunden, welche es 1282, 1369, 1418 und 1427 den Kaufleuten von der Gildhalle gegeben hatte. Eduard IV. bestätigte den Hansen das Privileg Richards II. von 1377 und ließ am 31. Oktober den Frieden in London feierlich bekannt machen. Ferner gestattete er den Kaufleuten, die Kustumen und Subsidien bis zum Betrage von 10 000 £ als Entschädigung zurückzubehalten[87].

Im Sommer 1475 wurde das Kontor zu London wiederhergestellt und von den Kaufleuten ein neuer Vorstand gewählt[88]. Die Statuten des Kontors wurden von den Städten in Utrecht 1474 und auf den beiden großen Hansetagen des Jahres 1476 zu Lübeck und Bremen sorgfältig durchgesehen und einige wichtige neue Verfügungen getroffen. Der Vorstand sollte in Zukunft aus den drei Dritteln gleichmäßig genommen werden[89]. Die Kaufleute, welche in den letzten Jahren gegen die Gebote der Städte verstoßen hatten, wurden für immer von der Wahl in den Rat ausgeschlossen. Bei Verlust der Hanse wurde verboten, gegen einen Hansen vor einer anderen Instanz als vor den Städten Klage zu erheben[90]. Andere Bestimmungen betrafen die Schoßzahlung, das Verhältnis des Londoner Kontors zu den anderen Niederlassungen, das Wohnen auf dem Stalhof, das Vermieten der Kammern, die Führung eines eignen Siegels durch das Kontor[91]. Die Bitte der Kaufleute, ihnen ein Wasserrecht zu geben, damit sie die Streitigkeiten der Schiffer und des Schiffsvolks entscheiden könnten, konnten die Städte nicht erfüllen, da es kein allgemein anerkanntes Wasserrecht gab. Sie wiesen die Kaufleute an das Brügger Kontor, welches ihnen seine Bestimmungen mitteilen sollte[92].

Die Hansetage zu Lübeck und Bremen brachten die Wiederaufnahme Kölns in die Hanse. Nachdem seine Sonderpolitik in England und Flandern zu keinem Ergebnis geführt hatte, blieb ihm nichts anderes übrig als den Anschluß an die Hanse wieder zu suchen und sich ihren Forderungen zu unterwerfen. Wir wollen hier nur die Vertragsbestimmungen erwähnen, die Kölns Verhältnis zum Londoner Kontor betrafen. Die Kölner mußten sich verpflichten, dem Kontor die Privilegien, Register, Rechnungsbücher und Kleinodien, die sie 1468 an sich genommen hatten, zurückzugeben. Ihre Kaufleute sollten in England bis zu einer Summe von 250 £ an das Kontor doppelten Schoß zahlen und Gehorsam gegen die Älterleute und die Satzungen des Kaufmanns versprechen. Dafür wurden sie in die Rechte und Freiheiten der Hanse wiederaufgenommen und dem Kontor befohlen, ihnen den Zutritt zum Stalhof nicht mehr zu verwehren[93].

Das Londoner Kontor widersetzte sich der Ausführung der Übereinkunft und verweigerte den Kölner Kaufleuten nach wie vor die Aufnahme[94]. Die Städte versuchten nochmals zu vermitteln. Auf ihre Veranlassung verhandelten 1477 auf dem Antwerpener Pfingstmarkt Vertreter des Kontors und Kölns über die Beilegung des Zwistes. Die Verhandlungen führten aber zu keinem

Resultat[95]. Um die Zulassung seiner Kaufleute zum Kontor zu erlangen, mußte Köln schließlich allen Forderungen nachgeben. Am 11. November 1478 wurde zwischen ihm und dem Kontor Frieden geschlossen. Für die Aufnahme seiner Kaufleute mußte es dem Kontor noch eine Entschädigung von 150 £ zahlen[96]. Von einer Aussöhnung mit Gerhard von Wesel, dem Führer Kölns in der Zeit der Trennung, wollten aber die hansischen Kaufleute auch jetzt nichts wissen. Er blieb vom Genuß der Privilegien in England ausgeschlossen. Erst im nächsten Jahre brachten die Städte hier eine Einigung zustande[97].

Das letzte Jahrzehnt der Regierung Eduards IV. verlief ohne wesentliche Störungen der hansisch-englischen Beziehungen. Eduard IV. schützte Handel und Schiffahrt vor den Übergriffen und Gewalttaten der englischen Piraten und sorgte für die Beobachtung des Vertrages und der hansischen Privilegien[98].

Den englischen Kaufleuten war es nicht gelungen, ihre hansischen Konkurrenten vom heimischen Markte zu verdrängen; die Hanse konnte vielmehr 1474 ihre kommerzielle Stellung in England neu befestigen. Nach dem Abschluß des Friedens erholte sich ihr Handel bald von den Wunden, welche ihm die lange Kriegszeit geschlagen hatte. Wenn wir auch über seine Größe im letzten Viertel des 15. Jahrhunderts wenig unterrichtet sind, so ist doch unverkennbar, daß diese Jahre des Friedens für den hansischen Handel in England eine Zeit des Aufschwungs waren. Im Sommer 1475 zahlten die hansischen Kaufleute in London für ihre Ein- und Ausfuhr nur 130 £ Zoll, vom Juli 1478 bis zum September 1479 aber von der Ausfuhr allein schon 782 £ und vier Jahre später sogar 957 £ Zoll. Ihre Tuchausfuhr, welche 1422 4464 Stück und 1461 6159 Stück betragen hatte, stieg bis 1500 auf 21 389 Stück[99].

Die Hansen besorgten ferner wieder fast ausschließlich die Einfuhr der wichtigen Rohstoffe aus dem östlichen Europa. Der englische Aktivhandel nach Preußen war lange nicht mehr so umfangreich wie vor fünfzig Jahren[100]. Sein Rückgang war vor allem eine Folge der häufigen Streitigkeiten mit Dänemark, welche den englischen Kaufleuten in der zweiten Hälfte des 15. Jahrhunderts den Zugang zur Ostsee fast dauernd verschlossen[101].

Auch die Loslösung Danzigs vom Orden war nicht ohne Einfluß auf den englischen Handel. Während früher der Hochmeister wiederholt zugunsten der auswärtigen Kaufleute eingegriffen hatte, unterwarf seit dem Ordenskrieg Danzig, das 1457 vom polnischen König die vollkommene Landeshoheit in allen Verkehrs-, Schiffahrts- und Handelsangelegenheiten erhalten hatte[102], die fremden Kaufleute ohne Ausnahme einer strengen Gästepolitik Die Vergünstigungen, welche den Engländern früher zuweilen zugestanden waren, wurden beseitigt und ihnen nur die Freiheiten gelassen, welche die nichtpreußischen Hansen besaßen. Danzig verbot den englischen Kaufleuten den Handel untereinander und mit den anderen Gästen; nur der Verkehr mit den Bürgern preußischer Städte blieb ihnen gestattet. Ihr Handel war aber nicht bloß auf den Ankunftshafen beschränkt, sie durften mit ihren Waren auch die preußischen Landstädte aufsuchen. Thorn und Elbing wachten streng darüber, daß jenen dieses Recht nicht verkürzt und sie an dem freien Umherziehen im Lande von Danzig nicht gehindert würden[103].

Die englischen Kaufleute versuchten im 15. Jahrhundert in Livland festen Fuß zu fassen, um von dort mit den Russen in unmittelbaren Handelsverkehr treten zu können. Sie erhoben wiederholt die Forderung, daß die Städte ihnen in Riga, Dorpat, Pernau und Reval Privilegien gewähren sollten. Doch gelang es den Hansen, jene aus diesen Gebieten fast vollständig fernzuhalten und ihr Handelsmonopol zu behaupten. Die Engländer durften nur die Städte an der Küste als Schiffer aufsuchen, aber weder mit den Deutschen noch mit den Russen Handel treiben. Ins Innere des Landes vorzudringen, war ihnen streng verboten. Die Einfuhr des englischen Tuchs suchten die Städte gleichfalls zu hindern. Sie untersagten, das Tuch nach Nowgorod zu bringen oder an Russen zu verkaufen. Auch nach dem Frieden von 1474 blieb den Engländern der Besuch Livlands verboten, obwohl ihre Gesandten in Utrecht die Forderung, den Verkehr freizugeben, erneuert hatten. Die livländischen Städte lehnten, wie wir sahen, sogar die Besiegelung des Vertrages ab, um die Engländer nicht zulassen zu müssen[104].

Der Warenaustausch zwischen England und den nordischen Reichen wurde nach wie vor hauptsächlich von den Hansen vermittelt. Der Handel der Engländer nach Bergen kam trotz wiederholter Anstrengungen nicht wieder in Aufschwung. Als sich nach dem Ausbruch des Krieges der Städte mit Erich von Dänemark die englischen Kaufleute in Bergen, das von den Deutschen geräumt war, wieder festzusetzen suchten, überfiel der Kaperführer Bartholomäus Voet die Stadt und versetzte dem englischen Handel einen vernichtenden Schlag. Seitdem hören wir für lange Zeit nichts mehr von einem englischen Verkehr in Bergen[105]. Die Engländer begannen nun in die Gebiete selbst einzudringen, aus denen die Produkte des Nordens kamen; besonders fuhren sie nach Island. Die dänischen Könige waren nicht imstande, diese Fahrten, die ihre Stapelpolitik durchbrachen, zu verhindern. Der englische Verkehr nach Island, teils erlaubter, teils Schleichhandel, war recht lebhaft. Aber die Kaufleute waren wegen der zahlreichen Gewalttaten und Plünderungen, die sie verübten, bei den Isländern nicht gern gesehene Gäste. Ihre Ausschreitungen waren, wie wir sahen, der vornehmste Grund für die wiederholten dänisch-englischen Fehden[106]. Seit den siebziger Jahren treffen wir auch deutsche Händler, besonders aus Hamburg und Danzig, auf Island. Die Engländer, über die Konkurrenz wenig erbaut, gerieten mit ihnen wiederholt zusammen; es gelang ihnen aber nicht, die Hansen aus dem Islandhandel zu verdrängen[107].

FUSSNOTEN ZU KAPITEL 7

1 Lüb. Chron. II S. 311, Caspar Weinreich S. 730, Hans. U. B. IX n. 468; Hans. U. B. IX n. 478 zählt nur die sechs folgenden Schiffe als fortgenommen auf: le Georghe de Londone, le Cristofer de Bostoone, le Gabriell de Bostoone, le George de Bostoone, le James de Lynne, le Marye de Lynne. Nach Hans. U. B. IX n. 519, 520 wurde aber noch das Schiff le Valentyne de Novo Castro, das dem Grafen von Northumberland gehörte, fortgenommen; vgl. auch HR. II 7 n. 34 §§ 27, 29, 75. Danach ist Daenell II S. 43 zu berichtigen. Nach Hans. U. B. IX n. 519 fand die Beschlagnahme der Schiffe an verschiedenen Tagen statt.

2 Hans. U. B. IX n. 467 §§ 1-4, 478-482, 484, 487, 489, 490, 541, HR. II 6 n. 95, 97, 99 7 n. 42 §§ 1, 2, Caspar Weinreich S. 730, Hamb. Chron. S. 6. Die Angabe Daenells II S. 44, daß von dem Arrest zusammen 60 Kaufleute betroffen wurden, stimmt nicht. Da es Hans. U. B. IX n. 541 XI 4 heißt: Item voirt so hebben sii unss gevangen geholden to Londen, Lynnen, Huyll und Bostoyne 39 wecken lanck to 60 personen to, ... , so kann sich diese Zahl nur auf die nichtkölnischen Kaufleute beziehen; denn die Kölner wurden ja bald wieder freigelassen. Da wir aber die Zahl der Kölner nicht kennen, die Ende Juli in England waren und mit den anderen gefangen gesetzt wurden, können wir keine genaue Angabe über die Zahl aller arrestierten hansischen Kaufleute machen.

3 HR. II 6 n. 95, 111, Hans. U. B. IX n. 471, Caspar Weinreich S. 730.

4 Hans. U. B. IX n. 468, 476.

5 HR. II 6 n. 97(S. 74), Hans. U. B. IX n. 519 § 18, 520, 584 § 18, X n. 241 §§ 22, 23.

6 Hans. U. B. IX n. 467 § 5, 482 § 5, 490, HR. II 6 n. 97, 100. Vgl. Stein, Hanse und England S. 29 f.

7 Hans. U. B. IX n. 471, 490 (S. 347), 524 §§ 4, 5, 7, 541 VI a § 14.

8 HR. II 6 n. 107-110, Hans. U. B. IX n. 495, 497, 501-506, 509, 511.

9 HR. II 6 n. 111.

10 Vgl. Ashley II S. 16.

11 Hans. U. B. IX n. 525, auch 532, 540 §§ 100, 122, 128, 541 VI a § 4.

12 Hans. U. B. IX n. 519-527, 530, 541, X n. 563 § 6, HR. II 6 n. 119, 120, 7 n. 34 § 75.

13 HR. II 6 n. 114, 115, 164, 370 §§ 1, 2, Hans. U. B. IX n. 491, 517, 537.

14 Hans. U. B. IX n. 528, HR. II 6 n. 119, 124.

15 HR. II 6 n. 218, 220, 222-224, Hans. U. B. IX n. 603 § 1, 639 §§ 65, 66, 69.

16 HR. II 6 n. 225, 226, Hans. U. B. IX n. 603, 606, 690, 698 bis 700, 704, 705, 709, 713, 719, 734, 741.

17 Hans. U. B. IX n. 542-545, 549, 554 und Anm. 3, 588, S. 431 Anm. 1.

18 HR. II 6 n. 124; vgl. Oman S. 428 ff.

19 HR. II 6 n. 162, 165, 185 § 10, Hans. U. B. IX n. 541 I, VII, XI § 4, 569, 577, 582.

20 HR. II 6 n. 102-105, 112, Hans. U. B. IX n. 495.

21 HR. II 6 n. 161, 182, 184 §§ 47-74, 185 §§ 10, 11, 15, 22, 23, 26, 195, 197, Hans. U. B. IX n. 585, 588, Lüb. Chron. II S. 319.

22 HR. II 6 n. 219, 221, 244, Hans. U. B. IX n. 584.

23 Vgl. Oman S. 434 ff.

24 HR. II 6 n. 221 §§ 21, 24.

25 Caspar Weinreich S. 731, Lüb. Chron. II S. 326 f., HR. II 6 n. 434, Hans. U. B. IX n. 691, 692. Über Karls späteres Verhalten gegen die hansischen Auslieger siehe unten S. 120.

26 HR. II 6 n. 202, 283, 284, 314, Caspar Weinreich S. 732.

27 HR. II 6 n. 313, 315, 317, 321-324, 338.

28 HR. II 6 n. 330 § 16, 331, 338.

29 HR. II 6 n. 356 §§ 61-73, 357, 360, 361, vgl. 418, 420.

30 HR. II 6 n. 356 §§ 45-60, 106, 114, 115, 358.

31 HR. II 6 n. 352, Caspar Weinreich S. 731 f., Lüb. Chron. II S. 327.

32 HR. II 6 n. 316, 316a, 347.

33 HR. II 6 n. 362, 371, 387, Caspar Weinreich S. 732 f., Hans. U. B. IX n. 781 und Anm. 2, 796 und Anm. 5, X n. 3.

34 HR. II 6 S. 371 Anm. 1, Hans. U. B. IX S. 688 Anm.

35 Vgl. Oman S. 441.

36 HR. II 6 n. 433, Hans. Gesch. Qu. n. F. II S. 359.

37 HR. II 6 n. 434, S. 399 Anm. 1, Hans. U. B. X S. 2 Anm. 1, Hans. Gesch. Qu. n. F. II S. 359, Caspar Weinreich S. 733; vgl. Pauli, Hansestädte in den Rosenkriegen S. 90.

38 HR. II 6 n. 442, Hans. U. B. X n. 40. Im Februar 1472 verlängerte Eduard den Kölnern die Privilegien um ein Jahr. HR. II 6 n. 511-513.

39 HR. II 6 n. 418-421, 435, 436, 437 § 16, Hans. U. B. X n. 1, 17, 26, 33, 37-39, 53.

40 HR. II 6 n. 470 § 5, 483 § 1, 485 § 1, 547, 589.

41 HR. II 6 n. 418, 420, 435.

42 Vgl. Daenell I S. 471 ff.

43 Caspar Weinreich S. 733, Hans. U. B. X S. 32 Anm. 2.

44 Vgl. die interessanten Briefe des Kommandeurs des Schiffes, des Danziger Ratsherrn Bernd Pawest. HR. II 6 n. 529-559.

45 Caspar Weinreich S. 733 f., Hans. U. B. X S. 2 Anm. 1, n. 66, 86, HR. II 6 n. 444, 506, 509, 510, 532.

46 HR. II 6 n. 505 §§ 6-9, 507, 514 § 16, 515, 526, Hans. U. B. X n. 68, 109, S. 65 Anm. 1, S. 67 Anm. 3, Lüb. Chron. II S. 344 f.

47 HR. II 6 n. 553, 554, 560, Caspar Weinreich S. 734 f.

48 Caspar Weinreich S. 735, Lüb. Chron. II S. 345, Hans. Gesch. Qu. n. F. II S. 360, HR. II 6 n. 557, 558, 7 n. 35 § 44, 40 § 16, 139 § 51, 141 § 17, Hans. U. B. X S. 83 Anm. 1, n. 173 §§ 13 ff.

49 Caspar Weinreich S. 734, HR. II 6 S. 473 Anm. 1, Hans. U. B. X n. 100, 107, 119, 138, 173.

50 HR. II 6 n. 547, 548, 550, 592-595.

51 HR. II 6 n. 486. Vgl. Stein, Hanse und England S. 44 f.

52 HR. II 6 n. 596 §§ 4-8, 603, 608, 638, 639.

53 HR. II 6 n. 640-643. Über Paul Beneke vgl. Reimar Koks Erzählung "van Pawel Beneken, einem dudeschen helde," abgedruckt in Lüb. Chron. II S. 701 ff.

54 Caspar Weinreich S. 735 f., Lüb. Chron. II S. 353, Hamb. Chron. S. 258, Hans. U. B. X S. 67 Anm. 1, 127 Anm. 1, n. 166, 218, 228, HR. II 6 n. 651, 652, 7 n. 6, 19, 21.

55 HR. II 6 n. 644-649, 7 n. 1-23.

56 HR. II 7 S. 1, Caspar Weinreich S. 736.

57 HR. II 7 n. 138 § 100.

58 HR. II 7 n. 48, auch 22.

59 HR. II 7 n. 34 § 22, Hans. U. B. X n. 241 § 20, Hans. Gesch. Qu. n. F. II S. 361 f.

60 HR. II 7 n. 34 §§ 33-40, Hans. U. B. X n. 241 §§ 27-38.

61 HR. II 7 n. 34 §§ 49 ff., 37 § 29, Hans. U. B. X n. 241 §§ 46 ff.

62 HR. II 7 n. 34 §§ 54-57, 70-74, 37 §§ 2, 26, 31, 32, 43.

63 HR. II 7 n. 34 § 107, 51; vgl. Daenell II S. 124.

64 HR. II 7 n. 44, Lüb. Chron. II S. 354 f.

65 HR. II 7 n. 104-106, 110-113.

66 HR. II 7 n. 107. Die Hansen hatten von Eduard klipp und klar die Wahl zwischen der Freundschaft mit ihnen oder mit den Kölnern verlangt. "De stede seden, wolden de Engelschen de Colner hebben, so mosten se der anderen stede entberen, wente de Colner scholden wyken edder se wolden wyken". HR. II 7 n. 34 § 53.

67 HR. II 7 n. 142 § 11, 143 § 5.

68 HR. II 7 n. 138 §§ 93, 102, 104, 142, 143.

69 HR. II 7 n. 189 (S. 398).

70 Mit berechtigtem Stolze sagten die Ratssendeboten in einem Schreiben an Danzig: Welck allent to herten nemende, hebben wii eynen ende myt den Engelschen gemaket, des de stede, so uns duncket, na legenheit der sake wal myt eren mogen bekant siin. HR. II 7 n. 161 (S. 375).

71 HR. II 7 n. 161 (S. 374), 189 (S. 398).

72 HR. II 7 n. 142 § 4, vgl. 2 n. 84 §§ 1, 2.

73 HR. II 7 n. 161 (S. 374), 189 (S. 398)... angeseen, dat van der dachvart anders neyn slete gewerden hadde.

74 HR. II 7 n. 63, 65, 66, 131.

75 HR. II 7 n. 132, 133, 163. Die Klausel lautet: Et cum de termino morari, qui persepe in presentibus continetur, ante hec disceptacio orta est, concordatum est, quod nil aliud in ejus significacione contineat, quam aliquamdiu in aliquo loco perseverare, non ut civis aut incola. HR. II 7 n. 142 § 4, auch 44 § 6.

76 Die Engelschen hadden doch siick des begeven, dat de van Dantsiike sulcke articule solden mogen duden unde interpreteren na erer olden wonheit. HR. II 7 n. 138 § 84, ähnlich auch 189 (S. 399).

77 Desulven sendeboden des riikes Engelant hebben uns sulven gesecht, se nicht mer begeren, den men vor de lesten veede gehat hebbe. HR. II 7 n. 161 (S. 374), auch 189 (S. 399), 231 § 11.

78 HR. II 7 n. 188, 189, 231, 232.

79 HR. II 7 n. 142 § 28, 144-147, 233, 240, 246, 247, 249.

80 HR. II 7 n. 143 § 6, 181 § 17, 233, 236.

81 HR. II 7 n. 151.

82 HR. II 7 n. 148, 149, 185, 186, 250 § 5, 300 § 6, 318 § 3, 338 §§ 180 f.

83 HR. III 1 n. 2 § 3, 65 § 1, 83 § 4, 202 § 1. Riga trat dem Utrechter Frieden erst 1500 bei. HR. III 4 n. 278. Siehe S. 149.

84 HR. II 7 n. 338 § 181, 352, III 1 n. 82, 104 § 17, 108, 127. Erst 1507 erkannte Kolberg den Utrechter Frieden an. HR. III 5 n. 243 § 109, 6 n. 188 § 68.

85 HR. II 7 n. 181 § 3, 183, 187, 240, 246, 257-259, Hans. Gesch. Qu. n. F. II S. 362.

86 Hans. U. B. X n. 360, 374, 376, 394, 401, 403, 407, 410, 411 und Anm. 1, HR. II 7 n. 287, 288, 338 §§ 193, 203, Rot. Parl. VI S. 123 § 15.

87 Hans. U. B. X n. 329, 361, 414, 415, 419, 438, HR. II 7 n. 259.

88 HR. II 7 n. 311, Hans. U. B. X n. 461.

89 HR. II 7 n. 138 § 113, 338 §§ 171, $194,_1$, $203,_1$.

90 HR. II 7 n. 138 §§ 114, 117, 124, 338 § $203,_4$, 389 § 95.

91 Hans. U. B. X n. 477 §§ 1-23, HR. II 7 n. 338 §§ 194, 203.

92 Hans. U. B. X n. 477 § 5, HR. II 7 n. 338 §§ 194,_4, 203,_5.

93 HR. II 7 n. 395, 408.

94 Hans. U. B. X n. 534, 535, HR. III 1 n. 20-25.

95 HR. III 1 n. 19, 28, Hans. U. B. X n. 563, 564, 576.

96 HR. III 1 n. 33-36, 169.

97 HR. III 1 n. 170-176, 191-195, 216 § 50, Hans. U. B. X n. 722, 723, 760-763, 771.

98 Hans. U. B. X n. 472, 526, 546, 591, 699, 700, 710, 891, 1021.

99 Hans. U. B. X n. 438, Schanz II S. 28 Anm. 1.

100 Während am Anfange des 15. Jahrhunderts mehrmals zu gleicher Zeit einige dreißig englische Schiffe im Danziger Hafen lagen, liefen in den drei Jahren 1474, 75, 76 im ganzen nur 21 Schiffe aus England in Danzig ein, und 1490-92 ging aus Danzig nur ein einziges Schiff direkt nach England. Hans. Gesch. Qu. VI n. 322 § 15, HR. II 2 n. 76 § 26; vgl. Lauffer, Danzigs Schiffs- und Warenverkehr am Ende des 15. Jahrhunderts. Zeitschrift des westpreußischen Geschichtsvereins XXXIII. 1894 S. 8 und 29.

101 HR. II 4 n. 80, III 1 n. 546 §§ 178, 180, 547 § 51, Hans. U. B. VIII n. 140, 146, 250, 257, 261, 264, X n. 1003, 1028, 1036, 1037. Über die dänisch-englischen Streitigkeiten am Ende der achtziger Jahre vgl. S. Kap. 8.

102 Hans. U. B. VIII n. 563.

103 HR. II 7 n. 151, 163, 232, III 4 n. 79 §§ 231-236, 168.

104 HR. I 2 n. 211 § 1, 212 § 1, 5 n. 659, 663, 674 § 7, 6 n. 400 § 13, II 1 n. 226 §§ 8, 10, 2 n. 221 § 7, 329 § 11, 3 n. 288 § 43, 598 § 4, 7 n. 132, 161, 338 §§ 211, 224, III 1 n. 65 § 1, 83 § 4, 202 § 1. Siehe Kap. 7.

105 Hans. Gesch. Qu. VI n. 322 §§ 19-23, Hans. U. B. V n. 427, HR. I 6 n. 78, Korner S. 490 f.; vgl. Bugge S. 89 ff.

106 Über den englischen Islandhandel vgl. F. Magnusen, Om de Engelskes Handel og Faerd paa Island i det 15 de aarhundrede. Nordisk Tidsskrift for Oldkyndighed 2, 1833; auch Bugge S. 94 ff.

107 Hans. U. B. X n. 470, 526, 1201, HR. III 2 n. 31 § 2; vgl. Baasch S. 6 und 21.

8. Kapitel.

Die hansisch-englischen Beziehungen unter den beiden ersten Tudors.

Den Regierungsantritt Heinrichs VII. benutzten die englischen Kaufleute zu einem erneuten Versuch, ihre alten Forderungen durchzusetzen und die bedingungslose und unbeschränkte Bestätigung der hansischen Privilegien durch den neuen König zu verhindern. Die Kaufleute, Schiffer und Bewohner der Hafenstädte reichten zu diesem Zwecke eine Beschwerdeschrift gegen die Hansen beim König und dem seit dem November 1485 tagenden Parlament ein[1]. Diese wies hin auf die Verdrängung der englischen Händler aus Bergen, Island und den burgundischen Märkten, auf den großen Schaden, den ganz England dadurch hatte, und auf die schlechte Behandlung und die geringen Freiheiten ihrer Landsleute in den Hansestädten. Die Kaufleute meinten, ein Vertrag, der einseitig dem einen Teil nur Nutzen, dem anderen aber nur Schaden bringe, könne keinen Bestand haben; es sei für England besser, eine Änderung dieses Zustandes mit Gewalt zu versuchen, als dem eignen Untergang mit verschränkten Armen zuzusehen. Die Petition hatte keinen Erfolg. Nachdem die vor das Parlament geladenen hansischen Kaufleute sich wegen der vorgebrachten Vorwürfe gerechtfertigt hatten, wurden von Heinrich VII. am 9. März 1486 die hansischen Privilegien und der Utrechter Vertrag bestätigt[2].

Noch in demselben Jahre erhoben aber die englischen Kaufleute neue schwere Anschuldigungen gegen die Hansen. Sie behaupteten, daß diese in den Niederlanden Kaperschiffe gegen sie ausrüsteten und das Brügger Kontor die Seeräuber gegen sie unterstütze. Die Einwendungen des Londoner Kontors und der Städte, daß die Freibeuter im Dienst des dänischen Königs ständen und die Hanse auf ihr Tun und Lassen keinen Einfluß habe[3], fanden in England keine Anerkennung. Die Engländer meinten, die Hansen gäben sich bald für Dänen, bald auch für Osterlinge aus, wie es ihnen gerade beliebte[4].

Die Räubereien dieser dänischen Kaper, unter denen die englische Schiffahrt schwer zu leiden hatte[5], während die Hansen ihren Verkehr fast ungestört fortsetzen konnten, erregten in den englischen Handelskreisen große Erbitterung. Da unter den Freibeutern viele Deutsche waren und auch frühere Hansen sich ihnen zugesellt hatten[6], die sich von Engländern geschädigt glaubten, wollten die Kaufleute die Hansen in England für alle Gewalttaten jener verantwortlich machen und sich an ihrem Gut schadlos halten. Der König lehnte aber zunächst ihr Verlangen ab. Er erklärte den Hansen mehrmals, daß er die bestehenden Verträge halten wolle, wenn diese auch von ihrer Seite beobachtet würden[7]. Als im nächsten Jahre die englischen Kaufleute neue Anklagen vorbrachten und die Aufhebung der hansischen Privilegien forderten, wies Heinrich sie mit ihren Klagen an die Tagfahrt mit den Städten, zu der er sich im Oktober 1487 auf Vorschlag des Londoner Kontors bereit erklärt hatte[8].

Die Einwohner von Hull, denen von den Kapern zwei Schiffe weggenommen waren, wollten sich mit diesem Bescheid nicht mehr zufrieden geben, sondern erklärten, sie würden sich an dem ersten hansischen Schiff, das ihren Hafen anlief, schadlos halten. Wenig später mußte das Londoner Kontor den Städten mitteilen, daß in Hull der Haß gegen die Hansen so stark sei, daß die Behörden die Bürger nicht mehr zügeln konnten. Um Mord und Totschlag zu verhüten, wurde deshalb den hansischen Kaufleuten der Besuch Hulls verboten[9]. Auch in anderen Städten waren die Hansen nicht mehr vor Mißhandlungen sicher. In London wurden 1490 mehrere Kaufleute aus Köln auf offener Straße angefallen und schwer verwundet. Die Täter blieben trotz der Bemühungen des Kontors unbestraft[10]. Die geschädigten englischen Kaufleute nahmen ferner wiederholt hansische Schiffe und Waren fort und ließen hansische Kaufleute, die nach Aussagen von Zeugen an den Plünderungen englischer Schiffe teilgenommen haben sollten, gefangen setzen[11].

Gegenüber der in den englischen Handelskreisen herrschenden Erbitterung war die Haltung Heinrichs VII. in diesen Jahren durchaus nicht hansefeindlich. Er wünschte sichtlich eine friedliche Beilegung der Streitfragen und hatte zu diesem Zwecke gleich im Anfange des Zwistes Verhandlungen angeboten[12]. Doch hatten die Hansestädte diese abgelehnt, weil ihnen die englischen

Verhältnisse damals noch zu wenig geklärt schienen[13]. Als sich dann in den nächsten Jahren die Klagen der englischen Kaufleute mehrten und die Regierung ihrem Drängen zu schärferem Vorgehen nur noch schwer standhalten konnte[14], erneuerte Heinrich im März 1490 seinen Vorschlag, eine Tagfahrt zu vereinbaren. Er schrieb den Städten, er könne seinen Untertanen nicht länger Gerechtigkeit versagen; wenn er auch noch dieselbe Gesinnung wie früher gegen die Hanse hege, so dürfe er doch nicht mehr ruhig mitansehen, daß seine Kaufleute tagtäglich schwer geschädigt würden[15].

Die hansischen Kaufleute in England baten ihre Städte dringend, der Aufforderung des Königs zu folgen und Gesandte zu schicken. Ihre Lage sei so, daß sie das Kontor nicht mehr lange halten könnten[16]. Sie hatten nicht bloß über die erwähnten Gewalttaten der englischen Kaufleute zu klagen. Auch ihre Privilegien waren in letzter Zeit vielfach beiseite geschoben worden.

Heinrich VII. hatte in den ersten Jahren seiner Regierung zur Hebung der heimischen Industrie und Schiffahrt einige Handelsverordnungen seiner Vorgänger wiederholt und andere neu erlassen. Nach ihnen sollten südfranzösischer Wein und Toulouser Waid nur auf englischen Schiffen nach England gebracht, fremde Seidenwaren im Interesse der Londoner Seidenspinner nicht eingeführt und alle englischen Tuche im Werte von 2 £ und darüber vor dem Export in England geschoren werden[17]. Diese Verordnungen hatten anfangs auf die hansischen Kaufleute keine oder nur sehr mangelhafte Anwendung gefunden[18]. Seit 1489 zwang aber die steigende Erbitterung und die Handelseifersucht der Kaufleute den König, auch von den Deutschen die Beobachtung der Erlasse zu fordern[19]. Die Londoner Tuchscherer ließen hansische Schiffe vor der Ausfahrt anhalten und nach ungeschorenen Laken durchsuchen. Als solche in den Schiffen vorgefunden wurden, mußten die hansischen Kaufleute eine Bürgschaft von 600 £ stellen, welche bei der nächsten Übertretung der Vorschrift verloren sein sollte[20]. Auch die Einfuhr von Kölner Seide wurde ihnen jetzt untersagt[21] und Wein aus Bordeaux beschlagnahmt, weil die Hansen ihn auf nichtenglischen Schiffen eingeführt hatten[22].

Außerdem wurde den hansischen Kaufleuten seit einigen Jahren durch verschiedene Städte der ihnen gewährleistete freie Handel beschränkt. Der Londoner Mayor bestimmte die Verkaufspreise für Salz, Wein und Getreide, und zwang sie, Stapelwaren wie Holz und Hering zunächst auf dem Londoner Stapel feilzubieten[23]. In Hull mußten sie alle eingeführten Waren innerhalb der Stadt verkaufen und durften auch nur dort englische Waren kaufen[24].

Die Städte, die sich bisher mit brieflichen Vorstellungen bei Heinrich VII. begnügt hatten[25], konnten sich der dringenden Bitte ihres Kontors nicht mehr verschließen und erklärten sich zu einer Tagfahrt in Utrecht oder Antwerpen bereit. Ihre Kaufleute forderten sie auf, den Verkehr mit England nach Möglichkeit einzustellen, da sie hofften, die Engländer dadurch nachgiebiger zu stimmen[26].

Auf der Tagfahrt, welche im Juni 1491 in Antwerpen stattfand, konnte über die Erledigung der Entschädigungsklagen der hansischen und englischen Kaufleute keine Einigung erzielt werden. Die hansischen Vertreter wollten zwar ihre Städte zum Schadenersatz verpflichten, wenn nachgewiesen werde, daß mit Erlaubnis der Städte in ihren Häfen Seeräuber ausgerüstet seien; die Engländer erklärten aber, eine gleiche Verpflichtung für ihren König nicht eingehen zu können. Man kam schließlich überein, hierüber bloß eine Reihe von Artikeln aufzustellen und die Entscheidung dem König und den Städten zu überlassen[27]. Dann wurde über die von den Hansen vorgebrachten Verletzungen ihrer Privilegien verhandelt[28]. Die neue Scherordnung wollten die Engländer nicht zurücknehmen, da sie im Interesse der alten und ehrenwerten Zunft der Tuchscherer in London erlassen worden sei[29]. Einige andere Beschwerden versprachen sie dagegen zu untersuchen und abzustellen; denn es sei der Wille ihres Königs, daß die hansischen Freiheiten gehalten würden[30].

Von englischer Seite wurde die alte Klage erhoben, daß die ihren Kaufleuten gewährleistete Verkehrs- und Handelsfreiheit nicht beobachtet werde, und die Forderung gestellt, die Bestimmungen des Utrechter Friedens über den englischen Handel in Preußen in den neuen Friedenstraktat unverändert aufzunehmen.

Diesem Verlangen setzten die Danziger Vertreter den schärfsten Widerstand entgegen. Sie wollten die Aufnahme der Artikel nur unter der Bedingung zulassen, daß die Freiheiten näher bezeichnet würden. Da aber die anderen hansischen Gesandten unter Hinweis auf die früheren Verträge für die englische Forderung eintraten, gaben die Danziger nach. Doch erklärten sie in einem feierlichen Protest, daß den englischen Kaufleuten trotz dieser Artikel in ihrer Stadt keine anderen Freiheiten zustehen sollten als den bei ihnen verkehrenden nichtpreußischen Hansen. Freier Handel mit allen Fremden sollte ihnen nur während des Dominikmarktes im August gestattet sein. Außerdem wurden die englischen Kaufleute wieder zum Artushof zugelassen, von dem sie vor kurzem infolge von Streitigkeiten ausgeschlossen worden waren. Die englischen Gesandten hatten gegen diese Auslegung der Artikel, welche von dem in ihnen zugestandenen freien Handel mit jedermann wenig übrig ließ, nichts einzuwenden und erklärten sich zufrieden, daß ihren Kaufleuten die Freiheiten weiter gewährt würden, welche sie schon vorher besessen hatten[31].

Die neue Übereinkunft, welche am 28. Juni geschlossen wurde, bestätigte den Utrechter Vertrag, obwohl die Verhandlungen gezeigt hatten, daß beide Seiten ihn in gewissen Punkten nicht halten wollten[32]. Sie bestimmte außerdem, daß die getroffenen Abmachungen bis zum 1. Mai 1492 in Kraft bleiben und bis dahin alle Prozesse und Streitigkeiten zwischen den hansischen und englischen Kaufleuten ruhen sollten. Inzwischen sollten sich der König und die Städte über die Annahme oder Ablehnung des Vertrages äußern[33]. Als das Ergebnis der Verhandlungen kann man bezeichnen, daß auf beiden Seiten die Bereitwilligkeit hervortrat, das bestehende Verhältnis aufrecht zu erhalten und es zu einem Bruch nicht kommen zu lassen.

Zu der im Vertrage vorgesehenen neuen Tagfahrt, welche alle zurückgestellten Fragen endgültig entscheiden sollte[34], kam es lange Zeit nicht. Sie wurde immer wieder von Jahr zu Jahr verschoben. Bald wünschte der englische König wegen innerer und äußerer Schwierigkeiten die Vertagung der Verhandlungen, bald auch die Städte. Die Antwerpener Abmachungen galten aber währenddessen als die Grundlage des gegenseitigen Verkehrs[35].

Der hansische Handel in England scheint damals, obwohl das Londoner Kontor noch fortgesetzt über Bedrückungen und Beschränkungen klagte[36], recht lebhaft gewesen zu sein. Im Oktober 1493 finden wir über 80 hansische Kaufleute in England, und nach dem Bericht des Klerks des Londoner Kontors lagen zur selben Zeit für 30 000 £ Waren der hansischen Kaufleute im Londoner Hafen zur Ausfuhr bereit[37].

Eine empfindliche Störung erlitt der hansisch-englische Verkehr durch das Verbot der Ausfuhr nach den Niederlanden und der Einfuhr von dort, das Heinrich VII. am 18. September 1493 erließ. Die Handelssperre traf besonders die westlichen Hansen, für welche die Niederlande das natürliche Durchgangsgebiet waren. Als diese den verbotenen Verkehr fortzusetzen suchten, stürmten die erbitterten Londoner den Stalhof und zwangen den König, die hansische Ausfuhr nach Burgund ebenfalls zu verhindern. Für ihre zum Export bereiten Waren mußten die Hansen eine Bürgschaft von 20 000 £ stellen und sich verpflichten, sie nicht in niederländische Häfen zu führen[38]. Der Kölner Handel mußte nun den weiten Umweg über Hamburg machen. Es ist verständlich, daß dies den Kaufleuten äußerst lästig und unbequem war. Sie bemühten sich deshalb in den nächsten Jahren wiederholt, die Öffnung Burgunds für ihre Waren durchzusetzen oder wenigstens die Erlaubnis zu erlangen, den Verkehr über Kampen und Groningen führen zu dürfen. Doch vergeblich. Bis zum Abschluß des Intercursus magnus im Jahre 1496 hielt Heinrich das Verkehrsverbot aufrecht[39].

Im Jahre 1497 wurden auf den besonderen Wunsch Kölns und des Londoner Kontors von der Hanse und England die Verhandlungen wiederaufgenommen[40]. Die Tagfahrt, welche die seit 1491 erhobenen Klagen besprechen und den Grund für weitere Verhandlungen legen sollte, verlief aber im Sande. Die englischen Gesandten erklärten die Vollmachten der hansischen Vertreter für ungenügend und wollten sich auf Verhandlungen mit ihnen nicht einlassen. Das einzige, was die Hansen von ihnen erlangen konnten, war das mündliche Versprechen, daß der bestehende Zustand zunächst nicht geändert werden sollte[41].

Die neue Tagfahrt, die man in Antwerpen in Aussicht genommen hatte, wurde im Juni 1499 in Brügge eröffnet[42]. Eine stattliche Zahl von hansischen und englischen Vertretern hatte sich zu den Beratungen eingefunden. Alle Fragen, die seit einem Jahrzehnt die hansisch-englischen Beziehungen störten, kamen hier nochmals ausführlich zur Sprache. Die Verhandlung wandte sich, nachdem die Engländer die übliche Ausstellung am hansischen Mandat gemacht hatten, welche ihnen nach der Meinung der Hansen nur den Vorwand geben sollte, jederzeit von den Abmachungen zurücktreten zu können[43], zunächst der schon viel erörterten Entschädigungsfrage zu. Entsprechend ihrer früheren Haltung wollten die englischen Gesandten ihren König in dieser Sache zu nichts verpflichten. Sie lehnten alle Vorschläge der Hansen, welche ein bestimmtes Verfahren zur Erledigung der Schadenersatzforderungen festsetzen wollten, ab und machten den Gegenvorschlag, alle Klagen, die hansischen wie die englischen, durch englische Gerichte entscheiden zu lassen. Diese Forderung faßten die Hansen als eine Verhöhnung und Verspottung der Städte auf. Schließlich verabredete man, jeder solle vor seinem Richter verklagt werden, die Engländer in England, die Hansen in den einzelnen Städten; in Zukunft solle aber jedes Kaperschiff vor seinem Auslaufen sich verbürgen, daß es Freunde und Verbündete nicht angreifen werde[44].

Der nächste Punkt der Verhandlungen betraf die Verletzungen der hansischen Privilegien. Es waren die alten Klagen, welche die hansischen Gesandten über die Beschränkung ihrer Freiheiten vorbrachten. Sie verlangten besonders wieder, daß die neue Scherordnung aufgehoben und ihren Kaufleuten die 1493 ausgestellten Obligationen zurückgegeben würden, und stützten ihre Forderung auf die ihnen vom König gegebene und vom Parlament mehrmals bestätigte Zusicherung, daß Parlamentsakten ihren Privilegien nicht präjudizieren sollten. Nach den Vorkommnissen der letzten Jahre war es für sie von Wichtigkeit, Gewißheit darüber zu erhalten, ob jene Zusicherung noch Gültigkeit habe. Die Engländer wichen wie immer einer klaren und festen Antwort aus. Sie erklärten, der König würde alles erfüllen, wozu er mit Recht verpflichtet sei. Doch sei ihnen unmöglich, bestimmte Zugeständnisse zu machen, da ihre Vollmacht nicht erlaube, königliche Obligationen zurückzugeben und Parlamentsakten außer Kraft zu setzen[45].

Diese Erklärung der Engländer machte weitere Verhandlungen zwecklos. Die Hansen rüsteten sich zur Abreise und baten um die Aufstellung eines Abschieds. Nun lenkten die Engländer ein und schlugen vor, die Beratungen eine Zeitlang auszusetzen, damit sie über ihr Ergebnis dem Könige Bericht erstatten und weitere Befehle einholen könnten[46].

Heinrich VII. lehnte die Erfüllung der hansischen Forderungen in Sachen des Schadenersatzes und der Parlamentsakten ab. Er hätte am liebsten die Entschädigungsklagen durch gegenseitigen Ausgleich aus der Welt geschafft. Da die Hansen dies nicht bewilligen wollten, sollte für sie ein Richter in Calais, für die Engländer in Brügge oder Antwerpen ernannt werden. In betreff der Privilegienverletzungen und der Herausgabe der Obligationen müßten sich die Hansen, so erklärte der König, mit den Antworten seiner Gesandten zufrieden geben. Den vollständigen Bruch mit den Städten wünschte Heinrich aber zu vermeiden, da er sich darauf nicht genügend vorbereitet glaubte. Er gab deshalb seinen Gesandten Weisung, im Notfall die Verhandlungen um zwei Jahre zu vertagen[47].

Mitte Juli wurden die Beratungen in Brügge wiederaufgenommen. Sie begannen mit der Forderung der Engländer, ihre Kaufleute in Preußen in den zugestandenen Freiheiten nicht mehr zu beschränken. Die Danziger erwiderten wie früher, sie würden jenen die Freiheiten lassen, die sie seit Menschengedenken gebrauchten, und die auch die nichtpreußischen Hansen besäßen. Aber unbeschränkten Handel würden sie den englischen Kaufleuten nie und nimmer zugestehen. Darauf erklärten die englischen Gesandten, wenn ihre Kaufleute in Preußen keine anderen Rechte haben sollten als die Hansen, so sollten auch diese in England keine anderen Freiheiten genießen als die Engländer selbst[48].

Als man nach diesen in der Hauptsache ergebnislosen Auseinandersetzungen daran ging, einen Abschied aufzustellen, verwarfen die Engländer die vorher angenommenen Vereinbarungen und stellten ganz neue Forderungen. Die Hansen waren über die Haltung der Engländer erbittert, die bald ihr Mandat, bald die neue Instruktion vorschützten, um jede feste Abmachung zu hintertreiben[49]. Doch konnten sie die sofortige Erledigung der Streitfragen nicht mehr durchsetzen und mußten in eine mehrjährige Vertagung der Verhandlungen willigen. Bis zum 1. Juli 1501 sollte in allem der augenblickliche Zustand festgehalten und der gegenseitige Verkehr fortgesetzt werden. Dem König und den Städten blieb es überlassen, dann eine neue Tagfahrt zur endgültigen Entscheidung der strittigen Punkte anzuberaumen[50].

Getrennt von der übrigen Hanse, versuchte damals Riga, ein Sonderabkommen mit England zu schließen. Die livländischen Städte hatten, wie wir wissen, den Frieden zu Utrecht nicht angenommen und waren deshalb nach den Bestimmungen des Vertrags vom Genuß der Privilegien in England ausgeschlossen worden. Um mit England zum Frieden zu gelangen, schickte Riga 1498 eine Gesandtschaft an Heinrich VII. Diese vereinbarte einen Vertrag, der nicht bloß Riga selbst Verzicht auf wichtige alte Rechte und Forderungen zumutete, sondern auch die Interessen der Hanse verletzte. Der Vertrag gestand den englischen Kaufleuten den zollfreien Verkehr in Riga und den abhängigen Städten zu. Die Kaufleute aus Riga dagegen sollten in England die hansischen Zollprivilegien nur für die Waren, die sie aus dem Osten brachten, genießen, aber für alle anderen, auch für die in England gekauften Waren die Zölle der Fremden bezahlen. Außerdem sollte Riga die alte Schuldverschreibung Heinrichs IV. vom Jahre 1409 herausgeben[51].

Die Hanse glaubte mit Recht ihre eignen Zollprivilegien durch diese Bestimmungen gefährdet. Ihre Gesandten verhinderten deshalb, als sich 1499 in Brügge ein Bote Rigas mit der Ratifikation des Vertrages einstellte, die Auswechslung der Urkunden[52]. Riga nahm an Stelle dessen ein Jahr später den Utrechter Frieden an. Lübeck teilte dem Könige dies mit und bat, die Kaufleute aus Riga wieder zu den hansischen Privilegien zuzulassen[53]. Heinrich VII. weigerte sich anfangs, den günstigen Vertrag aufzugeben; später scheint man aber auf beiden Seiten das Abkommen stillschweigend fallen gelassen zu haben. 1521 ist nämlich auch auf englischer Seite von ihm nicht mehr die Rede. Die Engländer beriefen sich damals in ihren Klagen über Riga nur noch auf die mit der gesamten Hanse 1499 geschlossene Übereinkunft[54].

Die Jahre, die den Brügger Verhandlungen folgten, verliefen ziemlich ruhig[55]. Die in Aussicht genommene Tagfahrt wurde im gegenseitigen Einverständnis zunächst bis zum 1. Juli 1502, dann bis 1504 hinausgeschoben. In diesem Jahre vertagte sie Heinrich VII., weil die hansischen Beschwerden beseitigt seien, auf unbestimmte Zeit[56]. Das Parlament nahm nämlich damals eine Akte an, daß alle Statuten, welche den Privilegien widerstritten, auf die Hansen keine Anwendung finden sollten[57]. Hocherfreut machte das Londoner Kontor den Städten von diesem Beschluß, der seiner Meinung nach den Streit um die 1474 von Eduard IV. gegebene und vom Parlament bestätigte Zusicherung beendete[58], Mitteilung; auch der König schrieb an Lübeck, er hoffe, die hansischen Kaufleute nunmehr in jeder Weise zufrieden gestellt zu haben. Heinrich fügte aber, wie man annehmen muß, um die englischen Kaufleute wegen des Zugeständnisses an die Hansen zu beschwichtigen, der Akte einen Zusatz bei. Dieser Zusatz, der sich im englischen Text der Statutes of the Realm findet, im lateinischen aber fehlt, besagt, daß das Statut die Interessen, Freiheiten und Rechte der Stadt London nicht schädigen solle[59]. Wir wissen nicht, ob den Hansen diese Zusicherung an London bekannt war, und welchen Einfluß sie auf die Durchführung der Akte gehabt hat. Da von der Sache später nicht mehr die Rede ist, können wir überhaupt weder mit Bestimmtheit sagen, daß die Hansen auf Grund des Statuts von den seit Jahren bekämpften Parlamentsakten befreit wurden, noch daß das Gegenteil der Fall war. Doch glaube ich, aus manchen Anzeichen schließen zu dürfen, daß die Akte wirklich in Kraft getreten ist. Hierfür spricht einmal, daß die Hansen bis zum Tode Heinrichs VII. sich nie über die Nichtbeobachtung jener beschwerten, dann aber besonders, daß sie in den ersten Jahren Heinrichs VIII. auf Grund einer königlichen Provisio von den Parlamentsakten befreit waren[60].

1504 kam es zu erneuten Verwicklungen zwischen England und Burgund, und Heinrich VII. erließ wieder ein Verbot, mit den Ländern seines Gegners zu verkehren[61]. Wie in den neunziger Jahren wollte er auch damals den hansischen Kaufleuten die Ausfuhr nach dem Osten nur gestatten, wenn sie sich verbürgten, keine englischen Waren nach den Niederlanden und keine niederländischen nach England zu führen. Die hansischen Kaufleute trugen aber, da der König trotz wiederholter Forderungen der Städte die früher ausgestellten Bürgschaften noch nicht zurückgeliefert hatte, Bedenken, ihm neue in die Hand zu geben[62]. Wir wissen nicht, wie die Sache ausgegangen ist, ob sich die Hansen gefügt haben, oder ob der König auf seine Forderung verzichtet hat[63]. Von den Städten bemühte sich wieder vor allem Köln, dessen Kaufleute den weiten Umweg über Kampen und Hamburg machen mußten, die Aufhebung der Handelssperre zu erlangen. Doch hielt der König an dem Verkehrsverbot fest, bis 1506 ein Ausgleich mit Burgund zustande kam[64].

Seit der Brügger Tagfahrt von 1499 sind in den hansisch-englischen Beziehungen ernstere Störungen bis zum Tode Heinrichs VII. nicht mehr vorgekommen. An einzelnen Bedrückungen, besonders an Übergriffen von Beamten hat es gewiß auch damals nicht gefehlt[65]. Diese Belästigungen können aber nicht so bedeutend gewesen sein. Denn während auf den beiden Hansetagen von 1506 und 1507 wohl des langen und breiten über die Frage verhandelt wurde, wie die auf dem Kontor eingerissene Unordnung abgestellt werden könne, und sogar eine Gesandtschaft in Aussicht genommen wurde, welche die gefaßten Beschlüsse auf dem Kontor durchführen sollte[66], gingen die Städte über die Klagen, welche der Kaufmann über die Beschränkung seines Handels vorbrachte, kurz hinweg und begnügten sich, in einem ganz farblosen Brief Heinrich VII. zu bitten, ihnen und ihren Bürgern sein Wohlwollen und seine Gnade weiter zu erzeigen[67].

Neue Verwicklungen zwischen beiden Ländern drohten beim Ausbruch des Krieges der wendischen Städte gegen Dänemark zu entstehen. Die in der Ostsee geschädigten englischen Kaufleute wollten die Hansen in England für die Taten der städtischen und der dänischen Auslieger verantwortlich machen und verklagten sie vor dem königlichen Rat wegen der Beteiligung an den Plünderungen ihrer Schiffe[68]. Doch wünschte der neue König Heinrich VIII. in den ersten Jahren seiner Regierung keine Störung der friedlichen Beziehungen zu den Deutschen. Die Beschwerden der Kaufleute wurden von ihm abgewiesen und ebenso die wiederholten Anträge König Johanns von Dänemark, der ihn aufforderte, die deutschen Städte, ihre gemeinsamen Feinde, gemeinsam zu bekriegen und niederzuringen[69]. Heinrich VIII. gab vielmehr damals den hansischen Kaufleuten manchen Beweis seiner freundlichen Gesinnung. Nicht bloß bestätigte er die Privilegien und den Utrechter Vertrag, er erneuerte auch, sogar mehrmals gegen den ausgesprochenen Willen des Unterhauses, die Zusicherung, daß die hansischen Freiheiten durch Parlamentsakten nicht berührt werden sollten[70].

Erst seit der Mitte des Jahrzehnts änderte die englische Regierung ihre Haltung und eröffnete auf die Stellung der hansischen Kaufleute einen Angriff, der alle früheren an Schärfe und Heftigkeit übertraf. Die steigende Erbitterung gegen die Fremden mag den König auch zu energischerem Vorgehen gegen die Deutschen gedrängt haben[71]. Aber viel mehr als durch den Fremdenhaß des Bürgertums scheint der Umschwung durch die hansefeindliche Gesinnung des damaligen Leiters der englischen Politik veranlaßt worden zu sein. Alles deutet darauf hin, daß der allmächtige Kardinal und Kanzler Wolsey der eigentliche Träger der Politik war, die auf eine völlige Beseitigung oder wenigstens möglichste Einschränkung der hansischen Privilegien hinzielte. Mit vollem Recht nannten ihn die Hansen ihren schärfsten und gefährlichsten Widersacher.

Unter dem Vorwande, daß Stralsunder im dänischen Kriege 1511 ein englisches Schiff genommen und noch nicht zurückgegeben hätten, setzte Wolsey die Kaufleute aus den wendischen Städten gefangen und beschlagnahmte ihre Waren. Zwei angesehene Mitglieder des Kontors mußten sich unter Stellung von 500 £ verbürgen, daß kein Kaufmann aus Lübeck, Rostock, Wismar und Stralsund bis zur endgültigen Entscheidung des Falles England verlassen werde[72].

Zugleich ging Wolsey daran, die Gültigkeit der hansischen Privilegien überall zu beschränken. Es wurde streng darauf gesehen, daß die Hansen die Scherordnung beobachteten. Gegen zahlreiche deutsche Kaufleute wurden im Exchequer Prozesse wegen der Ausfuhr ungeschorener Laken eröffnet. 1519 wurde ein Kölner von Wolsey zu einer Buße von 126 £ verurteilt. Die Hansen mußten befürchten, daß die noch schwebenden Prozesse, in denen es sich um die Summe von 18 880 £ handelte, ebenso enden würden[73]. Den hansischen Zwischenhandel versuchte der Kanzler zu vernichten, indem er behauptete, daß die Zollprivilegien der Hansen sich nur auf Waren hansestädtischen Ursprungs erstreckten, und daß sie Waren aus andern Ländern überhaupt nicht nach England bringen dürften[74]. Auch die alten, noch in der Hand des Königs befindlichen Schuldverschreibungen holte Wolsey hervor, um auf die hansischen Kaufleute einen Druck auszuüben. Wenn diese bei ihm Klagen vorbringen wollten, wurde ihnen mit der Einforderung der Obligationen gedroht, so daß sie schließlich nicht mehr wagten, irgendwelche Beschwerden einzureichen[75].

Der Hansetag von 1517 erhob beim König gegen diese unerhörten Zumutungen Vorstellungen und trug Stralsund, das zur Zurückgabe des Genommenen bereit war, auf, einen Vertreter nach England zu schicken und den Streitfall beizulegen[76]. Aber weder die Briefe der Städte noch der Bote Stralsunds hatten einen Erfolg zu verzeichnen. Auf dem Hansetag des nächsten Jahres beschlossen deshalb die Städte, die 1499 abgebrochenen Verhandlungen mit den Engländern wiederaufzunehmen. Sie baten Heinrich VIII., zum Herbst oder zum nächsten Frühjahr Gesandte nach den Niederlanden zu schicken[77]. Wolsey zeigte sich anfangs nicht sehr bereit, auf das Gesuch der Städte einzugehen, und ließ das Kontor lange ohne Antwort. Von einer Tagfahrt in den Niederlanden wollte er überhaupt nichts wissen. Nur auf englischem Boden wollte er mit den Hansen verhandeln.

Die Lage der hansischen Kaufleute wurde indessen von Tag zu Tag schwieriger. Im Januar 1519 stellte der Kanzler an sie die Forderung, sie sollten den geschädigten Lynnern ihre Verluste ersetzen oder sich mit Leib und Gut für die Sicherheit der Engländer, die zur Einforderung des Schadens nach Stralsund geschickt werden sollten, verbürgen. Als das Londoner Kontor beide Forderungen als rechtswidrig zurückwies, drohte Wolsey mit Repressalien und der Aufhebung der Privilegien[78].

Im Frühjahr 1519 erneuerten die Städte ihr Gesuch um Abhaltung einer Tagfahrt in den Niederlanden[79]. Nach England selbst Gesandte zu schicken, schien ihnen zu demütigend. Lieber wollten sie den Verkehr mit England abbrechen und den Kaufmann zum Verlassen des Landes auffordern[80]. Die hansischen Kaufleute bekamen aber, als sie die Werbung der Städte vorbrachten und um Antwort baten, von Wolsey nur übermütige und höhnische Worte zu hören. Der Kardinal forderte besonders die Erfüllung seiner genannten Forderungen. Es nutzte den Kaufleuten nichts, daß sie ihre Unschuld an der Wegnahme des Schiffes nachwiesen und sich auf ihre Privilegien beriefen. Am 6. Juni verurteilte sie die Sternkammer unter dem Einfluß Wolseys zu einer Buße von 500 £. Um den drohenden Repressalien, zu denen den Lynnern die Erlaubnis gegeben war, zu entgehen, mußten die Hansen die Strafe bezahlen[81]. Ebenso endete wenig später ein zweiter Prozeß vor der Sternkammer. Kaufleute aus Hull beklagten sich, daß ihnen im April 1519 ihr Schiff im Hafen von Wismar genommen sei. Wolsey entschied, daß sie sich an dem Gut der Hansen schadlos halten könnten, wenn diese nicht eine Entschädigung von 250 £ zahlten[82].

Der Kanzler gab sich aber damit noch nicht zufrieden. Er erklärte die Zollermäßigungen, welche die Hansen bisher genossen hatten, für aufgehoben, da sie in den Privilegien keine Begründung fänden. In Zukunft sollten die niedrigen Zollsätze nur noch für Waren, die aus den Hansestädten selbst stammten, wie Wachs, Flachs, Pech, Teer, Leinwand u. a., gelten, für alle anderen Waren aber, besonders auch für die, welche sie in England kauften und ausführten, sollten sie die Zölle der fremden Kaufleute bezahlen[83].

Nach vielen erfolglosen Werbungen erreichten die Kaufleute endlich im November, daß Wolsey, der bisher nur in England selbst mit der Hanse hatte verhandeln wollen, nachgab und sich bereit erklärte, im nächsten Jahr Gesandte nach Brügge zu senden[84].

Dort wurden am 21. Juli 1520 zwischen den hansischen und englischen Vertretern die Verhandlungen eröffnet[85]. Die ersten Reden der Engländer klangen durchaus friedlich und versöhnlich. Sie schienen nichts sehnlicher zu wünschen als die Wiederherstellung des guten Einvernehmens mit der Hanse[86]. Aber trotz der liebenswürdigen Worte dachten sie, wie der Beginn der eigentlichen Verhandlungen sofort zeigen sollte, weniger denn je an Entgegenkommen und an Erfüllung der hansischen Forderungen. Auf die meisten hansischen Klagen erwiderten die englischen Gesandten, ihnen sei von der Sache nichts bekannt, sie würden aber, wenn sie zurückgekehrt seien, eine genaue Untersuchung anstellen[87]. Die angegriffenen Handelsverordnungen verteidigten sie, indem sie behaupteten, der König könne zum Vorteil seines ganzen Landes auch gegen die hansischen Privilegien Statuten erlassen. Deshalb sei er durchaus befugt, im Interesse der zahlreichen Scherer und Walker in seinem Reich die Ausfuhr ungeschorener und unfertiger Laken zu verbieten. Dieses Recht bestritten die Hansen dem Könige aufs heftigste, weil es die Gültigkeit ihrer Privilegien aufzuheben drohte, und beriefen sich auf das kaiserliche und kanonische Recht und auf die Entscheidungen der Doktoren. Die Verbindlichkeit dieser für den englischen König lehnte Thomas Morus, der unter den englischen Vertretern besonders hervortrat, in einer längeren Rede ab; da sein König über sich keinen Herrn habe, gelte für ihn nur das englische und das natürliche Recht[88].

Nach der ausführlichen Verteidigung der Scherordnung wollten sich die englischen Gesandten auf weitere Verhandlungen nicht einlassen und schlugen schon am 4. August vor, die Beratungen zu vertagen. Den Antrag der Hansen, wenigstens über die schon genügend erörterten Artikel eine Einigung herbeizuführen, wiesen sie kurz ab; sie seien übereingekommen, in keiner Sache, welche die Gewalt und das Ansehen ihres Königs berühre, endgültig abzuschließen. Die Hansen befanden sich in einer schlimmen Lage; sie waren überzeugt, daß die Absicht der Engländer sei, sie entweder ganz aus dem Reiche zu vertreiben oder sie von Tagfahrt zu Tagfahrt hinzuziehen, bis sie durch Mühen und Kosten zur Nachgiebigkeit gezwungen seien und sich den englischen Forderungen fügten. Aber bei der in England herrschenden Stimmung mußten sie befürchten, daß sich der König zu einer nochmaligen Sendung einer Gesandtschaft nach den Niederlanden nicht werde bereit finden lassen, wenn man jetzt resultatlos auseinandergehe. Deshalb willigten die hansischen Gesandten in eine Hinausschiebung der Tagfahrt, welche sie für das kleinere Übel hielten[89].

Bei der Beratung über den Abschied prallten die Gegensätze nochmals scharf aufeinander. Die Hansen forderten vor allem, daß die im Exchequer gegen ihre Kaufleute schwebenden Prozesse während der Vertagung eingestellt und keine neuen eingeleitet würden. Die Engländer sahen in einer solchen Bestimmung eine Beeinträchtigung der Würde ihres Herrn und lehnten sie grundsätzlich ab. Sie erklärten sich dagegen bereit, beim Könige dahin zu wirken, daß er aus eigner Machtvollkommenheit und freiwillig die Prozesse bis auf weiteres vertage.

Da die hansischen Gesandten immer wieder auf ihre Forderung zurückkamen, teilte ihnen Morus, wie er sagte, ganz im geheimen mit, sie hätten aus England den Befehl erhalten, mit den Hansen nicht abzuschließen, da deren Vollmachten nicht genügten, sie selbst sähen aber im beiderseitigen Interesse lieber die Vertagung als den Abbruch der Verhandlungen und bäten sie deshalb, ihren zwecklosen Widerspruch aufzugeben. Sie legten den Hansen dann einen neuen Entwurf des Abschieds vor und verlangten seine unveränderte Annahme. Es wurde den hansischen Vertretern schwer, auf die Suspension der Prozesse zu verzichten. Doch sollten sie die Verhandlungen ganz scheitern lassen und ihre Kaufleute, die noch in England waren, einem ungewissen Schicksal überlassen? Um Zeit zu gewinnen, fügten sie sich und erklärten sich mit dem englischen Entwurf einverstanden. Der Abschied bestimmte, daß am 1. Mai 1521 eine neue Tagfahrt stattfinden sollte, und daß in der Zwischenzeit die Kaufleute in beiden Ländern frei und sicher verkehren dürften[90].

Da die Brügger Verhandlungen eine Besserung der Lage nicht gebracht hatten, gaben die hansischen Gesandten den Kaufleuten den Rat, sich zur Räumung Englands bereit zu machen. Sie forderten sie aber dringend auf, nichts gegen die Abmachungen zu unternehmen, damit den Engländern kein Anlaß gegeben werde, sich über diese hinwegzusetzen[91].

Um über die von den Engländern in Brügge erhobenen Forderungen und über ihr weiteres Vorgehen zu beraten, kamen die Städte Ende Mai 1521 in Lübeck zusammen. Die Beschwerden, die das Londoner Kontor vorbrachte, besonders das Verbot der Ausfuhr ungeschorener Laken, die Prozesse vor dem Exchequer, die Verurteilung der Kaufleute wegen der Tat der stralsundischen Auslieger, die Zurückbehaltung der Obligationen aus der Zeit Heinrichs VII., wurden hier ausführlich besprochen und den Gesandten, die von Lübeck, Köln, Hamburg, Danzig, Stralsund und Braunschweig zu den Verhandlungen mit den Engländern geschickt werden sollten, aufgetragen, dringend Abhilfe zu fordern und die hansischen Privilegien zu verteidigen. Wenn alle Versuche, eine friedliche Einigung herbeizuführen, mißglückt waren, dann sollte der letzte Schritt getan und das Kontor geräumt werden. In diesem Falle wollten die Städte einmütig zusammenstehen[92].

Die neue Tagfahrt, die auf den Wunsch der Städte wegen des Hansetages um einige Monate verschoben worden war[93], wurde am 13. September in Brügge eröffnet. Sofort nach dem Beginn der Verhandlungen forderten die englischen Gesandten, wie sie auf dem letzten Kongreß in Aussicht gestellt hatten[94], die Bekanntgabe der Namen der Städte, welche an den Privilegien in England teilnähmen. Als die hansischen Vertreter allerlei Ausflüchte machten und vorgaben, nicht alle Hansestädte zu kennen, erklärten die Engländer kurz, sie würden in die Verhandlungen nur eintreten, wenn ihre Forderung erfüllt werde. Die Hansen fügten sich schließlich, um jenen nicht den Vorwand zum Abbruch der Verhandlungen zu geben, und nannten 45 Städte als Mitglieder der Hanse, indem sie zugleich in einem Protest, den sie mit Zustimmung der Engländer abgaben, die Rechte der nichtgenannten hansischen Orte wahrten[95].

Die Verhandlungen drehten sich darauf hauptsächlich um die hansischen Privilegien. Die Engländer zählten in ihrer Beschwerdeschrift zahlreiche Mißbräuche und Überschreitungen der Freiheiten auf, welche sich die hansischen Kaufleute ihrer Meinung nach hatten zu schulden kommen lassen, und behaupteten, daß die Privilegien durch diese Mißbräuche verwirkt seien[96].

Thomas Morus setzte am 5. Oktober in einer längeren Rede auseinander, daß Heinrich VIII. nicht mehr verpflichtet sei, die Freiheiten zu beobachten, und die Kaufleute sofort aus seinem Reiche treiben könne. Da der König friedlich gesinnt und der alten Freundschaft eingedenk sei, wolle er jedoch von seinem Rechte zunächst keinen Gebrauch machen und versuchen, auf gütlichem Wege mit der Hanse zu einer Einigung zu gelangen. Die Hansen sollten ihr törichtes und zweckloses Pochen auf ihre angeblichen Rechte aufgeben und mit den Gesandten einen völlig neuen Vertrag über den gegenseitigen Verkehr abschließen. In ihrer Hand läge es, sich für Frieden und Freundschaft mit England oder für die Räumung des Reiches zu entschließen.

Trotz dieser scharfen Angriffe blieben die Hansen dabei, ihre Privilegien seien nach wie vor gültig, und forderten ihre uneingeschränkte Wiederherstellung. Sie bestritten die Richtigkeit der Entscheidung des königlichen Rats, auf die sich Morus gestützt hatte, und schlugen vor, die Streitfrage einem Schiedsgericht, dem Kaiser oder einer Universität, zu unterbreiten. Wenn auch die Engländer von einem Schiedsgericht nichts wissen wollten, so schienen sie doch im Übrigen einzulenken. Morus nahm seine ersten scharfen Äußerungen zurück. Der König wolle durchaus nicht die deutschen Kaufleute ihrer Freiheiten berauben und sie aus seinem Lande verjagen. Diese hätten aber ihre Rechte vielfach überschritten und dadurch die Interessen des Königs und seiner Untertanen schwer geschädigt. Da man dies nicht mehr dulden könne und wolle, müsse jetzt vor allem über jene Mißbräuche verhandelt und versucht werden, sie abzustellen. Die hansischen Vertreter waren zu einer Besprechung dieser Fragen nur unter der Bedingung bereit, daß ihre Freiheiten dadurch nicht berührt würden[97].

Als man mit diesen Verhandlungen beginnen wollte, erklärten Morus und Knight, sie seien von Wolsey zurückgerufen und müßten Brügge sofort verlassen. Mit ihrer Abreise gerieten die Verhandlungen ins Stocken. Die zurückgebliebenen englischen Gesandten wollten sie unter dem Vorwande, sie müßten das Eintreffen neuer Befehle vom König abwarten, nicht fortsetzen[98]. Erst nach fünf Wochen, am 19. November, kehrte Knight nach Brügge zurück[99]. Er kam aber nicht, um die abgebrochenen Verhandlungen wiederaufzunehmen. Wolsey ließ vielmehr durch ihn den Hansen eröffnen, er habe aus den früheren Verhandlungen die Überzeugung gewonnen, daß die hansischen Privilegien durch Mißbrauch verwirkt seien und allein von der Gnade des Königs abhingen, der sie aufheben oder weiter verleihen könne. Da er durch Morus und Knight erfahren habe, daß die Hansen zum Abschluß eines neuen Handelstraktats bereit seien, fordere er sie auf, zum 1. Mai 1522 zur Fortsetzung der Verhandlungen bevollmächtigte Vertreter nach England zu schicken[100].

Die Hansen waren über die Antwort des Kardinals sehr erstaunt. Energisch wiesen sie vor allem die Annahme zurück, daß sie mit dem Abschluß eines neuen Handelsvertrages einverstanden seien. Der Kardinal müsse über diesen Punkt falsch unterrichtet worden sein; denn sie dächten nicht daran, ihre Privilegien aufzugeben. Sie erinnerten die englischen Gesandten an die Versprechungen, die sie ihnen früher gegeben hatten, und baten sie, diese endlich zu erfüllen und die Privilegien wiederherzustellen. Die Hansen bemühten sich vergeblich, die Verhandlungen wieder in Gang zu bringen. Die englischen Gesandten behaupteten, Weisung zu haben, alles an den König zurückzubringen. Sie dürften nur noch kurze Zeit in Brügge warten. Die Hansen sollten sich deshalb schnell entschließen. Diese lehnten aber ab, auf die englische Forderung eine bestimmte Antwort zu geben, da sie ihren Städten in einer so wichtigen Sache nicht vorgreifen wollten[101].

Die wochenlangen Verhandlungen hatten wieder ergebnislos geendet. Die Lage der Hansen war schlimmer denn je. Ihre Vertreter hatten zwar an Heinrich VIII. und Wolsey die Bitte gerichtet, den Termin für die neue Tagfahrt zu verschieben, damit die Städte Zeit hätten, über die englische Forderung zu beraten; ihr Gesuch war aber ohne Antwort geblieben. Es stand zu befürchten, daß Wolsey die hansischen Freiheiten sofort einziehen werde. Die Städte forderten ihre Kaufleute deshalb auf, ihre Privilegien und Kleinodien in Sicherheit zu bringen, selbst aber so lange wie möglich auf dem Kontor auszuharren[102]. Doch ging die Gefahr, welche der Hanse zu drohen schien, vorüber. Die befürchtete Aufhebung der Privilegien erfolgte nicht, obwohl die Städte im Sommer 1522 keine Gesandtschaft nach England schickten. Die hansisch-englischen Beziehungen besserten sich wieder, und von einer Wiederaufnahme der Verhandlungen war auf beiden Seiten nicht mehr die Rede.

Durch die von Schanz seinem Werk über die englische Handelspolitik beigefügten Tabellen sind wir über die Größe der Ein- und Ausfuhr Englands in der Zeit der beiden ersten Tudors ausgezeichnet unterrichtet. Wir sehen, daß der hansische Handel in England in dieser Zeit noch recht ansehnlich war. Die Hansen führten unter Heinrich VIII. mehr Tuch aus als alle anderen fremden Kaufleute zusammen. Sie verzollten jährlich im Durchschnitt 23 352 Stück, die anderen Fremden dagegen nur 19 665 Stück. Die Tuchausfuhr der Hansen war in der ersten Hälfte des 16. Jahrhunderts in fortwährendem Steigen begriffen.

Die hansischen Kaufleute verzollten in London[103]:

1500	21 389	Stück	}	
1509-1527	19 252	"	}	
1527-1538	25 979	"	}	im jährlichen Durchschnitt
1538-1547	28 339	"	}	
1547/48	43 583	"		
1548/49	44 402	"		

Auch über die hansische Einfuhr in dieser Zeit können wir genauere Angaben machen, als es für frühere Perioden möglich war. Während der Regierung Heinrichs VIII. war fast die gesamte Wachseinfuhr (97 %) in den Händen der Hansen[104]. Ihr Anteil an dem Import der übrigen östlichen Produkte muß ebenso groß gewesen sein. Denn noch um die Mitte des Jahrhunderts beklagten sich die Engländer, daß die Hansen die Preise für Flachs, Hanf, preuß. Eisen, Asche, Pech, Teer, Tran, Stockfisch absichtlich hochhielten. Die hansischen Kaufleute beherrschten also den Handel mit diesen Artikeln. Dasselbe zeigt noch ein anderes Beispiel. 1545 hatte ein Hanse den Handel mit Bogenstäben in seiner Hand monopolisiert und wollte zum großen Unwillen der Engländer zu dem ihm festgesetzten Preise nicht verkaufen[105].

An dem englisch-isländischen und dem englisch-südfranzösischen Handel waren die Hansen damals noch stark beteiligt. 40 hansische Schiffe verkehrten im Durchschnitt jährlich zwischen England und Südfrankreich. Dagegen war der hansische Handel von Bergen nach Boston im Rückgang. 1505 klagte das Londoner Kontor, daß der Hof zu Boston ganz verfalle, und daß kein Bergenfahrer mehr die Stadt aufsuche. Der Kaufmann bat deshalb die Städte, jene wieder zum Besuch der Niederlassung in Boston zu veranlassen, damit der Handel nach Bergen nicht ganz in die Hände der englischen Kaufleute überginge, welche seit einiger Zeit wieder zahlreicher nach Norwegen führen[106].

Zum Vergleich wollen wir nun einige Zahlen über den englischen Aktivhandel in dieser Periode anführen. Der Anteil der englischen Kaufleute am Tuchexport betrug unter Heinrich VIII. 58 %[107]; sie führten im Durchschnitt jährlich 55 000 Stück aus. Ihr Export stieg in der ersten Hälfte dieses Jahrhunderts von 44 256 auf 61 908 Stück. Die nicht mehr große Wollausfuhr wurde wohl vollständig, die Zinnausfuhr zu 78 % und die der Häute und Felle zu 46 % von den Engländern selbst besorgt. Einen hervorragenden Anteil hatten sie ferner an dem Weinimport (78 %)[108].

Leider ist es nicht möglich, mit Sicherheit zu entscheiden, ob der Anteil der englischen Kaufleute an der Ein- und Ausfuhr ihres Landes seit dem 14. Jahrhundert zugenommen hat. Man darf aber wohl annehmen, daß sich im großen und ganzen seit Eduard III. und Richard II. in dieser Hinsicht die Verhältnisse nicht viel verschoben haben.

Der englische Handel ging zum weitaus größten Teil nach den Niederlanden; Antwerpen war der Weltmarkt für das englische Tuch. Von dort drangen die englischen Kaufleute auch ins Innere Deutschlands vor; wir finden sie auf den großen westdeutschen Märkten, besonders auf der Frankfurter Messe[109]. Gering blieb dagegen der Ostseehandel der Engländer. 1503 gingen 21 und 1528 57 englische Schiffe durch den Sund. In den dreißiger und vierziger Jahren betrug der englische Verkehr durch den Sund im Durchschnitt 36 Schiffe[110].

FUSSNOTEN ZU KAPITEL 8

1 HR. III 2 n. 31.

2 HR. III 2 n. 30, 32. 1486 Juni 29 bestätigte Heinrich VII. auch das Übereinkommen, welches die Zurückbehaltung von 10 000 £ vom Zoll betraf. HR. III 2 n. 33. Gegen Schanz I S. 183, daß der König nur notgedrungen die Konfirmation der Privilegien vollzogen habe, hat Schäfer in Jahrb. f. Nat. u. Stat. n. F. VII S. 98 ff. mit Recht eingewendet, daß sich für diese Behauptung in den Quellen kein Anhaltspunkt findet. Aus dem Briefe des Londoner Kontors an Danzig (HR. III 2 n. 32) erfahren wir, daß die Kaufleute aus London, York, Lynn usw. vom König und Parlament begehrt hatten, die hansischen Privilegien nicht zu bestätigen, solange die in ihrer Eingabe dargelegten Beschwerden beständen, daß der König aber ihrem Wunsche nicht stattgegeben hat. Diese Bestätigung der Privilegien gegen den Wunsch und Willen der Kaufleute widerlegt am schärfsten die Annahme von Schanz, daß Heinrichs VII. Politik von Anfang an hansefeindlich gewesen sei. Schanz glaubt eine Stütze für seine Annahme darin zu finden, daß sich die hansischen Kaufleute schon auf dem Lübecker Städtetag von 1486 März 9 über neue Bedrückungen in England beschwerten. HR. III 2 n. 26 §§ 16-18. Schäfer in Jahrb. f. Nat. u. Stat. n. F. VII S. 101 meint aber mit Recht, daß es wegen der kurzen Zeit, die der Städtetag nach dem Regierungsantritt Heinrichs VII. stattfand, (knapp ein halbes Jahr), überhaupt sehr fraglich ist, ob diese Beschwerden erst seit 1485 bestanden. Denn im allgemeinen waren die hansischen Kaufleute nicht so schnell bei der Hand, wegen Privilegienverletzungen kostspielige Gesandtschaften an die Städte zu schicken. Die Erledigung, die eine der hansischen Klagen durch den König fand, spricht ferner eher gegen als für die Annahme von Schanz. Die Frage, ob die Hansen für ihre Waren, die

nicht aus den Hansestädten stammten, die Subsidie von 12 d bezahlen müßten, ließ der König durch einen Rechtsspruch entscheiden. Das Urteil fiel zugunsten der Hanse aus. Schanz I S. 183 Anm. 1. Mit diesem Spruch vergleiche man die Urteile in ähnlichen Fällen aus früherer Zeit. Sie haben alle gegen die Hanse entschieden. Diese Subsidienfrage spielte noch in allen Verhandlungen, die zwischen der Hanse und England in den nächsten Jahrzehnten geführt wurden, eine große Rolle.

3 HR. III 2 n. 32, 103-108, 110.

4 De heren seggen, dat wii nu dubbeler siin, dan wii in olden tiiden plegen to siinde; wan et uns geleve, so sii wii Denen, und wan wii willen, so sii wii Oisterlinge, schreibt der Kaufmann zu London an Danzig. HR. III 2 n. 104.

5 HR. III 2 n. 511.

6 Das Brügger Kontor beschwerte sich 1487, dat sik etlike van der henze unde welke andere by den Engelschen ofte anderen beschadiget sik uth der hanze geven unde reden up eres sulves eventur tor zewart uth, edder geven sik under den heren konyngh to Dennemarken etc, alse Hans van Alten, Ludeke Meyer, den men het dove Ludeke van der Ryge, Pynyngh, Pothorst unde der geliken,... HR. III 2 n. 162 § 4. Über Hans van Alten vgl. Caspar Weinreich S. 762 f.

7 HR. III 2 n. 104-106, 161 § 13. Ende 1486 erließ der König ein Tuchausfuhrverbot nach den Niederlanden. Die Hansen behaupteten, dies sei erlassen, um ihren Handel zu hindern. "Umb den wiillen, dat de Engelschen umb der schepe van orlige nicht overgaen dorsten, darumb hewen se ock unse reise bestoppet und belettet." HR. III 2 n. 109. Auch Schäfer in Jahrb. f. Nat. u. Stat. n. F. VII S. 104 bringt das Lakenausfuhrverbot in Zusammenhang mit dem dänisch-englischen Kaperkriege und sagt, daß es wesentlich deshalb erlassen wurde, weil in der Kriegszeit die Tuchausfuhr ganz in die Hände der neutralen Hansen zu gelangen drohte. Bei dieser Erklärung würde man es aber nicht verstehen, warum Heinrich VII. nur die Ausfuhr in die Lande des römischen Königs untersagte und den Verkehr mit den anderen Ländern gestatte-

te. Da Heinrich kein allgemeines Ausfuhrverbot erließ, kann der Anlaß zu seinem Vorgehen nur in den englisch-burgundischen Beziehungen liegen. Auf die von Köln 1491 in Antwerpen überreichten Klagen antworteten die englischen Gesandten, quod Martinus Swarts manu armata invasit regnum Anglie etc, qua de causa rex habuit dissentionem cum rege Romanorum, unde fecit proclamare, quod merces harum terrarum non deberent adduci sub pena confiscationum. HR. III 2 S. 523 Anm. c. Der Einfall des Söldnerführers Martin Schwarz hängt mit dem Aufstand des Grafen von Lincoln, Johann de la Pole, zusammen. Vgl. Fisher S. 13, auch Caspar Weinreich S. 763 f. Wir sehen also, das Ausfuhrverbot hatte mit den hansisch-englischen Beziehungen und auch mit dem dänisch-englischen Kaperkriege schlechterdings nichts zu tun. Daran ändert auch die Tatsache nichts, daß es wie den englischen so auch den hansischen Handel traf. Die Londoner Kaufleute scheinen besonders scharf darauf gedrungen zu haben, daß die Hansen zur Beobachtung des Verkehrsverbots gezwungen würden. Es ist verständlich, daß sie, da ihr Handel stillstand, auch ihren Konkurrenten keine Geschäfte gönnten. Hansische Waren, die aus Burgund kamen oder dorthin geführt werden sollten, wurden mehrmals beschlagnahmt. HR. III 2 n. 161 § 2, 506 § 4, 508 § 19 und Anm. c. Durch das Ausfuhrverbot wurde besonders der kölnische und westdeutsche Handel getroffen. Die Kölner beklagten sich deshalb auch am meisten über diese Beschränkung ihrer Freiheiten. HR. III 2 n. 191, 192, 219, 221. Das Verbot dauerte nicht lange. Im Oktober 1487 schrieb Heinrich an die Städte, daß er es aufgehoben habe. HR. III 2 n. 188. Im nächsten Jahre wurde aber die Ausfuhr nach Burgund wieder untersagt. Die hansischen Kaufleute mußten sich verpflichten, keine Waren dorthin auszuführen. HR. III 2 n. 228-233.

8 HR. III 2 n. 188, 189.

9 HR. III 2 n. 193, 217 § 20, 223.

10 HR. III 2 n. 506 § 3, 508 §§ 29, 35, Caspar Weinreich S. 780.

11 HR. III 2 n. 302, 306-316, 340-343, 359, 387, 508 §§ 29, 38-40, 510 § 36.

12 HR. III 2 n. 188.

13 Der Lübecker Hansetag vom Mai-Juni 1487 hatte eine Gesandtschaft nach England zu schicken abgelehnt, "na deme dat dar so bister yn dem lande staet, dat men nicht en weit, wol here offte konynck ys". HR. III 2 n. 160 §§ 270-272, 329, 164 § 27, 191, 212, 217 § 28, 218, 301. Heinrich VII. mußte 1486/87 seinen Thron gegen die Erhebung Lambert Simnels verteidigen. 1487 Juni 16 wurde die Schlacht bei Stoke geschlagen. Vgl. Fisher S. 16 f.

14 Der englische Kanzler erklärte Ende 1489 den Hansen: wy mosten uns in dussen saken anders holden, sey en dechten dar nycht mede to lydende, dey dachte van den beschedigeden worden over uns so groit, sey mosten dar eynen anderen wech inne vinden. HR. III 2 n. 311. Wenig später äußerte der König, daß er bis jetzt seine Kaufleute hingehalten habe in der Hoffnung auf eine Gesandtschaft der Städte, daß er ihnen aber nicht länger Gerechtigkeit versagen könne. HR. III 2 n. 340.

15 HR. III 2 n. 339, 341. Daß Schanz I S. 187 die Vorgänge, die zur Antwerpener Tagfahrt führten, falsch dargestellt hat, daß es besonders verkehrt ist, mit ihnen die gleichzeitigen englisch-dänischen Verhandlungen in Zusammenhang zu bringen, zeigt Schäfer in Jahrb. f. Nat. u. Stat. n. F. VII S. 110 f.

16 HR. III 2 n. 340.

17 Statutes of the Realm II S. 502, 506, 520, 534. Die Hansen liefen besonders gegen die neue Scherordnung Sturm. Ihre Klagen über sie hörten unter Heinrich VII. und Heinrich VIII. nicht auf. Sie behaupteten, quod ea res non tam instituta dinoscitur ad communem omnium profectum, neque ad incrementum generalis officii eorum pannos servantium, sed potius in occasionem extrudendi mercatores de ansa ab omni mercatura in Anglia, ut soli Londonienses, hujus novitatis inventores, questum exerceant et soli habeant mercandisas nunc ab Almanis tractatas. HR. II 2 n. 506 § 7, auch 161 § 4. Denn obwohl das englische Tuch zum Scheren nicht geeignet sei und die englische Regierung dies wisse, fasse sie keine Maßregeln gegen die schlechte Anfertigung des Tuchs, ver-

lange aber, daß die Hansen nur gut gefertigtes Tuch ausführten. HR. III 2 n. 161 §§ 3, 4, 506 §§ 5, 8, 9. Ferner behaupteten die hansischen Kaufleute, quod frequentius fit executio adversus Almanos quam Anglicos similiter pannos Antwerpiam evehentes, ubi tamen Anglici, nullum est discrimen inter justos et injustos pannos, nam ab Antwerpiensibus dicuntur privilegiati, ut non teneantur emptoribus de defectibus comparentibus respondere. HR. III 2 n. 506 § 10, auch 161 § 4, 508 § 20. Diese hansischen Klagen sind wohl stark übertrieben. Soweit sie die englischen Kaufleute angehen, gehören sie sicher ins Reich der Fabel. Denn jene machten, als Heinrich VIII. das Gesetz strenger als sein Vater durchzuführen versuchte, gegen dieses genau in derselben Weise Front wie die Hansen und bekämpften es mit fast denselben Argumenten. Vgl. Schanz I S. 452 f. — Überhaupt ist es verkehrt, aus diesen Handelsverordnungen die Hansefeindlichkeit des Königs und Parlaments zu folgern. Solche Bestimmungen wurden im Interesse und auf Betreiben einzelner Erwerbsstände erlassen und waren oft den englischen Kaufleuten ebenso unbequem wie den fremden.

18 1487 wurde das Seideneinfuhrverbot auf die Hansen noch nicht angewendet. Sie sagten damals darüber: Unde wowol sullike syde in Engelant sumwilen kumpt, so nochtant de acte nicht revoceret en is, alse id sik billich na des kopmans privilegien geborde, steyt de kopman nochtant in groten varen van den officiers des konynghes der syden halven. HR. III 2 n. 161 § 10, 508 §§ 2, 5, 10-12. Vgl. Schäfer in Jahrb. f. Nat. u. Stat. n. F. VII S. 101 f. — 1486/87 ließ ein hansischer Kaufmann seine gekauften Laken in England scheren. HR. III 2 n. 118 § 1, auch 508 § 29. Aber dies ist sicher nicht immer der Fall gewesen. Wir sehen, daß im April 1489 Kölner Kaufleute ungeschorene Laken ausführen wollten. HR. III 2 n. 298.

19 Item quamvis mercatoribus ex antiquo omnis generis merces juxta sua privilegia in Angliam liceret inducere, tamen temporibus illustris memorie Eduwardi quarti quedam mulieres Londonienses serica tractantes impetrarunt, ut omne sericum Colonie preparatum de universo regno excluderetur idque per actum parliamenti firmaretur; mercatores tamen usque

hodie se adversus hec regia provisione, de qua supra memoratur, tutabantur et indempnes remansere; sed hodie increscente Almanorum odio illa provisio exploditur et mercatores dicti pregravantur, cum occasione jam plerisque mercatoribus sua serica, cum e navibus portarentur, sunt adempta, ut inferius plane deducetur. HR. III 2 n. 506 § 20.

20 HR. III 2 n. 298-301, 506 §§ 11, 12, 508 § 21.

21 HR. III 2 n. 506 § 20, 508 § 12 und Anm. b, 3 n. 727.

22 HR. III 2 n. 501 § 6, 506 § 16, 508 §§ 13, 15 und Anm. e.

23 HR. III 2 n. 26 § 18, 161 §§ 5-7, 501 § 5, 506 §§ 14, 15, 17, 508 §§ 24 und Anm. c, 25, 26. Die Klage über die Festsetzung der Verkaufspreise durch den Mayor ist alt. Sie wurde schon 1462 von den Hansen vorgebracht. HR. II 5 n. 263 § 25.

24 HR. III 2 n. 26 § 17, 161 § 12, 501 § 7, 506 § 25. Die hansischen Kaufleute beschwerten sich wiederholt auch über Übergriffe der Zolleinnehmer und Wiegebeamten und über Parteilichkeit der Gerichte. HR. III 2 n. 161 §§ 11, 14, 501 § 8, 506 §§ 21, 22, 26, 27.

25 HR. III 2 n. 218-220, 226, 299, 300, 302, 304, 307, 309, 313-316.

26 HR. III 2 n. 344-348, 355 §§ 7-10, 357-361, 375-388, 399 §§ 1-11, 404-408, 454-470, 478, 485 ff.

27 HR. III 2 n. 496 §§ 152-160, 176-188, 193-232, 497, 507-511, 514 §§ 73, 75-82, 85-90, 93, Caspar Weinreich S. 785 f.

28 HR. III 2 n. 501, 506.

29 Die Engländer erwiderten, quod officium tonsorie esset notabile officium et antiquum in Londonio, necesse esset illud conservare. HR. III 2 S. 526 Anm. b.

30 HR. III 2 S. 524 Anm. g, 527 Anm. c, 528 Anm. c, 530 Anm. b, 532 Anm. a, n. 514 § 83 (S. 586). Die Gültigkeit der hansischen Zollprivilegien für alle von den Hansen ein- und ausgeführten Waren wurde damals anerkannt: Item appunctuatum, conventum et conclusum est, quod cessare debeat aliena et extorta de verbo "suum" interpretatio, juris dispositioni communi, privilegiorum tenori et longeve observantie, que optima est legum interpres, contraria. HR. III 2 n. 498 § 8.

31 HR. III 2 n. 496 §§ 207, 237-245, 267-270, 504, 505, 514 §§ 83, 88, 93, 103, 529. Danzig räumte durch diese Erklärung den englischen Kaufleuten keine neuen Freiheiten ein. Wiederholt hat es früher erklärt, jene gleich den Kaufleuten aus den Hansestädten behandeln zu wollen, so 1428: HR. I 8 n. 546 § 7, dann besonders 1476, als es den Utrechter Frieden annahm, HR. II 7 n. 150, 151; siehe auch S. 126. Auch die Vergünstigung, den Artushof zu besuchen, war nicht neu, wie aus der Antwort, welche die Danziger 1499 gaben, hervorgeht: nam eam esse Arcturi, a qua propter turbationem essent ejecti, ab illo die tractatus denuo admissi, in qua esset honestorum conventio mercatorum,... HR. III 4 n. 150 § 38, auch 166 § 4. Ein Ausschluß der Engländer war doch nur möglich, wenn sie schon vor 1491 zum Artushof zugelassen waren. Schon in Utrecht 1473 war der Besuch des Artushofes Gegenstand der Verhandlungen. Die Engländer klagten, quod ante turbacionem et dissensionem jam ultimo supervenientem etc., ipsi fuerunt impediti de accedendo gracia solacii ad unam plateam vocatam Artoershoff in opido de Dantzke contra antiquam ipsorum consuetudinem et libertatem, ubi omnes alie naciones conveniunt. Die Danziger erwiderten darauf, indeme alle dinck to gude kome, so men hope, schole sodanes wall vortgestallet werden, dat deme so beschee, so se sick vormodeden, daranne neyn swarheyt scholle wesen. HR. II 7 n. 34 § 68, 36 § 6. Dies ist dann auch nach dem oben Gesagten erfüllt worden. Ob die Engländer das Recht des freien Handels während des Dominikmarktes schon immer besessen haben, läßt sich nicht nachweisen. Es ist aber sehr wahrscheinlich, da auf den großen Märkten der Handel überhaupt unbeschränkt war. Es kann also nicht davon die Rede sein, daß Danzig damals wenigstens einige Konzessionen machte, wie Schanz I S. 189, 234 ff. behauptet. Vielmehr traten die Engländer mit der Annahme der preußischen Erklärung den Rückzug an; denn die weitgehenden Forderungen der Kaufleute wurden dadurch von ihnen preisgegeben. Vgl. Schäfer in Jahrb. f. Nat. u. Stat. n. F. VII S. 107.

32 HR. III 2 n. 498 §§ 1, 9.

33 HR. III 2 n. 496 §§ 247, 265, 498 § 6.

34 HR. III 2 n. 498 § 6.

35 HR. III 2 n. 546, 549, 3 n. 50-60, 65 §§ 32-36, 66, 229 bis 242, 265-271, 277-281, 353 § 58, 379, 387, 394, 395, 501, 577-587, 723-728. 1492 richtete Dänemark, das vor einem Krieg mit den Städten stand, an Heinrich VII. das Gesuch, mit ihm ein Bündnis gegen die Hanse zu schließen. Heinrich lehnte aber ab. Dies zeigt, wie wenig er daran dachte, mit der Hanse zu brechen und feindlich gegen sie vorzugehen. HR. III 3 n. 84.

36 HR. III 2 m. 549, 3 n. 58, 59, 236, 266, 572. Die Hansen klagten damals wieder hauptsächlich über die neue Scherordnung. Wie weit sie aber wirklich angewendet wurde, ist nicht ersichtlich. Nach Schanz I S. 449 Anm. 6 wurde sie unter Heinrich VII. überhaupt nur lässig durchgeführt. Über das Seideneinfuhrverbot schrieb Köln im Okt. 1494: desglichen ouch die syde, man alhie in unser stat bereidet, die die unsere altzyt in Engelant in craft unser privilegien bracht haint, uch nu inzobrengen nyet gestaedt, sunder degelichs als vur vorbuert guet van des heren konynges officieres genomen werde. HR. III 3 n. 381 (S. 308). Im Jan. 1497 richtete dann Köln wegen der Behinderung der Seideneinfuhr eine Beschwerde an den König und das Parlament. HR. III 3 n. 691, 727, 727a.

37 HR. III 3 n. 285-288, 353 § 61.

38 HR. III 3 n. 259-261, 272 § 6, 273, 274, 285-288, 291, 4 n. 13 § 1, 14 §§ 1, 16, 17. Vgl. Schanz I S. 17 f.

39 HR. III 3 n. 279, 289-292, 333, 334, 358, 396, 399-403, 415-423, 572, 4 n. 13 § 5.

40 HR. III 3 n. 573-583, 585, 723-728, 731, 745, 747, 4 n. 6, 7.

41 HR. III 4 n. 8-18.

42 HR. III 4 n. 22-24, 58-63, 79 §§ 78, 79, 125, 126, 138, 139, 185, 186, 82, 83, 85, 108-111.

43 Struere illos fraudem, ut, quandocumque liberet, discederent a tractatu pretendentes mandati invaliditatem. HR. III 4 n. 150 § 9.

44 HR. III 4 n. 150 §§ 7-18, 174 §§ 1-27, 180 §§ 1-7.

45 HR. III 4 n. 150 §§ 19-28, 162-164, 174 §§ 28-42, 180 §§ 8-25.

46 HR. III 4 n. 150 §§ 29-33, 174 §§ 43-46, 175, 180, 192.

47 HR. III 4 n. 181.

48 HR. III 4 n. 150 §§ 59-65, 165-167, 174 §§ 53-58.

49 Que nunc placent inde rejiciuntur, et prius non habere mandatum pretulerunt, quotiens emergeret aliquid non placens, et nunc quotiens exhiberetur, quod non probarent, in responsis regiis aliter esse dixerunt. HR. III 4 n. 150 § 68.

50 HR. III 4 n. 150 §§ 66-85, 152-155, 174 §§ 59-69, 203.

51 HR. III 4 n. 128, 129, 131. Die damaligen Verhandlungen zwischen Riga und England hat Schäfer in Jahrb. f. Nat. u. Stat. n. F. VII S. 116 f. ausführlich behandelt und die völlig falsche und irreführende Darstellung von Schanz I S. 238 ff. nachgewiesen.

52 HR. III 4 n. 131, 143, 144 und Anm. 2, 150 §§ 43, 78, 151 §§ 17, 18, 153 § 6, 195.

53 HR. III 4 n. 278, 280 §§ 2, 3, 295 §§ 18, 19, 312 § 4, 315.

54 HR. III 4 n. 279, 7 n. 460 § 9. Vgl. Schäfer in Jahrb. f. Nat. u. Stat. n. F. VII S. 119.

55 Die Behauptung von Schanz I S. 197, daß die Aussichten für die Hansen damals trübe waren, und daß, so sehr der König einen Krieg mit der Hanse scheute, doch der Gedanke vorhanden war, mit Gewalt gegen sie vorzugehen, muß entschieden abgelehnt werden. Es deutet nichts darauf hin, daß damals ein verstärkter Ansturm gegen die Hansen stattfand oder bevorstand. Der auffallende Mangel an urkundlicher Überlieferung in den ersten Jahren des 16. Jahrhunderts läßt vielmehr vermuten, daß die gegenseitigen Beziehungen im wesentlichen ruhig verliefen.

56 HR. III 4 n. 235, 240, 244, 246, 279, 368, 372 § 22, 484, 485, 5 n. 20.

57 HR. III 5 n. 22.

58 HR. II 7 n. 44 § 8, 106, III 2 n. 501 § 4, 4 n. 150 § 22.

59 HR. III 5 n. 20, 21, S. 749.

60 Ob die Provisio Heinrichs VIII. mit der von 1504 identisch ist, oder ob sie der von 1474 entspricht, läßt sich nicht entscheiden.

61 Vgl. Schanz I S. 28 f.

62 HR. III 5 n. 29. Die Städte billigten durchaus die Haltung des Kontors. HR. III 5 n. 43 §§ 7, 8, 28, 44, 45.

63 Wenn sich die Hansen später über die Zurückbehaltung von Obligationen durch den König beschwerten, handelt es sich immer um die 1493 von ihnen ausgestellten Bürgschaften. HR. III 4 n. 14 § 16, 5 n. 250 § 7, 7 n. 110 § 7, 337 § 11.

64 HR. III 5 n. 105 §§ 337-339. Vgl. Schanz I S. 29.

65 HR. III 5 n. 20, 30, 89, 115, 250.

66 HR. III 5 n. 105 §§ 346-356, 243 §§ 75-77, 93-104. Es kann keinem Zweifel unterliegen, daß der Zweck der Gesandtschaft sein sollte, auf dem Kontor wieder Ordnung zu schaffen, nicht aber der, beim englischen König wegen der Nichtbeobachtung der hansischen Privilegien Vorstellungen zu erheben. Denn die Hanse hat es in damaliger Zeit stets abgelehnt, zu Verhandlungen mit der englischen Regierung ihre Gesandten nach England hinüberzuschicken. HR. III 2 n. 189, 3 n. 394, 4 n. 240, 7 n. 188, 197 § 33. Es läßt sich kein Grund auffinden, weshalb sie dies eine Mal ihre Bedenken zurückgestellt haben sollte. Schanz I S. 200 muß demnach berichtigt werden.

67 HR. III 5 n. 115, 117, 250. Die Klagen, die das Londoner Kontor zu den beiden Hansetagen von 1506 und 1507 einschickte, sind durchweg nur Abschriften von Klageartikeln aus den achtziger und neunziger Jahren, besonders der Klageschrift von 1487. HR. III 2 n. 161. Zu beachten ist auch, daß Danzig 1507 von keiner Verletzung der hansischen Freiheiten wußte. HR. III 5 n. 245 § 24, 260. – Nach Schanz I S. 200 erklärte der englische König 1508 Juli 8 die den Hansen 1493 Okt. 21 aufgedrungene Obligation im Betrage von 20 000 £ für verfallen, indem er behauptete, die Tuchausfuhr der Hansen nach den Niederlanden sei unstatthaft. Ich kann die Richtigkeit dieser Nachricht leider nicht nachprüfen. Auf keinen Fall kann aber Heinrich VII. damals Schritte unternommen haben, die Obli-

gationen einzuziehen. Ein solches Vorgehen des Königs hätte doch irgendwelche Spuren in der hansischen Überlieferung hinterlassen müssen.

68 HR. III 5 n. 607, 6 n. 188 § 54, 196 §§ 109, 111-113, 203 § 3, 270, 443, 7 n. 455§ 8, 456 § 9, 457 §§ 13-15.

69 Heinrich VIII. lehnte das Gesuch Johanns ab, quia ansa Teutonica, cujus non parva pars est Lubeka civitas, a multis retroactis annis certis quibusdam libertatibus atque immunitatibus in hoc nostro regno gaudet, et proinde est etiam ac fuit semper – durantibus ipsis libertatibus et immunitatibus – tam progenitoribus nostris regibus quam nobis quoque ipsis amicitia conjuncta. HR. III 5 n. 517, 518, 533, 6 n. 137.

70 HR. III 6 S. 147 Anm. 1, Journals of the House of Lords I S. 17, 41. 1511 erklärte der Kanzler, quoad provisiones pro mercatoribus de hanse, quod provisio pro ipsis per regem signata sufficiet eis, absque assensu dominorum aut domus communis; ebenso 1514. – Auf Grund dieser Provisio scheint die unter Heinrich VIII. neu eingeführte Scherordnung anfangs auf die Hansen nicht angewendet worden zu sein. Zwar klagte das Londoner Kontor schon 1513 über das Statut; aber wie wir noch sehen werden, wurde erst seit 1517 gegen hansische Kaufleute, die ungeschorene Laken ausführten, ernstlich vorgegangen. Ferner gab 1521 der englische Unterhändler selbst zu, mercatores nostros a paucis annis et citra dumtaxat usos esse illa libertate evehendi pannos intonsos. HR. III 6 n. 484. 7 n. 338 § 2; vgl. Schanz I S. 452. – Ob die Hansen die beiden anderen der öfter genannten Parlamentsakten haben beobachten müssen, können wir nicht entscheiden. 1518 und 1520 klagten sie, daß sie trotz "regia provisio" und "diuturna consuetudo" Bordeauxwein und Toulouser Waid nur in englischen Schiffen nach England bringen dürften, und daß einem Kölner Kaufmann kürzlich zweimal Waid beschlagnahmt worden sei, weil er ihn auf nichtenglischen Schiffen eingeführt habe. HR. III 7 n. 110 § 3, 337 § 8, 340a § 42.

71 Am 1. Mai 1517 fand in London ein Aufstand gegen die Fremden statt. Vgl. Schanz I S. 202.

72 HR. III 6 n. 270, 292, 438, 443, 7 n. 110 §§ 7, 203 § 6, 337 § 10.

73 HR. III 7 n. 110 §§ 1, 2, 188, 340 § 1, 340a §§ 21, 22.

74 HR. III 7 n. 45 § 57, 110 § 9, 337 § 6.

75 HR. III 7 n. 110 § 6, S. 606 Anm. f.

76 HR. III 7 n. 39 §§ 109-116, 171, 175-177, 45 § 59.

77 HR. III 7 n. 108 §§ 148-153, 227, 253-257, 273, 114.

78 HR. III 7 n. 188.

79 HR. III 7 n. 203 § 1.

80 HR. III 7 n. 113 § 10, 173 § 22, 174 § 9, 188, 197 § 33.

81 HR. III 7 n. 203 §§ 3-31, 40-46, 53-63, 211 (S. 412).

82 HR. III 7 n. 204-210.

83 HR. III 7 n. 203 §§ 37-39, 211 (S. 412).

84 HR. III 7 n. 203 §§ 33-36, 211 (S. 411), 239, 246 § 47, 254, 257.

85 HR. III 7 n. 332 §§ 1-3, 341, 342, 347-351.

86 HR. III 7 n. 332 § 3.

87 HR. III 7 n. 332 § 20, 337-339.

88 HR. III 7 n. 332 § 18, 338 § 1, 339 §§ 2-4.

89 HR. III 7 n. 332 §§ 20-24.

90 HR. III 7 n. 332 §§ 25-40, 333-336.

91 HR. III 7 n. 332 § 41, S. 577 Anm. 1.

92 HR, III 7 n. 332 §§ 42-46, 391 §§ 11-25, 394 §§ 1-5, 413 §§ 59-116.

93 HR. III 7 n. 398, 413 § 121, 415, 445, 446.

94 HR. III 7 n. 332 § 33, 334.

95 HR. III 7 n. 448 §§ 8-17, 450 §§ 4-12, 453. Die Zahl der Städte ist verschieden überliefert. Die oben genannte Zahl findet sich in dem zweiten Bericht. HR. III 7 n. 450 § 12.

96 HR. III 7 n. 455.

97 HR. III 7 n. 448 §§ 18-37, 450 §§ 13-62, 454-460.

98 HR. III 7 n. 448 §§ 37-45, 450 §§ 62-65.

99 HR. III 7 n. 448 §§ 45-47, 450 § 65, 461.

100 HR. III 7 n. 448 § 48, 450 § 65, 462.

101 HR. III 7 n. 448 §§ 51-58, 450 §§ 65, 66, 451.

102 HR. III 7 n. 448 § 57, 463-465, 8 n. 25 §§ 41, 42, 31, 66, 95 § 30.

103 Schanz II S. 18, 19 Anm. 3, 28 Anm. 1.

104 Schanz II S. 27.

105 Schanz I S. 223.

106 HR. III 5 n. 58; vgl. Ehrenberg S. 52.

107 Der Anteil der Hansen an dem Tuchexport betrug 22,5 %, der der anderen Fremden 19,6 %; vgl. Schanz II S. 27.

108 Vgl. Schanz II S. 18, 27, 102. Die jährliche Wollausfuhr betrug unter Heinrich VII. nur noch 6-7000 Sack, unter Heinrich VIII. 5781 Sack. Vgl. Schanz II S. 15.

109 HR. II 7 n. 455 § 13, 456 § 14.

110 Vgl. Sundzollregister S. 1-17.

9. Kapitel.

Die hansischen Niederlassungen in England.

1. Niederlassungen der hansischen Kaufleute haben im 14. und 15. Jahrhundert in verschiedenen englischen Städten bestanden. Wir lernen solche in London, Ipswich, Yarmouth, Lynn, Boston und Hull kennen[1]. Vermutlich hat es auch in den anderen englischen Städten, in denen, wie wir wissen, die hansischen Kaufleute verkehrten, in Newcastle, York, Norwich, Colchester, Sandwich, Southampton, Bristol u. a., wenigstens zeitweise ähnliche Organisationen gegeben[2].

Das Verhältnis der einzelnen Niederlassungen zueinander ist nicht ganz klar. Wie es scheint, war das Londoner Kontor den kleineren Faktoreien übergeordnet und hatte über sie ein gewisses Aufsichtsrecht[3]. Es trug Sorge für das Einhalten der Verordnungen und der Rechte des Kaufmanns und bestrafte jede Übertretung[4]. Alle Hansen, die nach England kamen, konnten nur in London das Recht des Kaufmanns erwerben[5]. In allen Streitigkeiten der Hansen untereinander war das Londoner Kontor die oberste Instanz. Die hansischen Verordnungen sprechen mehrmals von dem obersten Recht des Kaufmanns zu London[6]. Gegen die Entscheidung des Kontors konnte aber noch an den Hansetag appelliert werden. In London befand sich ferner die gemeinsame Kasse der Kaufleute, an welche die Bußen und der in den Häfen eingesammelte Schoß abgeführt werden mußten[7]. Doch konnten Verordnungen, die alle betrafen, besonders Beschlüsse über den Schoß, nur mit Zustimmung aller Hansen in England erlassen werden. Die Vertreter der einzelnen Niederlassungen kamen zur Beratung gemeinsamer Angelegenheiten wiederholt in London zusammen[8].

Das Streben des Londoner Kontors ging im 15. Jahrhundert dahin, den gesamten Handel der Hanse mit England nach Möglichkeit im Londoner Hafen zu konzentrieren und die besondere Organisation der kleineren Niederlassungen zu beseitigen. Alle hansischen Kaufleute sollten zu einer einzigen Genossenschaft mit einem Rat in London an der Spitze vereinigt werden. Zu diesem Zweck begehrte der Kaufmann zu London 1462 von den

Städten, sie sollten den Kaufleuten das Löschen ihrer Schiffe zwischen Lynn im Norden und Winchelsea im Süden allein im Londoner Hafen gestatten. Nur die Ventegüter, Bier, Hering, Salz und Wein, sollten nach wie vor nach allen Häfen geschickt werden können[9]. Als diese Forderung nicht erfüllt wurde, stellte das Londoner Kontor bei der Neuordnung der Verhältnisse des hansischen Kaufmanns in England nach dem Utrechter Frieden den Antrag, den eignen Rat der Niederlassungen in Ipswich, Lynn, Boston und den anderen englischen Häfen aufzuheben und alle dem Kaufmann zu London zu unterstellen. Die Städte gaben aber auch dieser Forderung kein Gehör. Die Faktoreien zu Boston, Lynn und Ipswich lägen von London zu weit entfernt und hätten aus diesem Grunde immer eigne Älterleute gehabt[10].

Die hansische Niederlassung zu Boston hatte eine besondere Stellung. Sie wurde hauptsächlich von den hansischen Bergenfahrern, welche den englisch-norwegischen Zwischenhandel in der Hand hatten, besucht und stand in einem gewissen Abhängigkeitsverhältnis vom Kontor zu Bergen. Dieses sprach 1437 "van unsem oldermanne van Bustene in Enghelant". Die Kaufleute selbst bezeichneten sich als "de alderman unde de gemene copman der Bergervarer nu to Bustene in England wesende" oder ähnlich. 1474 wurde der Stalhof zu Boston von dem hansischen Kaufmann in England und dem zu Bergen gemeinsam in Besitz genommen[11].

Die Hansestädte waren an den einzelnen Niederlassungen sehr verschieden stark beteiligt. Auf dem Londoner Kontor verkehrten seit alters hauptsächlich die Kaufleute aus den westdeutschen Städten, besonders aus Köln. Im September 1388 waren von den 18 hansischen Kaufleuten, die auf Befehl Richards II. wieder freigelassen wurden, 10 aus Köln und 7 aus Dortmund. Im Februar 1457 unterzeichneten 33 Kaufleute eine Verordnung des Kontors; soweit wir sie identifizieren können, stammten 13 aus Köln und 8 aus anderen westlichen Hansestädten. Ebenso befanden sich unter den 32 Kaufleuten, welche im Sommer 1468 anwesend waren, über zwei Drittel Westdeutsche[12]. Das Überwiegen der westlichen Hansen auf dem Kontor zeigt sich aber am deutlichsten in der Besetzung des Vorsteheramts. Die weitaus größte

Zahl der uns bekannten Älterleute stammte aus Köln und anderen rheinisch-westfälischen Städten[13].

In den Niederlassungen an der Ostküste bildeten dagegen die östlichen Hansen die Mehrzahl der Besucher. Newcastle, Hull, Boston, Lynn, Yarmouth und Ipswich lagen für die von der Ostsee oder der Elbe kommenden Schiffe bequemer als die Häfen an der Themse und wurden von ihnen von Anfang an vor jenen bevorzugt. Die Faktoreien in Lynn und Yarmouth sind wahrscheinlich von Kaufleuten aus Lübeck und Hamburg im 13. Jahrhundert gegründet worden[14]. Mit Yarmouth stand Hamburg während des 14. Jahrhunderts in lebhaften Handelsbeziehungen. Als am Anfange des folgenden der Besuch der hamburgischen Kaufleute nachließ, schrieben 1416 die Zolleinnehmer in Yarmouth an Hamburg, es möchte doch seine Kaufleute veranlassen, die Stadt weiter zu besuchen; sie würden freundlich aufgenommen und in jeder Weise in ihren Geschäften gefördert werden[15]. Der Handel zwischen Boston und Bergen lag zum größten Teil in den Händen der Hansen von der Ostsee. Wie auf dem Bergener Kontor waren in Boston die Lübecker stark vertreten. 1384, 1411 und 1436 war die Hälfte der Kaufleute, die sich dort aufhielten, aus Lübeck[16]. Auch in Ipswich müssen vor allem Kaufleute aus den wendischen Städten verkehrt haben. Die dortige Faktorei nannte sich 1437 "de gemene copman van Lubeke unde Hamborch, nu tor tiid to Jebeswik liggende"[17].

2. Seit der Mitte des 14. Jahrhunderts erließen die Hansestädte wiederholt Bestimmungen über die Zulassung zu ihren Niederlassungen und Privilegien in England. Schon das eigne Interesse der Hanse forderte, daß die Vorteile, welche die Freiheiten gewährten, auf die hansischen Kaufleute beschränkt blieben. Aber auch die Stimmung in England nötigte sie, Nichtberechtigte vom Genuß ihrer Privilegien unbedingt fernzuhalten. Die englische Regierung drohte wiederholt mit der Aufhebung der Freiheiten, falls die Hanse Fremde an ihnen teilnehmen ließe, und wollte die Namen aller Mitglieder der Hanse wissen, um selbst die Berechtigung der Kaufleute, welche die hansischen Privilegien in Anspruch nahmen, nachprüfen zu können[18].

Die Hanse stellte 1366 den Grundsatz auf: Nur Bürger von Hansestädten dürfen zu den Rechten des Kaufmanns im Auslande zugelassen werden[19]. Obwohl es erhebliche Schwierigkeiten machte, diesen Beschluß uneingeschränkt durchzuführen, hielten die Städte an dem in ihm geforderten grundsätzlichen Ausschluß fremder Kaufleute stets fest[20] und bemühten sich immer wieder, Umgehungen des Statuts, welche wiederholt versucht wurden, unmöglich zu machen. Da sich nichthansische Kaufleute in kleinen Hansestädten das Bürgerrecht leicht durch Kauf verschaffen konnten und dann in England den Schutz der Privilegien als hansestädtische Bürger beanspruchten, verfügte 1417 der Hansetag, daß niemand in zwei Städten Bürger sein dürfe und die Zulassung zu den Freiheiten an die Leistung der Bürgerpflichten in einer Hansestadt geknüpft sein solle. Die Älterleute erhielten das Recht, von den neuankommenden Kaufleuten Beweise für die Erfüllung ihrer Bürgerpflichten zu fordern[21]. Trotz dieser Bestimmungen konnte aber nicht ganz verhindert werden, daß die Möglichkeit, das Bürgerrecht in den Städten durch Kauf zu erwerben, mißbraucht wurde. 1437 klagte Heinrich Vorrath, daß viele Holländer und andere Nichthansen mit Bürgerbriefen von der Jungstadt Danzig nach England kämen[22]. Da die hansischen Kaufleute unter diesen Mißständen, für die England ihnen die Verantwortung zuschieben wollte, schwer zu leiden hatten, verschärfte der Hansetag von 1447 die Beschlüsse von 1417 und verordnete, daß der Nichthanse, welcher in einer Hansestadt das Bürgerrecht kaufte, die Privilegien in England nur genießen dürfe, wenn er zugleich auch Haus und Hof in der Stadt erwerbe. Tat er dies nicht, so sollte er erst sieben Jahre Bürger der Stadt sein, ehe er an den Rechten des Kaufmanns teilnehmen konnte. Engländer, Holländer, Seeländer, Vlamen, Brabanter und Nürnberger sollten die Städte überhaupt nicht ins Bürgerrecht aufnehmen, um sie unter allen Umständen vom Genuß der englischen Privilegien auszuschließen[23]. Nach zwei Jahren bestimmten die Städte auf eine Anfrage des Londoner Kontors, daß von diesem Beschluß die, welche das Bürgerrecht schon vor 1447 erworben hatten, nicht getroffen werden sollten. Es wurde ihnen gestattet, die hansischen Freiheiten auch fernerhin in Anspruch zu nehmen[24]. Später wollte das Londoner Kontor, um allen Unannehmlichkeiten aus dem Wege zu gehen, nur noch solche Kaufleute, die in einer Hansestadt als Bürger geboren waren, aufnehmen[25].

Andere noch größere Schwierigkeiten erwuchsen der Durchführung des Beschlusses von 1366 durch die veränderte Form des Handels, welche durch die steigende Ausdehnung des Handelsgebietes und den wachsenden Verkehr ungefähr seit 1300 hervorgerufen worden war. Der Kaufmann konnte, wie es für die leichte Erfüllung des Statuts erforderlich gewesen wäre, seine Waren nicht mehr selbst auf die fremden Märkte bringen, sondern mußte einen Teil seiner Geschäfte durch Stellvertreter besorgen lassen. Diese Stellvertreter, teils Kaufleute, mit denen er Handelsgesellschaften einging, teils Handelsknechte, die bei ihm in Dienst standen, teils auch sogenannte Lieger oder Faktoren, welche sich mehrere Jahre an den fremden Verkehrsplätzen ständig aufhielten[26], waren nicht immer Bürger einer Hansestadt. Sollte man sie vom Genuß der hansischen Privilegien ausschließen? Die Rücksicht auf die Geschäftsinteressen ihrer Kaufleute zwang die Städte, in diesem Fall Ausnahmen zuzulassen. Im Jahre 1405 gestatteten sie den Genuß der Rechte des Kaufmanns auch den Gesellen und Knechten von hansischen Bürgern, sie verboten aber zugleich ihren Kaufleuten, Handelsgesellschaften mit Nichthansen einzugehen und nichthansische Waren mit den hansischen Freiheiten zu verteidigen[27]. In England ließ sich dieses Zugeständnis, das die Städte hauptsächlich auf Drängen des Brügger Kontors gemacht hatten[28], nicht aufrecht erhalten. Da die nichthansischen Faktoren nicht bloß für die Waren ihrer Herren, sondern auch für ihre eignen die Freiheiten des Kaufmanns in Anspruch nahmen, so setzten sich die Hansen dem Vorwurf aus, daß sie widerrechtlich ihre Privilegien erweiterten. Der Hansetag von 1447 verfügte deshalb, nichthansische Handelsknechte sollten erst nach einer siebenjährigen Dienstzeit bei einem hansischen Kaufmann die Freiheiten gebrauchen. Während der Dienstzeit sollten weder sie selbst mit einem Hansen noch ihr Herr mit ihnen in Handelsgesellschaft treten. Nach Ablauf der sieben Jahre konnten sie dann in einer Hansestadt das Bürgerrecht erwerben. Für sie galten natürlich auch die erschwerenden Bedingungen, welche, wie wir sahen, die Städte damals für die Zulassung neu aufgenommener Bürger zu ihren Privilegien in England aufstellten[29]. Diese scharfen Bestimmungen genügten dem Londoner Kontor noch nicht. Die Verwendung von nichthansischen Faktoren ließ das Gerede berechtigt erscheinen, daß die Hansen mit ihren Privilegien Außenhansen beschützten. Der Kaufmann in England verbot deshalb 1457 bei der hohen Buße von 3 Mark Gold, überhaupt andere Knechte anzunehmen und Handel treiben zu lassen als geborene hansische Bürger[30]. Dieser Beschluß ging aber den Städten zu weit. Obwohl das Kontor sie mehrmals bat, die Verordnung anzunehmen, da sie nur den Bestimmungen der Privilegien entspreche und der bisherige Zustand bei den Londonern großen Unwillen erregt habe, lehnten sie 1465 die Bestätigung ab und begnügten sich, die Vorschriften von 1447 zu erneuern[31]. Auch 1474 traten die Städte, als sie nach dem Frieden zu Utrecht die Verhältnisse des Kontors neu ordneten, dem Beschluß von 1457 nicht bei. Sie bestimmten vielmehr über die Zulassung zu ihren Privilegien: Niemand soll mit den Freiheiten des Kaufmanns verteidigt werden, der nicht Bürger oder geborener Bürger in einer Hansestadt ist. Da hier von den geborenen Bürgern noch eine andere Gruppe unterschieden wird, glaube ich, daß mit den zuerst genannten Bürgern die gemeint sind, welche das Bürgerrecht durch Kauf erworben haben. Im Gegensatz zu den Wünschen der hansischen Kaufleute in England gestatteten die Städte auch diesen den Genuß ihrer Privilegien[32]. Hierbei ist es bis zum Anfange des 16. Jahrhunderts geblieben. Die Hansetage von 1494 und 1498 verboten zwar, Angehörige fremder Nationen als Handelsknechte anzunehmen, und befahlen den Kontoren, alle Nichthansen auszuschließen. Sie beschränkten die Privilegien aber nicht bloß auf geborene hansische Bürger[33]. Als 1498 der Antrag gestellt wurde, Außenhansen überhaupt nicht mehr in das Bürgerrecht aufzunehmen, opponierten die Preußen so heftig, daß man den Vorschlag fallen lassen mußte[34].

Das Londoner Kontor wollte die Verordnung von 1457 nicht aufgeben und machte den Nichthansen, die nach den Vorschriften der Städte das Bürgerrecht in einer Hansestadt erworben hatten, Schwierigkeiten, wenn sie die hansischen Privilegien gebrauchen wollten. Einmal wies es einen Kaufmann zurück, der seit zwei Jahrzehnten in Köln das Bürgerrecht besaß und seine Bürgerpflichten erfüllte, weil er im Stift Köln geboren war, ein andermal sogar ein Mitglied der bekannten Kölner Familie Rinck, weil dieses zufällig nicht innerhalb der Kölner Stadtmauern, sondern während einer Reise seiner Mutter nach Antwerpen das Licht der Welt erblickt hatte. Die Städte erkannten die Entscheidungen des Kontors nicht an und befahlen ihm, die beiden Kaufleute zuzulassen. Das Kontor sträubte sich lange, dem Befehl der Städte nachzukommen[35].

Seit der Mitte des 15. Jahrhunderts schloß das Kontor zu London ferner die Handelsknechte, welche einem Kaufmann gegen Lohn dienten, vom Genuß der Privilegien aus und nahm nur noch selbständige Kaufleute auf, die, wie die Statuten sagen, auf eignen Füßen standen[36]. 1476 fragten die Kaufleute bei den Städten an, ob sie die hansischen Gesellen, die bei Engländern in Stellung gewesen waren, zu den Freiheiten zulassen sollten, wenn sie sich nach Beendigung ihrer Dienstzeit selbständig machten. Sie selbst sprachen sich dagegen aus und wünschten nicht, daß an jene hansische Waren gesandt würden. Wie sie 1486 mitteilten, bestritten nämlich die Engländer, daß die Hansen, die bei ihnen gedient hatten, berechtigt seien, die hansischen Freiheiten in Anspruch zu nehmen. Die Städte wollten aber scheinbar diese, welche ebenso gut wie die anderen hansische Bürger waren, in ihren Rechten nicht beschneiden. Sie verschoben die Entscheidung hierüber von einem Hansetag zum andern. Die Sache verschwindet schließlich aus den Akten, ohne daß die Städte einen Beschluß gefaßt hätten. Wahrscheinlich blieben jene Hansen im Genuß ihrer Rechte[37].

Obwohl die Niederlassungen den Kaufmann, welcher die Vorschriften der Städte über die Teilnahme an den Privilegien erfüllte, nicht zurückweisen durften, fehlte doch nicht die äußere Form der Aufnahme. Jeder hansische Kaufmann oder Schiffer, der nach England kam, mußte sich in das Kontor aufnehmen lassen, ehe er auf den Gebrauch der Freiheiten und die Unterstützung des Kontors Anspruch erheben konnte. Versäumte er dies, so sollte er vom Ältermann dreimal aufgefordert werden, das Recht zu erwerben, und eine Buße von 40 s zahlen, falls er auch der dritten Aufforderung nicht Folge leistete[38].

Soviel wir sehen, konnte nur das Londoner Kontor das Recht des Kaufmanns verleihen[39]. Der Akt der Aufnahme hieß die Verhansung[40] und fand Mittwochs in den allgemeinen Versammlungen statt. Der Kaufmann, welcher die Aufnahme begehrte, mußte beweisen können, daß er Bürger einer Hansestadt war und nur mit hansischen Gütern, an denen kein Außenhanse Anteil hatte, Handel trieb, und daß er kein Handelsknecht war, der gegen Lohn diente, sondern auf eignen Füßen stand und als selbständiger Kaufmann seine Geschäfte machte. Konnte er für die Richtigkeit seiner Angaben Bürgen stellen, so wurde er sofort aufgenommen. War er aber unbekannt, und zweifelte das Kontor an seinen Aussagen, so wurde ihm das Recht nicht sofort verliehen. Er mußte Bürgen stellen, daß er binnen Jahr und Tag seine Angaben beweisen würde. Damit er durch die Verzögerung keinen Schaden erlitte, wurde ihm gestattet, in der Zwischenzeit seine Waren auf den Namen seiner Bürgen zu verzollen.

Bei der Aufnahme mußte der Kaufmann schwören, daß er die Rechte der Hanse verteidigen, nichthansisches Gut mit den Freiheiten nicht beschützen und jede Verletzung der Privilegien melden werde. Außerdem mußte er sich verpflichten, Schoß zu zahlen, keinen Hansen ohne Erlaubnis des Ältermanns vor englischen Gerichten zu verklagen und über die Beratungen des Kaufmanns Außenhansen keine Mitteilungen zu machen[41]. Durch die Aufnahme in das Kontor erwarb der Kaufmann nicht bloß das Recht der uneingeschränkten Teilnahme an allen Freiheiten der Hanse in England, sondern auch den Anspruch auf den Beistand der Genossenschaft. Die Gesamtheit sollte den einzelnen schützen und für ihn eintreten. Der Hansetag von 1447 betonte energisch die Unterstützungspflicht des Kontors und befahl dem Ältermann, kein Mitglied, welches seine Pflichten gegen das Kontor erfüllte, in seinen Nöten ohne Hilfe zu lassen[42]. Dem Kaufmann, der das Recht erworben hatte, wurde vom Kontor ein Zertifikat ausgestellt, durch welches er sich den englischen Behörden, besonders den Zollbeamten gegenüber als Mitglied der deutschen Hanse legitimieren konnte[43].

3. Die Organisation der hansischen Niederlassungen kennen wir nur beim Londoner Kontor näher. Die der kleineren Faktorei-

en wird in vielen Dingen jener ähnlich gewesen sein. Nur ist anzunehmen, daß sie den Verhältnissen entsprechend einfacher gestaltet war.

Die Mitglieder des Londoner Kontors waren in drei Drittel geteilt. Das erste Drittel bildeten die Kaufleute aus Köln, Dinant, Geldern und den linksrheinischen Städten, das zweite die Kaufleute aus den westfälischen, sächsischen, wendischen, bergischen und den rechtsrheinischen Städten, das dritte bestand aus den Preußen, Livländern und Gotländern[44]. Die Drittelsteilung kam, soviel wir sehen, nur bei der Wahl des Vorstands zur Geltung und sollte bewirken, daß alle städtischen Gruppen in dem Rat gleichmäßig vertreten waren.

Die Leitung des Kontors lag in den Händen des Ältermanns; ihm zur Seite standen seit 1437 zwei Beisitzer und neun Geschworene[45]. Die Bestimmungen der hansischen Statuten, daß in den Vorstand nur Bürger von Hansestädten gewählt werden sollten, stieß beim Londoner Kontor auf keinen Widerstand; man hat dort im 14. und 15. Jahrhundert nie anders gehandelt[46].

Die Wahl in den Rat war an keine besonderen Bedingungen geknüpft. Jeder hansische Kaufmann, welcher das Recht erworben hatte, konnte zum Ältermann, Beisitzer oder Geschworenen gewählt werden. Man nahm aber nur ältere und erfahrene Leute, welche die englischen Verhältnisse genau kannten, zu diesem schwierigen Posten.

Jedes Drittel sollte in den Vorstand vier Vertreter schicken. Doch war es, wenn ein Drittel zu schwach besetzt war, erlaubt, die Stellen Leuten aus den beiden anderen Dritteln zu übertragen. Infolge dieser Bestimmung scheinen die Kölner oft die Mehrheit im Rat gehabt zu haben. Lübeck klagte 1474, daß die Kölner es so einzurichten pflegten, daß sie zur Zeit der Wahl stark im Lande vertreten waren, und verlangte deshalb, daß die Vorschriften streng innegehalten und der Vorstand gleichmäßig aus den drei Dritteln genommen werde[47].

Die Wahl des Rats erfolgte jährlich am Neujahrsabend. 1476 wurde dem Vorstand das Recht gegeben, falls zu dieser Zeit nicht genug geeignete Kaufleute im Lande waren, die Neuwahl so lange, wie ihm gut schien, hinauszuschieben. Das Kontor hatte sich nämlich damals beschwert, daß sich viele Kaufleute, um kein Amt annehmen zu müssen, aus England entfernten, wenn die Wahl herannahe, und daß infolgedessen oft Mangel an wählbaren Personen war[48].

Der Hergang der Wahl war folgender. Das kölnische Drittel wählte vier Mann aus dem westfälischen, dieses vier aus dem preußischen und das preußische ebensoviele aus dem kölnischen. War in einem Drittel die genügende Anzahl nicht vorhanden, so bestimmte der Ältermann zusammen mit zwei anderen Kaufleuten so viele, wie zur Besetzung der fehlenden Stellen nötig waren. Die Namen der zwölf Gewählten wurden in das Buch des Kontors eingetragen. Der Ältermann wurde darauf von der Gesamtheit der Kaufleute in geheimer Wahl aus diesen Zwölf gewählt. Ältermann war, wer die Majorität der Stimmen auf sich vereinigte. Die beiden Beisitzer, welche ebenfalls aus dem Zwölfer-Ausschuß genommen werden mußten, durften nicht demselben Drittel angehören wie der neugewählte Ältermann. Nachdem die Wahl beendet war, mußten zunächst der Ältermann und die beiden Beisitzer und dann auch die neun Geschworenen vor dem Kreuz den Eid ablegen, des Kaufmanns Rechte und Freiheiten und die Verordnungen der Städte nach bestem Wissen und Gewissen halten zu wollen. Darauf übergab der abtretende Ältermann dem neuen die Schlüssel, und dieser nahm den Sitz des Ältermanns ein[49].

Für die Gewählten bestand der Zwang, die Wahl anzunehmen. Wer sich weigerte, mußte eine Buße von 40 s zahlen; fiel dann die Wahl wieder auf ihn, und schlug er sie abermals aus, so wurde er aus dem Recht des Kaufmanns ausgeschlossen[50]. Die Amtszeit des Vorstands währte ein Jahr, von Neujahr bis Neujahr. Die sofortige Wiederwahl eines Ältermanns war verboten. Erst nach Ablauf von zwei Jahren durfte ein gewesener Ältermann wiedergewählt werden. Er konnte aber in der Zwischenzeit das Amt eines Statthalters, Beisitzers oder Geschworenen bekleiden[51].

Die Vorsteher waren nicht verpflichtet, ihre Stellung ein ganzes Jahr zu behalten und während ihrer Amtszeit dauernd in

London zu verweilen. Die Städte sprachen jedoch 1474 den Wunsch aus, das Kontor möchte nur solche Kaufleute zu Älterleuten und Beisitzern wählen, welche ihr Amt ein Jahr verwalten konnten[52]. Der Åltermann, welcher während seiner Amtszeit England verließ, mußte die Geschäfte an einen vom Kaufmann gewählten Statthalter abgeben, der bis zu seiner Rückkehr die vollen Rechte eines Åltermanns ausübte. Während einer vorübergehenden Abwesenheit des Åltermanns aus London führten die Beisitzer die Geschäfte des Kontors. Wenn einer von den Beisitzern oder Geschworenen über See zog, stand dem Rat das Recht der Kooptation zu[53].

Der Vorstand vertrat das Kontor nach außen, den Städten wie den englischen Behörden gegenüber. Seine oberste Pflicht war, für die Beobachtung der Statuten und Privilegien Sorge zu tragen. Jede Übertretung sollte von ihm unnachsichtlich bestraft werden[54]. Der Vorstand versammelte sich zur Beratung der Angelegenheiten des Kaufmanns jeden Mittwoch im Sommer um 7 Uhr, im Winter um 9 in der Halle[55]. Vor den Rat gehörten alle Streitigkeiten der Kaufleute untereinander. Gegen einen Hansegenossen ohne Erlaubnis des Åltermanns vor einem englischen Gericht Klage zu erheben, war untersagt. Die streitenden Parteien waren verpflichtet, sich dem Schiedsspruch des Rats zu unterwerfen[56].

Dem Åltermann waren alle Kaufleute zu Gehorsam verpflichtet. Bei höchster Buße mußten sie seinen Befehlen, welche er ihnen kraft seines Amtes erteilte, unbedingt Folge leisten und durften gegen sein Gebot England nicht verlassen. Wer dies dennoch versuchte, konnte vom Åltermann mit Hilfe eines englischen Sergeanten zurückgeholt und in Haft gehalten werden, bis er den Forderungen nachgekommen war[57]. Wurde der Åltermann von einem Kaufmann um seinen Beistand angerufen, so mußte er die Bitte erfüllen oder einem anderen, der ihm geeignet schien, die Aufgabe übertragen. Er durfte keinen Kaufmann, der seine Pflichten gegen das Kontor erfüllte, ohne Schutz lassen[58].

Der Åltermann leitete die Versammlungen des Kaufmanns und die Wahl des Vorstandes. Beim Amtsantritt übergab ihm der abtretende Åltermann die Schlüssel zur Kasse des Kontors. In seiner Obhut befanden sich die Privilegien und Kleinodien des Kaufmanns[59]. Er sorgte ferner für die Aufrechterhaltung der Ordnung auf dem Stalhof. Ohne seine Erlaubnis durften Fremde die Halle nicht betreten oder auf den Kammern beherbergt werden[60].

Für die Führung der Geschäfte des Kontors waren im 15. Jahrhundert die Klerks oder Sekretäre weit wichtiger als die jährlich wechselnden Älterleute. Einen fest umgrenzten Kreis von Befugnissen hatten die Klerks nicht[61]. In erster Linie wurden sie zur Führung der Bücher und der Korrespondenz des Kontors verwendet. Eine hervorragende Rolle spielten sie ferner durch ihre diplomatische Tätigkeit. Sie unternahmen für das Kontor Gesandtschaftsreisen und verhandelten mit auswärtigen Behörden. Es war im 15. Jahrhundert durchaus üblich, daß das Kontor zu den Hansetagen und den Tagfahrten mit den Engländern neben den Kaufleuten einen seiner Sekretäre schickte. Durch ihren langen Aufenthalt im Lande kannten die Klerks die Verhältnisse besser als die oft nur kurze Zeit in England verweilenden Kaufleute und konnten jenen mit Rat und Tat beistehen. Sie bildeten auf dem Kontor die eigentlichen Träger der Tradition und die Hüter der mannigfachen Sitten und Gewohnheiten. Den Kaufleuten war es bei einer Buße von 20 s untersagt, gegen die Klerks Scheltworte zu gebrauchen. Wer sich von jenen ungebührlich behandelt glaubte, sollte seine Sache vor den Kaufmann bringen[62].

Die Klerks besaßen wohl meist eine gelehrte Bildung. Hermann Wanmate, einer der bedeutendsten von ihnen, war Priester[63]. Am Ende des 15. Jahrhunderts führten die meisten den Titel eines Magisters.

In einer Verordnung des Kontors vom 16. November 1400 wird zuerst des Klerks Erwähnung getan[64]. Das Kontor hatte im 15. Jahrhundert stets zwei oder drei Sekretäre zu gleicher Zeit[65]. Wenn man aus ihrer verschiedenen Besoldung schließen darf, standen die Klerks im Range nicht gleich. Die Dauer der Anstellung beruhte wohl auf einer Vereinbarung zwischen dem Kaufmann und dem Klerk. Für ihre Tätigkeit erhielten die Sekretäre ein festes Gehalt. Nach der bei Lappenberg veröffentlichten Aufzeichnung über die Kosten des Londoner Kontors bezahlte der Kaufmann dem ersten Klerk außer freiem Unterhalt einen Lohn von 15 £, dem zweiten von 10 £ und dem dritten von 4 £. Es ist aber fraglich, ob diese Sätze immer eingehalten worden sind. Wanmate erhielt 1468 ein Gehalt von 12 £. 1476 vereinbarte der Kaufmann mit ihm, er solle noch bis Ostern 1478 im Dienst des Kontors bleiben und dafür jährlich 10 £ erhalten. Nach seinem Ausscheiden wollte ihm der Kaufmann lebenslänglich eine jährliche Pension von 40 rheinischen Goldgulden geben[66].

An der Spitze aller hansischen Niederlassungen in England stand ein Mitglied der Londoner Stadtbehörde. Zum Unterschiede von den aus der Hanse gewählten Älterleuten der einzelnen Niederlassungen nannte man diesen Ältermann gewöhnlich den "englischen". Mehrfach begegnet auch für ihn die Bezeichnung "des gemeinen Kaufmanns oberster Ältermann"[67].

Das Recht, einen englischen Ältermann zu haben, leiteten die hansischen Kaufleute aus dem Abkommen ab, das 1282 ihre Vorgänger von der Gildhalle mit der Stadt London geschlossen hatten[68]. Sie wählten zu dieser Stellung nicht einen einfachen Londoner Bürger, sondern stets einen Alderman[69]; mehrfach bekleidete sogar der Mayor selbst die Stelle. Der Gewählte mußte, nachdem er die Bestätigung des Königs gefunden hatte, der Stadtbehörde vorgestellt werden und vor ihr einen Eid ablegen, gerechtes Gericht zu halten und sein Amt nach dem Recht und der Gewohnheit der Stadt zu führen[70]. Ob der Ältermann nur für eine bestimmte Zeit gewählt wurde, wissen wir nicht. Wahrscheinlich war die Dauer seines Amtes nicht fest begrenzt. Der Ältermann Heinrich Frowik z. B. hatte die Stelle 18 Jahre lang bis zu seinem Tode inne; andere dagegen waren nur 2, 3, 4, 5 oder 6 Jahre Ältermann[71]. Als Entschädigung für seine Mühewaltung erhielt der Ältermann jährlich am Neujahrsabend vom Kaufmann ein Geschenk, das in einem Paar Handschuhe und fünfzehn Goldnobeln bestand[72].

Es läßt sich schwer sagen, welche Befugnisse im einzelnen der englische Ältermann hatte. Seine Aufgabe wird vornehmlich gewesen sein, die Interessen der hansischen Kaufleute den Behörden gegenüber zu vertreten und Schädigungen zu verhüten. In Fällen, in denen die Zugehörigkeit eines Kaufmanns zur Hanse zweifelhaft war, wurde seine Entscheidung angerufen[73]. Es bot den Hansen sicher keine geringen Vorteile, in so einflußreicher Stellung einen Fürsprecher zu besitzen. Wie weit der englische Ältermann noch richterliche Befugnisse in Streitigkeiten der Hansegenossen untereinander hatte, bleibt ungewiß. In einer Klageschrift an die Städte erklärten 1451 Kölner Kaufleute, welche einen Streit mit dem Londoner Kontor hatten, jenes solle beweisen, daß der englische Ältermann in ihrer Sache ein gebührlicher Richter gewesen sei, da der Kaufmann das Recht habe, selbst durch seine eignen Älterleute und andere Hansegenossen solche Sachen zu entscheiden. Der Hansetag beschloß damals, das nächste Mal darüber zu beraten, wie man es in Zukunft mit dem englischen Ältermann halten, und in welchen Fällen man sein Gericht zulassen wolle[74]. Leider wissen wir nicht, ob die Städte den Beschluß ausgeführt haben. Aus diesem Streit scheint aber hervorzugehen, daß der englische Ältermann eine Gerichtsbarkeit über die Hansegenossen neben der des hansischen Ältermanns hatte und ausübte.

Der englische Ältermann verwaltete auch die Stelle eines Justiziars der hansischen Kaufleute. Ein besonderer Handelsrichter für alle fremden Händler in England war 1303 durch die carta mercatoria eingesetzt worden. Vor ihm sollten Schuldklagen der Kaufleute entschieden werden, wenn sich die Sheriffs und Mayors in der Rechtspflege lässig zeigten. Seitdem die carta mercatoria ein hansisches Spezialprivileg geworden war, wurde die Tätigkeit dieses Justiziars auf die Schuldklagen der hansischen Kaufleute beschränkt[75].

4. Die hansische Genossenschaft bedurfte zur Erfüllung ihrer verschiedenen Aufgaben eines eignen Finanzwesens. Die Ausgaben des Londoner Kontors, welche wir aus einer Reihe von Abrechnungen und einer Aufstellung der dauernden Kosten kennen, waren recht mannigfaltige. Unter den laufenden Ausgaben sind die Löhne der Klerks und der anderen Angestellten des Kontors und die Kosten für ihren Unterhalt und besonders die zahlreichen Geschenke an englische Beamte, mit denen der Kaufmann irgendwie zu tun hatte, zu erwähnen. Nicht bloß der englische Ältermann, der Londoner Mayor und die Sheriffs erhielten jährlich bestimmte Gratifikationen, sondern auch deren Diener,

der königliche Türwächter vor der Sternkammer, der Büttel vom Bischofstor u. a. Dann waren die Ausgaben für kirchliche Zwecke, für den Priester, den Beichtvater, für Messen und Kerzen genau festgesetzt. Nicht gering waren ferner die Kosten für Gesandtschaften, Neuausfertigungen der Privilegien, Instandhaltung der Gebäude usw.[76]. Seit dem Utrechter Frieden kamen als Ausgaben noch die Renten vom Stalhof hinzu. Diese betrugen anfänglich ungefähr 100 £, nach 32 Jahren verringerten sie sich etwas[77].

Die Einkünfte des Kontors beruhten hauptsächlich auf dem Schoß. Alle hansischen Kaufleute, die England aufsuchten, waren verpflichtet, diese Abgabe zu entrichten. Wer das Land ohne Bezahlung des Schosses verließ, wurde mit einer Buße in der doppelten Höhe des Schosses und einer Mark Silber bestraft. Der Schoß wurde von der Ein- und Ausfuhr der hansischen Kaufleute erhoben. Jedes hansische Schiff, das nach England kam oder von dort auslief, mußte über seine Fracht, die Namen seiner Befrachter und die Höhe der bezahlten Kustume ein Register anfertigen und mit dem Schoß nach London schicken. Über die Bezahlung des Schosses erhielten die Kaufleute eine Bescheinigung mit dem Siegel des Kontors. Kamen in eine Hansestadt die Waren eines hansischen Kaufmannes ohne eine solche Bescheinigung, so stand dem Rat das Recht zu, die Waren zu beschlagnahmen und den Kaufmann mit der genannten Buße zu bestrafen. Die Höhe der Abgabe kennen wir nicht. Sie war wahrscheinlich nicht immer gleich. Doch bedurfte eine Erhöhung des Satzes der Zustimmung aller hansischen Kaufleute in England und wohl auch der Städte. Der eingesammelte Schoß wurde an die Kasse des Londoner Kontors abgeführt und von vier jährlich neu gewählten Schoßmeistern verwaltet[78].

Der Kaufmann von Boston machte in betreff der Schoßzahlung eine Ausnahme. 1383 verpflichtete er sich, wie alle anderen Niederlassungen die Abgabe zu erheben. Es wurde ihm zugestanden, eine bestimmte Summe jährlich für seine Zwecke zurückzubehalten und die Ausgaben, die er im Interesse des gemeinen Kaufmanns machte, von dem Schoß zu bestreiten. 1476 hören wir aber, daß das Kontor zu Boston keinen Schoß erhob, sondern nur eine jährliche Abgabe von 5 £ entrichtete. Der Kaufmann zu London wünschte damals, daß alle Hansen in England die gleiche Abgabe zahlten. Die Städte erklärten dieses Verlangen für recht und billig und rieten dem Londoner Kontor, sich hierüber in Freundschaft mit dem Kaufmann zu Boston zu einigen. Wie dieser Vergleich ausgefallen ist, wissen wir nicht[79].

Weitere Einnahmequellen neben dem Schoß waren die Brüche und die Mieten für die Kammern und die Lagerräume auf dem Stalhof. Nur die Brüche, die über 4 d betrugen, fielen an die Kontorkasse, alle geringeren an den Ältermann[80].

Liste der Älterleute des Londoner Kontors von 1383 bis 1520.

1383	Christian Kelmar aus Dortmund[81].
1386	Heinrich Judex, Heinrich Schotdorp[82].
1390	Frowin Stopyng aus Köln[83].
1397	Johann Swarte, vielleicht aus Dortmund[84].
1417	Gobell Klusener, vielleicht aus Preußen[85].
1421	Gobell Klusener.
1434	Heidenreich van Beiercouw[86].
1438	Hans van dem Wolde aus Danzig[87].
1447	Christian van Bleken aus Köln, Friedrich Pennyngbuttel aus Lübeck[88].
1450	Hermann von Wesel aus Köln[89].
1451	Johann van Woringen (Wurrink) aus Köln[90].
1455	Johann van Woringen.
1458	Hermann Wammel[91].
Vor 1461	Klaus Swarte[92].

1461	Hermann Wammel.
Zwischen 1464 u. 1468	Heinrich Nederhoff aus Danzig[93].
1466	Gerhard Hauwyser aus Köln[94].
1467	Johann Klippinck aus Köln[95].
1468	Heinrich Brake aus Dortmund[96].
(1469	Gerhard von Wesel aus Köln)[97].
(1477	Gerhard von der Groeven aus Köln)[97].
1475/76	Arnt Brekerfeld aus Soest[98].
1476	Heinrich Voget aus Hamburg[99].
1480	Johann Stote aus Danzig[100].
1483	Matthias Hinkelman aus Dorpat[101].
1484	Hans Kulle[102].
1485	Hermann Plowgh aus Danzig[103].
1486	Hermann Plowgh, Tidemann Berck aus Lübeck, Johann Greverode aus Köln[104].
1487	Hermann Plowgh.
1494	Johann Greverode aus Köln.
1497	Johann Greverode.
1498	Johann Greverode.
1499	Johann Greverode[105].
1516 oder 1517	Dietrich Schutenbecker.
1519	Dietrich Schutenbecker[106].

1520 Jürgen Brems[107].

Liste der Sekretäre.

1431-1451 Heinrich ten Hove[108].

1447-1467 Heinrich Grevenstein.

1462-1478 Hermann Wanmate.

1467-1486 Jsayas Schenk.

1478-1499 Gervinus Brekerfeld.

1490-1494 Magister Wilhelm Woltorp.

1506-1523 Magister Bartholomäus von der Linden.

1518-1535 Magister Henning Kulemeyer.

Liste der englischen Älterleute und Justiziare[109].

Um 1345 Johann Hamond, Londoner Mayor.

Vor 1381 Johann Aubrei, Londoner Alderman.

1381 Ritter William Walworth, Londoner Mayor.

Um 1407 Johann Shadworth, Londoner Alderman.

1426 Heinrich Crowmere, Londoner Alderman.

1442 Heinrich Frowik, Londoner Alderman.

1460 Wilhelm Marowe, Londoner Alderman.

1466 Ritter Radulf Josselyn, Londoner Alderman.

1478 Ritter Johann Jonghe, Londoner Alderman.

1481 Ritter Wilhelm Taillour, Londoner Alderman.

1484	Ritter Richard Gardyner, Londoner Alderman.
1490	Johann Perceval.
1504	Bartholomäus Rede.
1506	Richard Chawrey.
1511	Johann Tate, Londoner Alderman.
1516	Aylmer.
1524	Johann Munday.
1537	Ralf Warren.

FUSSNOTEN ZU KAPITEL 9

1 Von diesen sechs Niederlassungen kennen wir Älterleute. Älterleute zu Ipswich werden erwähnt HR. II 2 n. 44, 7 n. 338 §§ 194,_8, 203,_8; zu Yarmouth Hans. U. B. IV n. 768; zu Lynn Hans. U. B. II n. 40, X n. 477 § 18; zu Boston Hans. U. B. IV n. 768, HR. II 2 n. 28, 79 § 8; zu Hull Hans. U. B. IV n. 768.

2 In einer undatiert überlieferten Verordnung des lübischen Rats heißt es, dat unse coplude van Lubeke in Engelant verkerende ... in de hauene van Engelant, dar se komen mit eren schepen, under zijk scholen kesen enen alderman, de alle zake under se vallende tusschen copman unde copman, de na older ghewonheit deme copman behorelik sin to richtende, sullen scheden vereffenen unde richten na conscienscien, alse dat behorlik is. Lüb. U. B. VIII n. 750. Dasselbe bestimmt auch die Aufzeichnung Kölns vom Jahre 1324 über die Rechte seiner Kaufleute in England: ubicumque quatuor civium Coloniencium predictorum in terra Anglie predicta presentes fuerunt, illi quatuor inter se eligere poterunt unum justiciarium, qui alderman appellatur, cui alii cives Colonienses mercatores secundum jus et consuetudinem eorum antiquam obedire tenebuntur. HR. I 7 n. 733. Vgl. Stein, Hansebruderschaft der Kölner Englandfahrer S. 220 f.

3 1476 bat das Londoner Kontor, dat de resedencie to Busteyn, Jebeswyck und Lynne und in alle Engelandt blyve under dem kuntoer to Londen na alder gewonte. Hans. U. B. X n. 477 § 18.

4 HR. II 2 n. 82 § 8, Lappenberg n. 106 § $56,_{3}$.

5 Siehe im Folgenden.

6 In der oben erwähnten Verordnung des lübischen Rats: dat unse coplude van Lubeke in Engelant verkerende... en sullen nemande to bade noch to rechte staen, sunder allene dem copman van Londen, deme ouersten rechte. Lüb. U. B. VIII n. 750. In einer Verordnung des Kaufmanns von 1455: Item wert sake dat eynige coplude van der Henze eynich recht schoten voor dat overste recht to Londen ... Hans. U. B. VIII n. 435 § 4.

7 HR. II 2 n. 82 § 7.

8 HR. I 3 n. 68, Hans. U. B. IV n. 768, 943, 1049, V n. 1134 § 1, VIII n. 435 § 2, 534, Lappenberg n. 106 § 3, 35, 41, 44.

9 HR. II 5 n. 263 § 50.

10 Hans. U. B. X n. 477 § 18, HR. II 7 n. 338 §§ $194,_{8}$, 203,8.

11 HR. II 2 n. 354 § 10, 7 n. 187, 464, III 1 n. 501 §§ 51, 52, Hans. U. B. IV n. 768, 791, V n. 1000, Hans. Gesch. Qu. n. F. II Einleitung S. XI, S. 362.

12 Hans. U. B. IV n. 945, VIII n. 534, IX n. 428 § 2 und Anm. 1, 491, X n. 492.

13 Siehe die Liste der Älterleute.

14 Vgl. Kunze S. 135 f.

15 Hans. Gesch. Qu. VI n. 213, 267, 285, Hans. U. B. VI n. 75.

16 Hans. U. B. IV n. 791, V n. 1000, HR. II 2 n. 28; vgl. Hans. Gesch. Qu. n. F. II Einleitung S. XII.

17 HR. II 2 n. 34.

18 HR. I 2 n. 212 § 4, 3 n. 102, II 3 n. 503 § 5, 504 § 9, 5 n. 263 §§ 9, 48, 714 § 5, III 7 n. 448 §§ 8 ff., Hans. U. B. VIII n. 534, Hans. Gesch. Qu. VI n. 328 § 10.

19 HR. I 1 n. 376 § 11. Vgl. über das Folgende besonders Stein, Beiträge S. 112 ff.

20 HR. I 5 n. 225 § 8, 392 § 24, 6 n. 398 § 3, 557 § 6, II 1 n. 321 § 12, 3 n. 288 § 47, 6 n. 356 § 16.

21 HR. I 6 n. 398 § 3, 557 § 6.

22 HR. II 2 n. 74.

23 HR. II 3 n. 288 § 73.

24 HR. II 3 n. 546 § 10, auch Hans. U. B. VIII n. 296, 302, 987, 1047.

25 Lappenberg n. 106 § 6.

26 Vgl. Arup S. 18 ff., Stein, Beiträge S. 114.

27 HR. I 5 n. 225 §§ 8, 9, auch 4 n. 541 § 11.

28 Vgl. Stein, Beiträge S. 115.

29 HR. II 3 n. 288 §§ 72, 73. Das Londoner Kontor führte diese Beschlüsse streng durch. Hans. U. B. VIII n. 296, 299, 300, 302, 319, 344, 1047, IX n. 150.

30 Hans. U. B. VIII n. 534. Der Beschluß von 1457 war nicht bloß eine Erneuerung der Vorschriften von 1447, wie Stein, Beiträge S. 119 meint, sondern verschärfte die früheren Bestimmungen ganz bedeutend. Vgl. Daenell II S. 406.

31 HR. II 5 n. 263 § 48, 712 §§ 8,4, 43.

32 Item dat men ock nemande in Engeland vordedinge myt des kopmans rechte, he en sii denne eyn borger offte geboren borger in der hanze sunder argelist. HR. II 7 n. 138 § 118. Aus dem oben angeführten Grunde hat, glaube ich, Daenell II S. 406 unrecht, wenn er diese Verordnung als Zustimmung zu der Forderung des Kontors auffaßt. Für unsere Auslegung der Bestimmung sprechen auch die späteren Entscheidungen der Städte in Sachen der Kaufleute, welche das Bürgerrecht durch Kauf erworben haben.

33 HR. III 3 n. 353 §§ 113, 146, III 4 n. 79 § 52. Diese Beschlüsse wurden auf den Hansetagen von 1507, 1511 und 1517 bestätigt. HR. III 5 n. 243 § 121, 6 n. 188 §§ 90, 97, 98, 106, 7 n. 39 § 166. Durch diese Bestimmungen wurden die Beschlüsse von 1447 aufgehoben. HR. II 3 n. 288 § 72.

34 HR. III 4 n. 79 §§ 56, 202.

35 HR. III 2 n. 496 §§ 293-295, 3 n. 353 §§ 95, 121, 357, 385, 392, 397, 398, 4 n. 64, 79 §§ 6, 7, 99, 100, 230, 6 n. 687, 695 § 43, 7 n. 33, 39 §§ 27, 132-134, 201, 213, 108 §§ 372, 373.

36 Lappenberg n. 106 § 6; vgl. Arup S. 50.

37 Hans. U. B. X n. 477 § 12, HR. II 7 n. 338 §§ 194,11, 203,11, 389 § 103,3, III 2 n. 26 §§ 20, 23, 160 § 180.

38 Lappenberg n. 106 §§ 5, 8, 9.

39 In den Statuten des Kontors heißt es: Item ofte ienich koepman ofte schipper in Engeland queme, de in dat recht behorde und des rechtes nicht en wunnen hadde, den man schal de olderman don warnen.... Lappenberg n. 106 § 5. 1465 sollte das Londoner Kontor für alle hansischen Kaufleute, die nach England kamen, Zertifikate ausstellen, daß sie zur Hanse gehörten. HR. II 5 n. 736, auch Hans. U. B. VIII n. 1000 § 5.

40 Vgl. Stein, Beiträge S. 113.

41 Lappenberg n. 106 §§ 6-8. Ob im 14. und 15. Jahrhundert noch irgendwelche Abgabe bei der Aufnahme gefordert wurde, wissen wir nicht. Im 13. wurde eine Abgabe von 5 s gezahlt. Hans. U. B. I n. 636. Vgl. Stein, Hansebruderschaft der Kölner Englandfahrer S. 231 ff.

42 HR. II 3 n. 288 §§ 74-77.

43 Lappenberg n. 106 § 8, Hans. U. B. VIII n. 1000 § 5.

44 Lappenberg n. 106 § 1,_2. Nach der Wiederaufnahme Kölns nach dem Utrechter Frieden wurde die alte Drittelsteilung wiederhergestellt. HR. II 7 n. 338 §§ 194,1, 203,1. 1554 bestand eine andere Einteilung. Lübeck, die wendischen, pommerschen, sächsischen und westfälischen Städte bildeten das erste, Köln mit den links- und rechtsrheinischen, den friesischen und überysselschen Städten das zweite, Danzig mit den Preußen und Livländern das dritte Drittel. Vgl. Lappenberg S. 29.

45 HR. II 2 n. 81 § 1.

46 HR. I 6 n. 398 § 3, 537 § 6, Lappenberg n. 106 § 4. Die Vermutung Wirrers S. 494, daß in London zu Älterleuten auch sol-

che gewählt wurden, die nicht Hansebrüder oder in keiner Hansestadt angesessen waren, trifft für die von uns behandelte Periode sicher nicht zu. Ich glaube nicht, daß die Hansen bei dem Haß und der Eifersucht der englischen Kaufmannschaft hätten wagen dürfen, einen Mann, der ihrer Genossenschaft nicht angehörte, mit ihrer höchsten Würde zu bekleiden. Auch hören wir nie von einem Ältermann, der nicht Mitglied der Hanse und Bürger einer Hansestadt war. Die Bestimmungen der Hansetage über den Vorstand richteten sich gegen das Brügger Kontor, welches Nichthansen zu diesen Stellen zuließ. Vgl. Stein, Beiträge S. 109 ff.

Anders war es aber im 13. und am Anfange des 14. Jahrhunderts. Der erste Ältermann der Kaufleute von der Gildhalle, von dem wir hören, ist Arnold, Thedmars Sohn. Thedmar, ein geborener Bremer, hatte sich in London niedergelassen und dort das Bürgerrecht erworben. Sein Sohn Arnold spielte unter Heinrich III. und Eduard I. in den Angelegenheiten Londons eine nicht geringe Rolle und bekleidete mehrfach Ämter der Stadt. Zwischen 1251 und 1260 war Arnold Ältermann der Deutschen. Hans. U. B. I n. 405, 540, 835; vgl. Lappenberg S. 15 f. — Das Übereinkommen mit London von 1282 unterzeichnete als Ältermann der Deutschen Hanse Gerhard Merbode. Nach den Patent Rolls von 1272/73 war Merbode auch Londoner Bürger. Wenn er mit dem um 1265 in England verstorbenen Merbodo de Tremonia verwandt war, so stammte er oder seine Vorfahren aus Dortmund oder Soest. Hans. U. B. I n. 902, III n. 613, S. 406, Hans. Gesch. Qu. III Einleitung S. CXXVII.

Hieraus kann man, glaube ich, entnehmen, daß die Kaufleute von der Gildhalle damals zu Älterleuten in London ansässige Leute wählten, entweder Engländer, welche durch ihre Herkunft von eingewanderten Deutschen ihnen nahe standen, oder Deutsche, welche das Bürgerrecht erworben und sich in der Stadt niedergelassen hatten. Dasselbe scheint auch bei den anderen Niederlassungen der Deutschen der Fall gewesen zu sein. In Lynn begegnet um 1271 der dortige Bürger Simon von Stavere als Ältermann des römischen Reichs. Hans. U. B. I n. 700, 701. Es war also keine Neuerung, wenn in dem Abkommen, welches die Kaufleute von der Gildhalle 1282 mit der Stadt London schlossen, festgesetzt wurde: quod habeant aldermannum suum, prout retroactis temporibus habuerunt, ita tamen quod aldermannus ille sit de libertate civitatis predicte. Hans. U. B. I n. 902. Noch unter Eduard II. hatten die hansischen Kaufleute einen Ältermann, der zugleich auch Londoner Bürger war. 1314, 1319 und 1320 war Johann Lange, auch le Longe oder le Lunge genannt, Ältermann der deutschen Kaufleute in London. Dieser Johann Lange, der oft den Beinamen "Alemand" oder "Osterling" (Estrensis) führt, kommt am Anfange des 14. Jahrhunderts in zahlreichen Urkunden vor und muß ein angesehener Kaufmann gewesen sein. Nach Hans. Gesch. Qu. III Einleitung S. CXXIX stammte er vielleicht aus Dortmund. Er ist sicher identisch mit dem Londoner Bürger Johann le Lunge oder le Longe, der sich 1316 und 1320 zusammen mit anderen Londoner Bürgern für deutsche Kaufleute, deren Waren beschlagnahmt worden waren, verbürgte. Hans. Gesch. Qu. VI n. 29, 31, 35, 39, 46, 54, 67, Hans. U. B. II n. 153, 316, 352, 356, 428, Lüb. U. B. II n. 1044, 1045, 1052, 1056, 1058.

Steht nun hiermit nicht in Widerspruch, wenn die hansischen Kaufleute 1321 vor dem königlichen Gerichtshof behaupteten, sie hätten das Recht, eligere de societate sua sibi aldremannum...? Hans. U. B. II n. 375 (S. 156). Ich glaube nicht. Der von den Hansen gewählte Ältermann war zugleich Mitglied der Genossenschaft und Londoner Bürger. Die Hansen konnten also mit vollem Recht erklären, sie wählten ihren Ältermann aus ihrer Genossenschaft. Anders Wirrer S. 490. Falsch ist es, diese Äußerung auf den "hansischen" Ältermann im Gegensatz zu dem "englischen" zu beziehen. Die hansische Genossenschaft in London hatte damals, wie wir oben sahen, nur einen Ältermann. Seit wann ein "hansischer" und ein "englischer" Ältermann nebeneinander bestanden, läßt sich nicht mit Sicherheit feststellen. Wir werden auf diese Frage, wenn wir über den "englischen" Ältermann sprechen, zurückkommen. Siehe Kap. 9 Anm. 68.

47 HR. II 2 n. 81 § 1, 7 n. 138 § 113, 338 § 171.

48 Hans. U. B. X n. 477 § 2, HR. II 7 n. 338 §§ 194, 194,2, 203,2.

49 Lappenberg n. 106 § 1,2-8, HR. II 2 n. 81 § 1; vgl. Wirrer S. 495.

50 HR. II 2 n. 81 § 5.

51 Lappenberg n. 106 § 1,10.

52 HR. II 7 n. 138 § 113, Hans. U. B. X n. 477 § 1.

53 HR. II 2 n. 81 §§ 3, 4, Lappenberg n. 106 § 1,13-16.

54 HR. II 2 n. 82 § 8, Hans. U. B. V n. 1134 § 3.

55 HR. II 2 n. 81 § 2, Lappenberg n. 106 § 1,12.

56 HR. II 2 n. 81 § 2, Lappenberg n. 106 §§ 33, 34; vgl. Wirrer S. 495. Kunze sagt Hans. Gesch. Qu. VI Einleitung S. XXXIII: Alle aus einer Obligation entspringenden Klagen gegen einen der deutschen Kaufleute gehören vor das Forum des hansischen Ältermanns in der deutschen Gildhalle. Diese Annahme trifft für die Zeit bis zum Beginn des 14. Jahrhunderts sicher zu. Nicht nur behaupteten 1321 die hansischen Kaufleute vor dem königlichen Gerichtshof: si quis de eadem hansa per aliquem implacitetur coram majore seu vicecomitibus Londoniensibus de aliquo placito convencionis, debiti seu contractus personaliter, quod idem aldremannus de societate predicta petet inde curiam suam et ea optinebit et inde faciet justiciam in aula Alemannorum predicta. Hans. U. B. II n. 375 (S. 156). Wir wissen auch von Verhandlungen solcher Schuldklagen vor dem Gericht des hansischen Ältermanns. Hans. U. B. II n. 27, Hans. Gesch. Qu. VI n. 54. Aber in der oben behandelten Periode haben die hansischen Älterleute dieses Recht nicht mehr gehabt. 1420 wurde eine Schuldklage von zwei Londoner Fischhändlern gegen einen hansischen Kaufmann vor dem Gericht der Sheriffs verhandelt und dann vor den Mayorscourt gezogen. Das Gericht des hansischen Ältermanns scheint ausgeschaltet. Hans. U. B. VI n. 273. Daß der Ältermann der Deutschen Hanse bis zum Beginn des 14. Jahrhunderts das Recht, Schuldklagen gegen einen Hansen zu entscheiden, besessen hat, wird verständlich, wenn wir das S. 177 Anm. 3 Gesagte bedenken. Da der hansische Ältermann damals auch englischer Bürger war, konnte ihm die Entscheidung dieser Prozesse anvertraut werden. Dem landfremden Ältermann des 14. und 15. Jahrhunderts entzog man aber mit Recht diese Befugnis.

57 Lappenberg n. 106 § 3.

58 HR. II 3 n. 288 § 74.

59 Lappenberg n. 106 § 1,7, Hans. U. B. X n. 576 § 2.

60 Hans. U. B. V n. 229, 234, VIII n. 154, Lappenberg n. 106 §§ 45-49.

61 Vgl. Daenell II S. 400.

62 Hans. U. B. V n. 438, Lappenberg n. 106 § 23.

63 HR. II 1 n. 50.

64 Hans. U. B. V n. 438.

65 Nach Lappenberg n. 45 hatte das Kontor drei Klerks. Aus den Hanserezessen und hansischen Urkundenbüchern können wir aber immer nur zwei Sekretäre zu gleicher Zeit nachweisen. Siehe die Liste der Sekretäre auf S. 191 f.

66 Lappenberg n. 45, Hans. U. B. IX n. 439 §§ 8, 12, 59-62, 84, 88, 113, 119, 120, 540 §§ 39, 40, 45, 638 §§ 5, 6, 10, 64, 83, HR. II 7 n. 341, III 1 n. 347.

67 Als "des ghemeinen copmans overste alderman van al Engellant" unterzeichnete 1383 Walworth einen Beschluß des Kaufmanns. Das Londoner Kontor nannte ihn 1385 "unse overste alderman". Hans. U. B. IV. n. 768, 835, VIII n. 43, 534, IX n. 105 §§ 16, 23, 490 (S. 347), HR. II 3 n. 649 § 13. Die Übereinkunft von 1282 ging zwar ursprünglich allein die hansische Niederlassung in London an; aber da der englische Āltermann auch den Titel "oberster Ältermann" führte, und besonders da seine Tätigkeit als Justiziar sich auf alle hansischen Kaufleute in England erstreckte, so glaube ich, daß Wirrer S. 493 unrecht hat, die Befugnisse des englischen Ältermanns auf das Londoner Kontor zu beschränken. Richtig ist dagegen, daß es nur einen englischen Ältermann mit dem Sitz in London gab.

68 Die Annahme, daß erst seit 1282 die Kaufleute von der Gildhalle einen Londoner Bürger zum Ältermann wählten, ist, wie ich glaube S. 177 Anm. 3 gezeigt zu haben, nicht richtig. Anders Lappenberg S. 18 f., Wirrer S. 489 ff., Daenell I S. 57. — Erst seit den achtziger Jahren des 14. Jahrhunderts läßt sich mit Sicherheit nachweisen, daß in London der "hansische" und der "englische" Ältermann nebeneinander bestanden.

1383 unterzeichneten eine Verordnung des Kaufmanns die Älterleute der hansischen Niederlassungen zu London, Boston, Yarmouth und Hull und William Walworth als oberster Ältermann des gemeinen Kaufmanns. Hans. U. B. IV n. 768. Es ist anzunehmen, daß auch der unmittelbare Vorgänger von Walworth, der 1381 als verstorben bezeichnete Londoner Alderman Aubrei, und vielleicht auch der in den vierziger Jahren mehrfach als Ältermann der Deutschen Hanse bezeugte Londoner Mayor Johann Hamond "englische" Älterleute waren. Hans. U. B. III n. 42, 78, IV n. 709. Daraus würde folgen, daß die hansischen Kaufleute unter Eduard III., vielleicht schon in der ersten Hälfte seiner Regierung, in London und anderwärts begonnen haben, Älterleute zu wählen, die nicht englische Bürger waren. Diese waren seitdem die eigentlichen Leiter der Niederlassungen. Daneben wählten aber die Hansen weiter einen Londoner Bürger zum Ältermann.

69 Es scheint damals die Anschauung bestanden zu haben, daß der englische Ältermann nur aus den Londoner Aldermen genommen werden dürfe. So erklärten die Dinanter 1465 dem Markgrafen Markus von Baden: des 24 personnes nommes aldersman, lesquelx ont la gouverne de la cite de Londres, puellent les dis de la Hanse esliere et instituer ung diceux, lequel fait seriment outre et aveuc les privileges, quilz saielles du roy, deulx sourtenir leurz ditez franchiesez, qui sont grandes en pleuseurs cas. Hans. U. B. IX n. 172.

70 Hans. U. B. I n. 902, VI n. 658, VIII n. 892.

71 Heinrich Frowik wurde 1442 zum Ältermann gewählt, wird 1457 in einem Beschluß des Kaufmanns als Ältermann erwähnt; 1460 starb er. Hans. U. B. VIII n. 534, 892, Lappenberg S. 157. Siehe die Liste der englischen Älterleute und Justiziare.

72 Lappenberg n. 45.

73 Hans. U. B. III n. 42, 71, 78, V n. 778, Hans. Gesch. Qu. VI n. 128.

74 Das Kontor solle beweisen, dat de Engelsch alderman eyn geburlik rijchter in der saken gewest were, want yt sus klaer ind wijtlik ys, dat de koeppman gefrijet ys, dat sij mit oeren

selffs alderlueden ind anderen van der Dutschen nacien dat recht besijten. Hans. U. B. VIII n. 43, HR. II 3 n. 649 § 13.

75 Hans. U. B. II n. 31 § 8, VIII n. 888, 892.

76 Lappenberg n. 45, Hans. U. B. IX n. 439, 440, 540, 560, 590, 638, 639, HR. III 1 n. 347.

77 London erhielt eine ewige Rente von 70 £ 3 s 4 d und eine zweiunddreißigjährige von 13 £ 16 s 8 d, der Pfarrer von Allerheiligen eine solche von 13 £ 6 s 8 d; außerdem bestanden noch mehrere kleinere Renten. HR. II 7 n. 287, 288, III 1 n. 347 § 11, Hans. U. B. X n. 374, 376, 1041, S. 706 Anm. 1.

78 Lappenberg n. 106 §§ 1,9, 7,1, HR. II 2 n. 82 § 7, III 4 n. 79 §§ 206, 207, Hans. U. B. VIII n. 435 § 2.

79 Hans. U. B. IV n. 768, X n. 477 § 9, HR. I 8 n. 909, II 7 n. 338 §§ 194,7, 203,7.

80 Hans. U. B. V n. 1134 § 1, HR. II 7 n. 338 § 169. Die Einnahmen aus den Mieten betrugen von 1475-81 zusammen 550 £; die aus dem Schoß und den Brüchen 1467 195 £ und 1468 115 £. Die Gesamteinnahmen des Kontors betrugen 1468 250 £. Hans. U. B. X n. 440 § 2, 560 §§ 1-5, HR. III 1 n. 347 §§ 3, 4.

81 Hans. U. B. IV n. 768, 786, Hans. Gesch. Qu. VI n. 277.

82 Diese beiden werden 1386 in den preußischen Klageartikeln "aldirlute von den Duthschen" genannt. HR. I 3 n. 199 § 5. Da es nur einen Ältermann gab, ist die Bezeichnung nicht genau.

83 Hans. Gesch. Qu. VI n. 261. Es läßt sich nicht nachweisen, daß der 1375 erwähnte Frowin Stopyng aus Lübeck nach England gehandelt hat; wohl aber wissen wir, daß ein Frowin Stopyng aus Köln 1388 in England war. Lüb. U. B. IV n. 255, Hans. U. B. IV n. 934, 945.

84 Hans. U. B. V n. 260, Hans. Gesch. Qu. VI n. 266 und Anm. 4.

85 Hans. U. B. VI n. 116 und Anm. 2, 975.

86 HR. II 1 n. 319.

87 1438 schrieb der Kaufmann zu Antwerpen an den Hochmeister: wand he (nämlich Joh. van dem Wolde) was up de tiid und es noch een copman up eme selven und alderman des

copmans van der henze to Londen in Engeland. HR. II 2 n. 262, 638.

88 Seit 1437 führen öfter mehrere die Bezeichnung Åltermann. Man unterscheidet dann nicht zwischen dem Åltermann und den Beisitzern. HR. II 3 S. 174, n. 288 § 10, Hans. U. B. VIII n. 35, 215 § 53.

89 HR. II 3 S. 484.

90 HR. II 3 S. 537, Hans. U. B. VIII n. 272, 415 und Anm. 3.

91 Hans. U. B. VIII n. 745, S. 605 Anm. 3, HR. II 5 n. 161 § 7, 263 § 5.

92 Gegen eine Verordnung des gewesenen Åltermanns Klaus Swarte legte 1461 Hermann von Wesel Verwahrung ein. Swartes Amtszeit muß nach den Namen der Kaufleute, die Hans. U. B. VIII n. 998, 999 und Anm. 3 erwähnt werden, in die fünfziger Jahre fallen.

93 Heinrich Nederhoff läßt sich zwischen 1464 und 1468 in England nachweisen. HR. III 1 n. 21, Hans. U. B. IX n. 134, 355, 412, X n. 735.

94 Hans. U. B. IX n. 439 § 17.

95 Hans. U. B. X n. 576 § 2.

96 Hans. U. B. IX n. 439 § 115, 482 § 1, X n. 576 § 2.

97 Diese beiden waren Ålterleute der Kölner Sonderhanse. Hans. U. B. IX n. 540 § 160, 548, 555, 560 § 14.

98 HR. II 7 n. 311, 338 § 193, 340 (S. 572).

99 Hans. U. B. X n. 516, HR. II 7 n. 311.

100 Hans. U. B. X S. 706 Anm. 1, HR. II 7 n. 311, III 1 n. 265.

101 Hans. U. B. X S. 734 Anm. 2, HR. III. 3 S. 390.

102 HR. III 1 n. 582 § 59, 2 n. 26 § 15, Lappenberg n. 146.

103 Hans. U. B. X S. 706 Anm. 1, HR. III 1 n. 265.

104 HR. III 2 n. 26 § 15, 392, 496 § 296, 3 n. 292.

105 HR. III 3 n. 381, 4 n. 8 § 2, 18, 79 § 95, 150 § 6, 174.

106 HR. III 7 n. 110 § 7, 203 § 6. Lutken Burinck war, wie aus HR. III 7 n. 203 §§ 7, 20 hervorgeht, nicht Ältermann, gehörte wohl aber mit zum Vorstande.

107 HR. III 7 n. 348.

108 Die beiden Zahlen bedeuten das erste und letzte Jahr seiner Erwähnung in den hansischen Urkunden. Sie werden ungefähr mit dem Jahr seiner Anstellung und dem seines Ausscheidens aus dem Dienst des Kontors übereinstimmen. Ebenso bei den anderen Sekretären.

109 Hans. Gesch. Qu. VI n. 128, Hans. U. B. III n. 42, 78, IV n. 709, V n. 778, VI n. 612, 651, VIII n. 888, 892, IX n. 250, X n. 699, 891, 1124, Lappenberg S. 157, Schanz II S. 430 und Anm. 1.

Schluß.

Über zwei Jahrhunderte haben die Hansen ihre hervorragende Stellung im englischen Handelsleben behauptet. Wie sehr auch bisweilen ihrem Handel zugesetzt wurde, so haben doch alle diese Angriffe ihn nie entscheidend getroffen. Noch unter Heinrich VIII. hatte der hansische Handel in England, wie wir sahen, einen recht beträchtlichen Umfang. Erst als Elisabeth ihre ganze Macht für die Bestrebungen und Forderungen ihrer Kaufleute einsetzte und mit allen ihr zu Gebote stehenden Mitteln Handel und Schiffahrt ihres Landes förderte, wurde dies anders. Die hansischen Kaufleute wurden in kurzer Zeit nicht bloß vom englischen Boden beinahe völlig verdrängt, sondern die Engländer drangen auch in die hansischen Handelsgebiete ein und gründeten in Emden, Hamburg und Stade Niederlassungen. 1579 tat Elisabeth den letzten Schritt. Sie hob die hansischen Privilegien auf und stellte die Hansen den übrigen Fremden gleich.

Es darf uns nicht Wunder nehmen, daß die Hansen der Vergewaltigung ihrer Rechte keinen Widerstand entgegensetzten. Sie waren dazu nicht mehr imstande. 1579 hatten sie nicht mehr dieselbe Macht wie hundert Jahre früher, als sie zum Schutze ihrer Freiheiten gegen England den Kampf aufnahmen. Schwere Schläge waren der Hanse inzwischen zugefügt worden. In der Grafenfehde hatten die Städte eine schwere Niederlage erlitten. Dänemark war seitdem die führende Macht in der Ostsee. Die Folgen dieser Niederlage waren für die Hansen noch schlimmer. Die Niederländer konnten sich ungehindert in der Ostsee ausbreiten, und schon um die Mitte des Jahrhunderts war die Führung in dem ost-westlichen Warenaustausch, welcher die Grundlage der hansischen Handelsstellung gewesen war, auf jene übergegangen. Zur selben Zeit wurde den Hansen noch ein anderes wichtiges Handelsgebiet entrissen. Schweden, das sich nach der Auflösung des livländischen Ordensstaates zum Herrn von Estland gemacht hatte, verbot 1562 den Handel nach Narwa. Noch einmal, es war das letzte Mal, wagte Lübeck den Kampf um seine Handelsstellung. Aber einen Erfolg konnte es in dem siebenjährigen, blutigen Kriege nicht erringen. Schweden hielt das Verbot der Narwafahrt auch nach dem Stettiner Frieden aufrecht. Unter den Hansestädten selbst trat die Uneinigkeit stärker als je hervor. Die Hanse war in voller Auflösung begriffen. In dem Kampf mit England trennte sich Hamburg von der hansischen Sache. Es gestattete 1567 den englischen Kaufleuten, als sie Antwerpen verlassen mußten, in seinen Mauern eine Niederlassung zu gründen, und gewährte ihnen große Handelsfreiheiten.

Nicht haben die Engländer durch ihre größere Befähigung im Seewesen über die Hansen den Sieg davongetragen. Daß diese jenen an Tüchtigkeit in Handel und Schiffahrt nicht nachstanden, haben die jahrhundertelangen vergeblichen Bemühungen der englischen Kaufleute, dem hansischen Handel Abbruch zu tun, zur Genüge bewiesen. Der Kampf zwischen der Hanse und England war ein politischer. Dem Volke, das die größere politische Macht in die Wagschale werfen konnte, mußte in ihm der Sieg zufallen. Der Hanse fehlte gegenüber der zielbewußten und tatkräftigen nationalen Politik Englands der Rückhalt eines mächtigen Staates. Kaiser und Reich hatten kein Verständnis für den Kampf der Städte um die deutsche See- und Handelsherrschaft. Als sich die Hansen in ihrer Not an das Reich wandten, faßte dieses zwar wiederholt Beschlüsse gegen die Engländer und gab Proteste ab, aber niemand dachte daran, die Beschlüsse in die Tat umzusetzen. Die einzige Folge der kaiserlichen Mandate war vielmehr, daß Elisabeth sie zum Vorwand nahm, um den Stalhof zu schließen und den hansischen Kaufleuten jeden Handel in England zu verbieten.